タクシー事業のための モデル就業規則

働き方改革実現に向けた就業規則の見直し

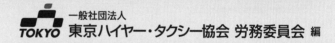
一般社団法人
東京ハイヤー・タクシー協会 労務委員会 編

労働調査会

推薦のことば

　この10数年の間に、労働法制は大きな変革を遂げています。労働契約法の成立、育児・介護休業制度の拡充、ストレスチェック制度の創設、無期転換ルールの導入、年次有給休暇の5日の確実な取得、罰則による時間外労働の上限規制、割増賃金率の引き上げ、非正規労働者の不合理な待遇差の禁止、労働時間の把握の法律による義務付け、などです。中小企業がほとんどのタクシー業界でこれら累次の法改正に的確に対応できている事業者は少ないのではないでしょうか。また、この間に労働市場は、就職氷河期といわれた買い手市場から、極端な売り手市場、人材確保難へと変化し、今や労務倒産という言葉も現実味を帯びてきています。

　一方、タクシー業界の実情を踏まえた労務管理に関する解説書は長らく出版されていません。そのため、人材確保等に向け昨今の働き方改革には適切に対応しなければならないが、何をどうしたらよいか、特に労働条件に関する職場の憲法ともいうべき就業規則についてどう見直すべきか悩んでおられるタクシー事業者も多いと思われます。

　こうした中、今般、一般社団法人東京ハイヤー・タクシー協会労務委員会が作成した「タクシー事業のためのモデル就業規則」が出版されました。これは副題にもあるとおり、働き方改革実現に向けた就業規則の見直しに資するため、同委員会内に設置された就業規則検討部会において、約半年間にわたり、詳細に検討されたもので、タクシー業界に特化した就業規則の規定例と、条文ごとに根拠となった法令、関係通達、留意事項などの解説が収録されています。

　この作業に携わった5名の部会委員は、所属する各社の人事・労務の責任者であり、実務に精通した労務委員会の主要メンバーです。また、事務局として厚生労働本省、労働局、労働基準監督署で長らく労働基準法、労働安全衛生法等を運用してきた経験を持つ者が参画しました。

　本書は就業規則の見直しの際の参考としていただくことはもちろん、詳細な解説を参照することにより日々の労務管理の指針としてもご利用いただける内容となっています。本書がタクシー事業の健全な運営の確保に向け広く活用されることを願い、推薦申し上げます。

令和元年5月

一般社団法人全国ハイヤー・タクシー連合会

労務委員長　　武　居　利　春

はじめに

平成30年6月29日、働き方改革関連法が可決成立し、同年7月6日公布されました。平成31年4月から先ず、年次有給休暇5日の確実な取得に係る規定が施行され、その後も割増賃金率の引き上げ、時間外労働の罰則による上限規制、同一労働同一賃金など働き方改革に向けた改正法が順次施行されていきます。また、最低賃金については全国加重平均1,000円を目指して計画的に引き上げる方針が示されていますし、国土交通省においては労働条件を中心とした自動車運送事業者の認証制度が近々スタートされる予定です。

一方、少子高齢化等に伴う全般的な労働者不足の中で、タクシー業界は厳しい人材確保難に見舞われており、如何に他産業との競争を制しタクシー事業を担う労働者を採用・定着させていくかが喫緊の課題となっています。併せて、女性の活躍推進も重要なテーマです。

タクシー事業には様々な雇用・就業形態の労働者が存在し、特に基幹的職種であるタクシー乗務員については、24時間サービスの公共交通機関としての役割を担っていること、社外での単独業務であること、歩合給制を中心とした賃金制度が多く採用されていること、何よりも安全・安心・快適な輸送を使命としていることなどから、労働時間管理や賃金管理、健康管理、接客サービスなどの面できめ細かな配慮が必要です。

そこで重要性を増してくるのは労働者の働き方全般を示す職場の憲法ともいうべき就業規則の存在です。

一般社団法人東京ハイヤー・タクシー協会労務委員会では、平成30年度の事業計画において、タクシー事業者が働き方改革に的確に対応できるための一助として業界の実態を踏まえたモデル就業規則を検討・作成することといたしました。

平成30年9月、後記の委員による就業規則検討部会を立ち上げ、以後9回の会合を開催し、今般、モデル就業規則の一応の完成を見るに至りました。この間、安原部会長始め部会委員の皆様及び事務局の皆様には、お忙しい中、熱心な議論・検討の上、他に例を見ないタクシー事業に特化したモデル就業規則を取りまとめることができ、心から感謝申し上げます。

このモデル就業規則では、規定例のほか条文ごとに、根拠となる関係法令・通達の紹介、規定に当たっての留意事項、運用上の注意事項などについて詳細に解説しています。したがって、就業規則の見直し・検討の際に参考になるだけでなく、就業規則に基づく実際の労務管理マニュアルとしてもご活用いただけるものとなっています。

もとより初めての試みであるため、記載内容についてはさらに改善を要する点も多々あるかと思いますが、ご意見、ご要望をいただき内容の充実を図りたいと考えています。

タクシー事業者の皆様には、働き方改革に向け、是非これを就業規則の見直しや労務管理に活用していただきたいと思います。

　なお、このモデル就業規則はあくまでも労働基準法、労働安全衛生法等関係法令の範囲内で適法とされる規定例を示したにとどまりますので、このとおり定めても従前の規定と比較した場合、労働条件の不利益変更に該当するケースも起こり得ます。したがって、就業規則を見直す場合には、労使で十分な話合いを行い、コンセンサスを得た上で行う必要がありますので念のため。

　令和元年5月

　　　　　　　　　　　　　　　　一般社団法人東京ハイヤー・タクシー協会

　　　　　　　　　　　　　　　　労務委員会委員長　清　水　　始

記

労務委員会就業規則検討部会

　　部会長　　　　安原隆行　　国際自動車株式会社

　　部会長代理　　廣瀬則郎　　京王自動車株式会社

　　委　員　　　　飯野博行　　第一交通株式会社

　　委　員　　　　椿　啓彰　　明治自動車株式会社

　　委　員　　　　樽澤　孝　　政和自動車株式会社

事務局

　　常務理事　　　加藤敏彦

　　業務部長　　　恒田美代子

　　業務課長　　　杉山泰之

目 次

推薦のことば
はじめに

就業規則を作成・変更する前に……
これだけは押さえておこう 就業規則 ……………………………… 13

I 従業員就業規則 ………………………………………………… 21

第1章 総 則 ……………………………………………… 22

第1条 目的及び適用範囲 *22*
第2条 定 義 *23*
第3条 規則の遵守 *24*

第2章 採用等 ……………………………………………… 25

第1節 採 用

第4条 採 用 *25*
第5条 労働条件の明示 *26*
第6条 採用者の提出書類 *27*
第7条 個人情報の利用目的 *28*
第8条 試用期間 *29*

第2節 異 動

第9条 人事異動 *29*
第10条 役職の任免 *30*

第3章 服務規律 …………………………………………… 31

第11条 服務の基本 *31*
第12条 服務上の遵守事項 *31*
第13条 乗務員の基本心得 *33*
第14条 始業・終業の時刻の記録等 *34*
第15条 遅刻、早退、外出の手続等 *35*
第16条 欠勤の手続等 *35*
第17条 入場禁止及び退場 *36*
第18条 報告等 *37*
第19条 損害賠償 *37*

第4章 勤 務 ……………………………………………… 38

第1節 勤務時間、休憩及び休日

第20条 勤務時間の原則 *38*
第21条 乗務員の勤務時間等 *41*
第22条 事務職員等の勤務時間 *47*
第23条 休 日 *47*
第24条 時間外労働及び休日労働 *49*

第2節　出　張
第25条　出　張　*54*
第26条　出張中の勤務時間の取扱い　*54*

第3節　年次有給休暇
第27条　年次有給休暇　*54*

第4節　休業等
第28条　産前産後の休業　*71*
第29条　母性健康管理のための休暇等　*71*
第30条　育児時間及び生理休暇　*72*
第31条　育児休業及び介護休業等　*73*
第32条　慶弔休暇　*74*
第33条　裁判員等のための休暇　*74*
第34条　休業・休暇中の賃金　*75*

第5節　休　職
第35条　休　職　*75*
第36条　休職期間　*76*
第37条　休職期間中の賃金　*77*
第38条　復　職　*77*

第5章　賃金及び退職金 ……………………………………… 78
第1節　賃金通則
第39条　賃金の支払等　*78*
第40条　賃金の支払と控除　*79*
第41条　非常時払　*80*
第42条　従業員の昇給　*82*

第2節　乗務員の賃金
第43条　乗務員の賃金の構成　*82*
第44条　乗務員の基本給　*83*
第45条　乗務員の歩合給　*83*
第46条　乗務員の手当　*88*
第47条　乗務員の割増賃金　*89*
第48条　乗務員の保障給等　*92*
第49条　乗務員の賞与　*93*

第3節　事務職員等の賃金
第50条　事務職員等の賃金の構成　*94*
第51条　事務職員等の基本給　*95*
第52条　事務職員等の手当及び割増賃金　*95*
第53条　事務職員等の賞与　*96*

第4節　退職金
第54条　退職金の支給　*96*
第55条　退職金の額　*97*
第56条　退職金の支払方法及び支払時期　*98*

第6章　安全衛生等 …………………………………………… 100
第57条　安全及び事故防止　*100*

5

第58条　安全衛生管理体制　*101*
第59条　運行管理者等の選任　*102*
第60条　健康診断　*103*
第61条　ストレスチェック　*106*
第62条　深夜業従事者に係る措置　*107*
第63条　疾病等による就業禁止等　*107*
第64条　安全衛生教育　*109*
第65条　労災補償　*110*

第7章　教育及び研修 ———————————— *111*
第66条　従業員教育　*111*
第67条　乗務員の指導教育　*111*
第68条　受験・受講　*113*
第69条　乗務員養成　*113*

第8章　福利厚生 ———————————————— *114*
第70条　福利厚生施設　*114*
第71条　被服等の貸与　*114*
第72条　慶弔金等　*115*

第9章　表彰及び懲戒 ———————————— *116*
第73条　表　彰　*116*
第74条　懲戒の種類　*117*
第75条　けん責、減給、出勤停止等　*119*
第76条　懲戒解雇　*121*

第10章　定年、退職及び解雇 ————————— *125*
第77条　定年等　*125*
第78条　退　職　*126*
第79条　解　雇　*126*
第80条　退職後の義務　*129*
第81条　退職時の証明等　*130*
第82条　貸与金品の返還　*130*

附　則 —————————————————————— *131*

Ⅱ　職種・雇用形態に応じた就業規則 ———— 133

1　定時制乗務員就業規則 ———————————— 134
2　有期従業員就業規則 ————————————— 151
3　パート従業員就業規則 ———————————— 160
4　無期転換従業員就業規則 ——————————— 169

Ⅲ　付属規則・規程等 ———————————— 177

1　育児・介護休業等規則 ———————————— 178

2　乗務員服務規律 ………………………………………………… 185
　　3　安全衛生管理規程 ……………………………………………… 202

Ⅳ　賃金・労働時間等に関する Q&A ……………… 209

　　→　Q ごとの目次は後掲

巻末資料
●タクシー運転者の労働時間等の改善基準のポイント
　〈厚生労働省パンフレット〉　*242*
●時間外労働・休日労働に関する協定届（36 協定届）の様式　*254*
　様式第 9 号（記載例）　*254*
　様式第 9 号の 2（記載例）　*256*
　様式第 9 号の 4（空様式）　*260*
●短時間・有期雇用労働者及び派遣労働者に対する不合理な待遇の
　禁止等に関する指針〈同一労働同一賃金ガイドライン〉　*262*
●タクシー事業における働き方改革の実現に向けたアクションプラン　*284*

【CD-ROM 収録】

1　就業規則等規定例

Ⅰ　従業員就業規則
Ⅱ　定時制乗務員就業規則
Ⅲ　有期従業員就業規則
Ⅳ　パート従業員就業規則
Ⅴ　無期転換従業員就業規則
Ⅵ　付属規程等
　①　育児・介護休業等規則
　②　乗務員服務規律
　③　安全衛生管理規程
　④　安全衛生委員会規程
　⑤　安全衛生委員会活動計画
　　　（策定例）
　⑥　運行管理規程
　⑦　整備管理規程
　⑧　安全管理規程

2　様式等

Ⅰ　36 協定届様式第 9 号（記載例）
　　　　　　　　第 9 号の 2（記載例）
　　　　　　　　第 9 号（空様式）
　　　　　　　　第 9 号の 2（空様式）
　　　　　　　　第 9 号の 4（空様式）
Ⅱ　労働条件通知書
　　（記載例・乗務員／定時制乗務員）
　　（空様式・乗務員／定時制乗務員）
Ⅲ　年次有給休暇管理簿
　　（空様式・個人別／集団管理用）
Ⅳ　賃金控除に関する労使協定（例）
Ⅴ　健康診断結果に基づき事業者が講ずべき
　　措置に関する指針
Ⅵ　労働者の心身の状態に関する情報の適正
　　な取扱いのために事業者が講ずべき措置に
　　関する指針

Ⅳ 賃金・労働時間等に関する Q&A

目 次

〔賃 金〕

Q1 賃金支払いの5原則とは何ですか。　*210*

Q2 賃金計算に際し、円未満などの端数が生じた場合はどのように処理すればよいでしょうか。　*210*

Q3 本社は都内にありますが、営業所はA県とB県にもあります。適用される最低賃金はどのようになりますか。　*211*

Q4 乗務員の賃金が最低賃金に違反していないかどうかは、どのように比較すればよいでしょうか。　*211*

Q5 最低賃金との比較を行ったところ、次のとおり違反となってしまいました。差額はいくら支払えばいいでしょうか。　*212*

Q6 最低賃金との比較の際の「除外賃金」とは何を指しますか。　*213*

Q7 保障給とは、どのようなものですか。　*217*

Q8 累進歩合制とはどのような賃金制度ですか。　*217*

Q9 累進歩合制は法違反になるのですか。　*218*

Q10 積算歩合給制とは、どのような賃金制度ですか。　*219*

Q11 労基法上、賃金台帳に記載すべき項目は何ですか。　*219*

Q12 具体的な割増賃金の割増率を場合分けして教えてください。　*220*

Q13 割増賃金はどのように計算すればよいのですか。　*220*

Q14 割増賃金の算定基礎から除外される賃金とは何ですか。　*222*

Q15 除外賃金の「住宅手当」について詳しく教えてください。　*222*

Q16 経営が苦しいので、労使合意の上で当分の間、割増賃金を支払わないことにすることは可能ですか。　*223*

Q17 遅刻した者がその日に残業した場合も、残業時間に対する割増賃金の支払いは必要ですか。　*223*

Q18 歩合給の中に割増賃金が含まれていると取り扱うことはできないのですか。　*223*

Q19 割増賃金を固定額で支払うことは違法ですか。　*224*

Q20 割増賃金を営収の一定率と定めて支払うことは違法ですか。　*224*

Q21 適法な賃金控除協定があれば、カード手数料などの乗務員負担分を控除することは可能ですか。　*225*

Q22 乗務員負担制度はなぜ廃止しなければならないのですか。　*225*

〔年次有給休暇〕

Q23 年次有給休暇について基本的なことを教えてください。　*226*

Q24 年次有給休暇の比例付与とはどのようなものですか。　*226*

Q25 年次有給休暇の計画的付与とはどのようなものですか。　*227*

Q26 年次有給休暇の時間単位付与とはどのようなものですか。　*227*

Q27 年次有給休暇の時効は何年ですか。　*227*

Q28 年次有給休暇を買い取ることは可能ですか。　*227*

Q29 年次有給休暇に対して支払うべき賃金は決まっていますか。　*227*

Q30 当社では有休をとると精勤手当を支給しない扱いになっていますが、問題ないでしょうか。　*228*

Q31 「うちの会社に有休はない」といっている事業者がいるようですが、問題ないでしょうか。　*228*

Q32 年次有給休暇の利用目的で拒否することはできますか。　*228*

Q33 年次有給休暇は当年分と繰越分のどちらから消化されるのですか。　*228*

〔制　裁〕

Q34 乗務員の故意又は重大な過失により会社が損害を被った場合も損害賠償請求はできないのでしょうか。　*229*

Q35 減給の制裁について教えてください。　*229*

Q36 賞与から減給することはできますか。　*229*

Q37 出勤停止の場合、減給の制裁との関係はどうなりますか。　*229*

〔退職金〕

Q38 退職金は支払わなければなりませんか。　*230*

〔労働時間〕

Q39 労働時間とは。　*230*

Q40 休憩時間とは。　*230*

Q41 法定労働時間・法定休日とは。　*231*

Q42 法定労働時間が週に40時間というときの「週」とは。　*231*

Q43 36協定とは。　*231*

Q44 36協定の締結に当たり「労働者の過半数を代表する者」として、総務部長を指名してもよいでしょうか。　*231*

Q45 事業場に複数の労働組合がありますが、いずれも労働者の過半数を組織していません。36協定はどのように締結すればよいでしょうか。　*232*

Q46 1か月単位の変形労働時間制とは。　*232*

Q47 改善基準とは。　*232*

Q48 拘束時間とは。　*233*

Q49 昼日勤、夜日勤、隔日勤務のそれぞれに対する改善基準の規制を教えてください。　*234*

Q50 タクシー乗務員の業務は事業場外労働には該当しないのですか。　*234*

Q51 乗務員の始業時刻とは。　*235*

Q52 乗務員の終業時刻とは。　*235*

Q53 制服への着替え時間は労働時間ですか。　*235*

Q54 洗車機の順番待ちは労働時間ですか。　*235*

Q55 乗務員が会社の指定した場所以外で客待ち待機を行った場合、これを労働時間と認めず、賃金カットすることはできますか。　*235*

Q56 乗務員の休憩時間はどのように把握すればよいですか。　*236*

Q57 乗務員の勤務時間等についてより適正に把握するため、就業規則の見直しを考えていますが、参考になる規定例はありませんか。　*237*

Q58 ハイヤー乗務員に、改善基準告示は適用がないと聞いたのですが。　*239*

Q59 運行管理請負業の乗務員には、改善基準告示のどの規制が適用になるのですか。　*239*

凡　例

本書では、法令条文の引用において、以下の略語を用います。

労基法……労働基準法（昭和22年4月7日法律第49号）

労基則……労働基準法施行規則（昭和22年8月30日厚生省令第23号）

改善基準告示……自動車運転者の労働時間等の改善のための基準（平成元年2月9日労働省告示第7号）

契約法……労働契約法（平成19年12月5日法律第128号）

均等法……雇用の分野における男女の均等な機会及び待遇の確保等に関する法律（昭和47年7月1日法律第113号）

育児・介護休業法……育児休業、介護休業等育児又は家族介護を行う労働者の福祉に関する法律（平成3年5月15日法律第76号）

安衛法……労働安全衛生法（昭和47年6月8日法律第57号）

安衛令……労働安全衛生法施行令（昭和47年8月19日政令第318号）

安衛則……労働安全衛生規則（昭和47年9月30日労働省令第32号）

個人情報保護法……個人情報の保護に関する法律（平成15年5月30日法律第57号）

パートタイム労働法……短時間労働者の雇用管理の改善等に関する法律（平成5年6月18日法律第76号）

短時間・有期雇用労働法……短時間労働者及び有期雇用労働者の雇用管理の改善等に関する法律（働き方改革を推進するための関係法律の整備に関する法律（平成30年7月6日法律第71号）によりパートタイム労働法の法律名改称）

有期特措法……専門的知識等を有する有期雇用労働者等に関する特別措置法（平成26年11月28日法律第137号）

同一労働同一賃金ガイドライン……短時間・有期雇用労働者及び派遣労働者に対する不合理な待遇の禁止等に関する指針（平成30年12月28日厚生労働省告示第430号）

高年齢者雇用安定法……高年齢者等の雇用の安定等に関する法律（昭和46年5月25日法律第68号）

運輸規則……旅客自動車運送事業運輸規則（昭和31年8月1日運輸省令第44号）

タクシー特措法……特定地域及び準特定地域における一般乗用旅客自動車運送事業の適正化及び活性化に関する特別措置法（平成21年6月26日法律第64号）

改正 ……本解説中、働き方改革を推進するための関係法律の整備に関する法律（平成30年7月6日公布）による改正事項に付しています。

CD-ROM 収録の就業規則規定例・様式等サンプルの利用について

　本書に掲載されている就業規則・様式のほか、紙面の都合等により掲載されなかった規定例・空様式等を CD-ROM に収録しております（収録項目は目次参照）。

◆推奨対応 OS

Windows　Vista / 7 / 8 / 10

◆推奨ソフト

Microsoft Word　2007 / 2010 / 2013 / 2016

Microsoft Excel　2007 / 2010 / 2013 / 2016

※ご注意※

　本書及び付属 CD-ROM が収録する規定例・様式等の書式のご利用については、下記事項に留意の上ご使用ください。

・　本規定例・様式等サンプルは、書籍購入者の皆様の理解を深めるためお役に立てばと思い作成しておりますが、皆様の責任の下でご活用ください。

・　この規定例・様式等を利用される上で生じた、いかなる損害に対しても、編者及び株式会社労働調査会はその責任を負いかねます。あらかじめご了承ください。

就業規則を作成・変更する前に……
これだけは押さえておこう 就業規則

I 就業規則の基礎知識 ●●●●●●●●●●●●●●●●●●●●●●

1 就業規則の意義

(1) そもそも就業規則って何？

　就業規則は、一般に、労働者の就業上遵守すべき規律及び労働条件に関する具体的細目について定めた規則類の総称とされています。

　さて、このような就業規則はなぜ作成するのでしょうか。

　未作成のままなら労基法違反となるから……。確かに、労基法第89条で「常時10人以上の労働者を使用する使用者は、次に掲げる事項について就業規則を作成し、行政官庁に届け出なければならない。」と規定しています。これには罰則（労基法第120条第1号。30万円以下の罰金）もついていますので、タクシー業界で就業規則がないという会社はまず存在しません。

　しかし、このような消極的な受け止めでよいのでしょうか。苦労して就業規則を整備しても、作成したことだけで安心し、就業規則を労務管理に役立てないまま仕舞っておくことになりかねません。やがて何か労使で労働条件をめぐるトラブルが発生したときに、「就業規則はどう規定していたか？」となって調べると、実は会社側が自ら作った就業規則に違反していたなんてことも……。これが訴訟でのやり取りなら致命的です。

　そこで就業規則についてもう一度、原点にさかのぼってタクシー会社における位置付けを考え直してみましょう。

　タクシー会社は様々な職種・雇用形態の多数の労働者と比較的少数の管理者で組織されています。これらの人達は、それぞれ独自の価値観、考え方を持って生活している独立・自由な個人ですが、もし、各々がその価値観、考え方に基づいて勝手な行動をしたら収拾がつかなくなります。そのような集団は秩序を維持できないし、とても組織とは呼べません。

　多数の人からなる集団を組織として機能させていくためには、何らかのルールが必要になります。そのルールこそが就業規則です。労基法は就業規則のこの本来の機能を重視し、使用者に作成義務を課しているにすぎません。

(2) 就業規則に期待できる各種の効用

このように就業規則は、もともとは組織の秩序を維持し機能させていくために作成されるようになったものですが、就業規則を作成することによって、次のような効用を期待することもできます。

① 労働条件の見える化

労働契約とは、労働者が労務を提供し、その対価としての報酬を受ける契約のことです。その内容は、法律に違反するものでない限り、基本的に自由です。

法律は多くの場合、労働条件の最低基準を定めていますので、会社の労働条件が法律と同水準なのか、それともそれを上回って設定されているのかは、就業規則を見れば一目瞭然となります。

ハローワークで求人する場合、そこで示す募集条件は就業規則に根拠がなければなりません。求職者は間接的ながら各社の就業規則の内容を示されて会社選びをすることになります。また、現に会社で働く労働者も、「この先自分の家族が増えたら？」、「もし病気になって長く休んだら？」、「定年後の継続雇用は？」と未経験の事態が将来起きたときにどのような扱いになるか、就業規則が整備されていれば、あらかじめ知ることができます。

② 労働条件の統一的管理

労働契約は極端なことをいえば、労働者ごとに異なる契約を結んでも構わないわけですが、これを管理することは至難の技です。そこで、基本的な労働条件を就業規則に規定しておけば、その条件に基づいて統一的な管理を行うことができます。

この統一的な管理の中で事業主の経営方針も色濃く反映させることが可能です。服務規律や賃金制度などの規定を見れば、事業主が何を大事にし、どの方向へ会社や労働者を誘導しようとしているかうかがい知ることができます。

労務管理を行う管理者により扱いが異なるということもなくなります。ベテランの管理者が豊富な経験に基づき労務管理を担当することは悪いことではありませんが、その人の目の届かないところで不公平が生じたり、その人がリタイアしたときに少なからず混乱があるでしょう。規定が明確化されていれば、誰が労務管理をしても同一の内容になるし、労働者も予見可能になります。

適切な内容の就業規則は労務管理を円滑に進める際のマニュアル的な役割を果たしてくれます。過去の適用事例も累積してくるでしょう。もし新しい事態が発生したら、よく議論し就業規則に盛り込めばよいのです。こうすれば取扱いが区々になることはありません。

さらに、ムリ・ムラ・ムダのない適切な労務管理は業務の効率化を推進しコスト削減につながる可能性を大いに含んでいるといえます。

③　モラールの向上

労働条件があいまいだと、そこで働く人は不安になります。

就業規則を作成・整備するということは、労働条件が明文化されるわけですから安心して働けるということになります（「①　労働条件の見える化」参照）。また就業規則の中には、教育訓練制度や表彰制度等に関する規定を盛り込むこともありますが、それによってモラール向上を図ることもできます。透明性の高いルール作りを行うことにより、社員のモチベーションを上げることが期待できます。

また、服務規律や懲戒の規定により、労働者として何をすべきか、何をしてはいけないかが明確となっていますので、労働者は安心して働くことができますし、良好な労使関係の構築にも役立ちます。

④　トラブルの防止

タクシー業界では、採用時に労働契約書を作成することはまれではないかと思います。特に事務職員や整備員について、未作成ということが多いのではないでしょうか。お互いの信頼関係に基づいているということかもしれませんが、契約内容を明確にしていないと後々トラブルが起こりがちです。トラブルの発生は損失そのものです。解決するまでに多大な時間と労力を要し、不愉快な思いをし、場合によっては公的な機関が関与してくるかもしれません。

多数の労働者の中には自らの権利の実現にのみ熱心な者もいないわけではありませんが、使用者としてはこれにも的確に応えていかなければなりません。就業規則が整備されていれば労働者の基本的な権利義務が詳細に示されますので、採用時に労働契約書を作成していない場合でも、取扱いが不明確なことによるトラブルは未然に防止できますし、また、そうなるように就業規則を整備しておかなければなりません。

⑤　優秀な人材の確保

労働条件があいまいな会社では誰も働きたくはないでしょう。今の時代、名ばかりの就業規則があるだけの会社に優秀な人材は入ってこないのではないでしょうか。

就労の実態に沿い、かつ、働き方改革に即した就業規則を持っていれば、人材募集に当たって「当社の労働条件はこうなっています」と胸を張って説明することができますし、このような説明ぶりが求職者の信頼を得ることにつながるはずです。

⑥　女性の活躍推進

　　タクシーの利用者は男女ほぼ半々ですが、女性乗務員の比率は約２％に留まっています。これは、長い間労基法上、女性の深夜業が罰則付きで禁止されていたこともあり、タクシー業界といえば男性の職場というイメージが定着し、女性の深夜業が解禁された後もなかなかそのイメージが払拭できないでいることによると思われます。

　　しかし、女性乗務員が少数ながらも活躍している現在、女性ならではのおもてなしが同性や高齢者、お子様連れのお客様などから選ばれる傾向が強くなっています。

　　勤務形態やシフトを工夫することにより、子供や家族の行事に合わせた柔軟な働き方が可能になります。意欲ある女性にタクシー乗務員という職業を選択してもらい、安心して活躍していただくためには、社内の受入体制の充実とともに、女性労働者に係る労働条件や就労環境、福利厚生などについてきめ細かく規定した就業規則の存在が極めて重要です。

2 就業規則の記載事項

　　就業規則に記載する事項には、労基法第89条により、次のとおり、必ず記載しなければならない事項（以下「絶対的必要記載事項」といいます。）と、各事業場内でルールを定める場合には記載しなければならない事項（以下「相対的必要記載事項」といいます。）とがあります。これらの記載事項は絶対的又は相対的の違いはありますが、必要記載事項であることに変わりがないため、その一部でも欠いている就業規則は作成義務（労基法第89条）の違反が成立することになります。

　　このほか、就業規則の制定趣旨や解釈・適用に関する規定など、使用者において任意に記載し得る事項もあります。

　　就業規則の記載事項をまとめますと、**次ページの表のとおり**です。

　　なお、就業規則は、その内容が法令及び当該事業場において適用される労働協約に反してはなりません。法令又は労働協約に反する就業規則については、所轄労働基準監督署長はその変更を命ずることができます（労基法第92条）。

◆就業規則の記載事項◆

絶対的必要記載事項（必ず記載しなければならない事項）	①	労働時間関係	始業及び終業の時刻、休憩時間、休日、休暇並びに労働者を2組以上に分けて交替に就業させる場合においては就業時転換に関する事項
	②	賃金関係	賃金の決定、計算及び支払の方法、賃金の締切り及び支払の時期並びに昇給に関する事項
	③	退職関係	退職に関する事項（解雇の事由を含む。）
相対的必要記載事項（定めがある場合に必ず記載しなければならない事項）	①	退職手当関係	適用される労働者の範囲、退職手当の決定、計算及び支払の方法並びに退職手当の支払の時期に関する事項
	②	臨時の賃金・最低賃金額関係	臨時の賃金等（退職手当を除く。）及び最低賃金額に関する事項
	③	費用負担関係	労働者に食費、作業用品その他の負担をさせることに関する事項
	④	安全衛生関係	安全及び衛生に関する事項
	⑤	職業訓練関係	職業訓練に関する事項
	⑥	災害補償・業務外の傷病扶助関係	災害補償及び業務外の傷病扶助に関する事項
	⑦	表彰・制裁関係	表彰及び制裁の種類及び程度に関する事項
	⑧	その他	事業場の労働者すべてに適用される定めに関する事項

3 就業規則の作成及び変更の手続

　労基法は、労働者を1人でも使用する事業場に適用されますが、就業規則については、労基法第89条により、常時10人以上の労働者（パート従業員等を含みます。）を使用する事業場において、これを作成しなければならないこと、また、作成・変更する場合は、所轄労働基準監督署長に届け出なければならないこととされています。さらに、就業規則は、企業単位ではなく事業場単位で作成義務を判断することになります。例えば、1企業で本社及び2以上の営業所等を有している場合、企業全体の労働者の数を合計するのではなく、本社及びそれぞれの営業所等を1つの事業場として捉え、常時使用する労働者が10人以上の事業場ごとに就業規則を作成しなければなりません。

　労基法第90条により、就業規則を作成し、又は変更する場合の所轄労働基準監督

署長への届出については、労働者の過半数で組織する労働組合がある場合はその労働組合、過半数で組織する労働組合がない場合は労働者の過半数を代表する者の意見を記し、その者の署名又は記名押印のある書面（意見書）を添付しなければなりません。この場合の労働者の過半数を代表する者は、①労基法第41条第2号に規定する監督又は管理の地位にある者でないこと、②就業規則の作成及び変更の際に、使用者から意見を聴取される者を選出することを明らかにして実施する投票、挙手等の方法によって選出された者であって、使用者の意向に基づき選出されたものでないこと、のいずれにも該当する者でなければなりません（労基則第6条の2）。

　また、一部の労働者に適用される別個の就業規則の作成・変更に係る意見聴取についても、当該事業場の全労働者の過半数で組織する労働組合又は全労働者の過半数を代表する者の意見を聴くことが必要です。この場合に、これに加えて、使用者が当該一部の労働者の過半数で組織する労働組合等の意見を聴くことが望ましいとされています（昭23.8.3基収2446号）。

　就業規則は事業場ごとに届け出る必要がありますが、複数の営業所等の事業場を有する企業については、営業所等の就業規則が変更前、変更後ともに本社の就業規則と同一の内容のものである場合に限り、本社所在地を管轄する労働基準監督署長を経由して一括して届け出ることも可能です。

　なお、就業規則の作成又は変更に当たっては、その内容をよく吟味するとともに上記の手続等を遵守しなければなりません。特に、就業規則を労働者にとって不利益に変更する場合には、労働者の代表の意見を十分に聴くとともに、変更の理由及び内容が合理的なものとなるよう慎重に検討することが必要です。

4 就業規則の周知

　作成した就業規則は、労働者の一人ひとりへの配付、労働者がいつでも見られるように職場の見やすい場所への掲示・備付け、あるいは電子媒体に記録し、それを常時モニター画面等で確認できるようにするといった方法により、労働者に周知しなければなりません（労基法第106条第1項、労基則第52条の2）。

　就業規則は、作成し、労働者の代表者から意見を聴取しただけでは効力は発生しないと解されています。就業規則の効力発生時期は、就業規則が何らかの方法によって労働者に周知された時期以降で、就業規則に施行期日が定められているときはその日、就業規則に施行期日が定められていないときは、通常は労働者に周知された日と解されています。

Ⅱ　モデル就業規則の活用に当たって ●●●●●●●●●●●

1　モデル就業規則の適用対象

　　タクシー業界には、隔日勤務乗務員、日勤（昼・夜）勤務乗務員、事務職員、整備員、定時制乗務員（隔日勤務・日勤勤務）、有期契約労働者、短時間労働者、無期転換労働者、定年後の再雇用者など、様々な職種・雇用形態があります。

　　就業規則は会社で働くすべての労働者を対象に漏れなく定める必要があります。し

◆職種・雇用形態に応じた従業員と適用される就業規則の分類◆

従業員の職種・雇用形態	該当する従業員	適用される就業規則
①従業員 （無期フル勤務契約）	乗務員、運行管理者、事務職員、整備員など	従業員就業規則
②定時制乗務員 （有期短時間契約）	定時制隔日、定時制昼日勤、定時制夜日勤など	定時制乗務員就業規則
③有期従業員 （有期フル勤務契約）	嘱託乗務員、嘱託事務職員、嘱託整備員など	有期従業員就業規則 ⅰ　定年退職後に再雇用された者（第2種特例認定※があれば無期転換権なし） ⅱ　会社の定年退職年齢前に新採用された者（無期転換権あり） ⅲ　会社の定年退職年齢後に新採用された者（無期転換権あり）
④パート従業員 （有期短時間契約）	事務補助職員、運行管理補助者、雑役など	パート従業員就業規則
⑤パート従業員 （無期短時間契約）	事務補助職員、運行管理補助者、雑役など	本書では規定例は示していません。上記①や④、下記⑦の就業規則規定例を参照の上、各社で作成してください。
⑥無期転換従業員 （無期フル勤務契約）	上記③のⅱ又はⅲが無期転換した場合など	無期転換従業員就業規則
⑦無期転換従業員 （無期短時間務契約）	上記②又は④が無期転換した場合など	無期転換従業員就業規則

※　専門的知識等を有する有期雇用労働者等に関する特別措置法（有期特措法）に基づき、定年後引き続き雇用される有期雇用労働者等については、都道府県労働局長の認定（第2種特例認定）を受けることにより、無期転換申込権は発生しないとする特例が設けられています。

19

かし、就業規則はすべての労働者について必ずしも同一のものでなければならないわけではありません。合理性のない待遇差を設けることは避けなければいけませんが、職種・雇用形態に応じて異なる取扱いとすることはむしろ当然といえます。

そこで、本モデル就業規則では、タクシー業界の様々な職種・雇用形態を**前ページ**の表に示した7種に整理し、該当者が少数と思われる⑤を除く5種（⑥と⑦は一本で規定しています。）について就業規則の規定例を示しています。

また、育児・介護休業等については記載内容が膨大となるため、詳細を別規則「育児・介護休業等規則」として示していますので、就業規則の一部として取り扱ってください。

このほか、通常は所轄労働基準監督署長への届出までは必要ありませんが、事業運営上極めて重要である乗務員服務規律、安全衛生管理規程、安全衛生委員会規程、運行管理規程、整備管理規程及び安全管理規程についても規定例を示しています（一部はCD-ROMのみに収録）ので、会社の規則・規程等全体の見直しに当たり適宜活用してください。

2 準拠している法令及び見直し時の留意事項

このモデル就業規則は、原則として、平成31年4月現在施行されている労基法等の規定に基づき就業規則の規定例を示すとともに解説を付したものです。また、平成30年7月6日公布の改正労基法等、働き方改革関連法で今後施行予定とされている事項についても、適宜解説で触れています。

なお、このモデル就業規則はあくまでモデル例であり、就業規則の内容は事業場の実態に合ったものとしなければなりませんし、今までの各社における就業規則改正の経緯も十分尊重する必要があります。したがって、各社の就業規則の見直し・検討を行うに当たっては、本モデル就業規則を参照としつつも、最終的な変更は、各事業場の労使で内容を十分検討し、コンセンサスを得た上で行うようにしてください。

Ⅰ 従業員就業規則

I　従業員就業規則

第1章
総　則

第1章　総　則

（目的及び適用範囲）
第1条　この従業員就業規則（以下「本規則」という。）は、○○タクシー株式会社（以下「会社」という。）の従業員の労働条件、服務規律その他の就業に関する事項を定めることを目的とする。ただし定時制乗務員、有期従業員、パート従業員及び無期転換従業員の労働条件、服務規律その他の就業に関する事項は別に定めるところによる。

2　本規則及び本規則に付属する諸規程等に定めのない事項については法令又は労働協約の定めるところによる。

第1章　総　則

　　総則には、就業規則の作成目的や適用範囲（適用除外）、定義などを規定します。

【第1条第1項】目的及び適用範囲

1　タクシー事業においては、様々な職種・就業形態の労働者が存在しますが、就業規則は、すべての労働者について漏れなく作成する必要があります。

2　しかしながら、就業規則は、すべての労働者について必ずしも同一のものでなければならないわけではありません。同一の事業場であっても、一部の労働者について異なる規定を設けたり、別の就業規則を定めることができます。このモデル就業規則（以下「本モデル」といいます。）では、定時制乗務員、有期従業員、パート従業員及び無期転換従業員の就業に関する事項については、本規則は適用せず別規則で定めるところによることを明示しています。

　　この場合、複数ある就業規則のすべてを合わせた全体が労基法上の就業規則となります。このため、別に定めるとした就業規則が未作成の場合には、必要な規定を欠いているとして労基法違反になりますので留意してください。

3　別規則について、「○○員については、別に定める○○員就業規則による。ただし、当該規則に定めがない事項は本規則を適用する。」との規定例があります。このよう

22

第1章　総則

な規定の仕方だと○○員就業規則のある規定が無効になった場合に本則の適用がある
とされるリスクがあります。これを避けるには、本規則と同じ扱いをする事項はすべ
て本規則を準用し、異なる扱いをする事項についてのみ当該別規則で特段の定めをす
るようにすればよいでしょう。

【第1条第2項】本規則等に定めのない事項

1 本モデルは、労基法等関係法令に準拠して定めていますが、就業に関するすべての
事項を網羅しているわけではありません。本モデルに定めがない事項については、労
基法等関係法令の規定によることを明確にすることにより、必要以上に就業規則が膨
大になることを避けています。

2 就業規則で定める基準に達しない労働条件を定める労働契約は、その部分について
は無効となります。この場合において、無効となった部分は、就業規則で定める基準
によることになります（契約法第12条）。また、就業規則は法令又は事業場に適用さ
れる労働協約に反してはなりません（労基法第92条）。

3 労働組合がない場合には、第2項の「又は労働協約」は削除してください。

（定　義）
第2条　本規則において「従業員」とは、第2章第1節で定める手続により
　　採用された乗務員、事務職員及び整備員をいう。

【第2条】定　義

1 本規則における「従業員」を定義することにより、この規則の適用範囲を明確にし
ています。定義では第2章第1節の手続で採用された者としか定めていませんが、本
規則全体の規定ぶりから、同手続で採用される従業員は期間の定めのない労働契約で
あること及びフルタイムの勤務（フル勤務）であることを当然の前提としています。
この定義から外れる労働者については、この就業規則は適用されず、別途定める就業
規則によることになります。

2 本条の「従業員」とは、乗務員、事務職員（運行管理者等を含みます。）及び整備
員であることを明らかにしています。

23

Ⅰ　従業員就業規則

（規則の遵守）

第3条　会社及び従業員は、本規則及び諸規程等を遵守し、各々その義務を
履行し、相協力して社業の発展に努めなければならない。

【第3条】規則の遵守

1　労基法第2条において、「労働者及び使用者は、労働協約、就業規則及び労働契約
を遵守し、誠実に各々その義務を履行しなければならない。」と規定されています。

　就業規則は労使が尊重し、遵守して始めて制定の目的を達し得るものであり、社業
発展のためには、企業経営において就業規則という一定のルールの下、労働力が合理
的かつ効果的に結びつくことが求められます。このため、本条は当たり前のことを定
めたようにみえますが、極めて重要な規定といえます。

2　就業規則は会社が定め労働者に対し示すものであることを踏まえ、遵守の主体を従
業員のみとする次のような規定例もあります。

（規則の遵守）

第○条　従業員は本規則、付属規程及び就業に関する会社の指示並びに関係法
令を遵守しなければならない。

第2章　採用等

第2章
採用等

第2章　採用等
第1節　採　用

（採　用）
第4条　会社は、入社を希望する者の中から所定の選考手続を経て、従業員を採用する。
2　入社を希望する者は、次の書類を会社に提出しなければならない。
　①　履歴書（3か月以内に撮影した写真を貼付すること）
　②　運転免許証、自動車整備士その他の資格証明書の写し
　③　自動車安全運転センターが発行する運転経歴に係る証明書、（公財）東京タクシーセンターが発行する運転者記録証明書及び登録運転者業務経歴証明書（必要な場合）
　④　健康診断書
　⑤　その他会社が指定する書類等

第2章　採用等

　この章では、採用に際しての手続に関する事項、労働条件の明示、採用者の提出書類、試用期間、人事異動、役職の任免等を定めています。

【第4条】採　用

1　どのような人材を採用するかは、会社経営の根本に関わります。また、求職者からみて公正な手続となっていることも重要な視点です。

2　会社は、労働者の採用に当たり、男女かかわりなく均等な機会を与えなければなりません（均等法第5条）。合理的な理由がないにもかかわらず、労働者の採用において身長・体重・体力を要件とすること、転居を伴う転勤に応じることを要件とすること等は、間接差別として禁止されています（均等法第7条）。

3　第3号の証明書は乗務員に関するものです。

4　第4号の健康診断書の提出については、タクシー事業における安全運行の確保の観

25

I　従業員就業規則

点から合理性があると考えますが、厚生労働省では、健康診断が応募者の適性と能力を判定する上で真に必要かどうか慎重に検討して行うよう指導していますので留意してください（平5.5.10労働省職業安定局事務連絡）。

（労働条件の明示）

第5条　会社は従業員の採用に際しては、採用時の賃金、就業場所、従事する業務、勤務時間、休日その他の労働条件が明らかとなる書面を交付するものとする。

【第5条】労働条件の明示

1　労働者を雇い入れる際は、労働者に賃金、労働時間、その他の労働条件を明示することが必要です。特に、労働条件を明示するに当たり、次の(1)から(6)までの項目（昇給に関する事項を除きます。）については、書面を交付して明示することが義務付けられています（労基法第15条、労基則第5条、本書付属CD-ROM収録の「労働条件通知書（乗務員）」参照）。なお、本規則は期間の定めのない労働契約で勤務する従業員を前提にしているため、(2)の項目は該当しません。

　◆**労働条件の明示事項（必ず明示しなければならないもの）**◆

　(1)　労働契約の期間に関する事項

　(2)　期間の定めのある労働契約を更新する場合の基準に関する事項（期間の定めのある労働契約を更新する場合に限る。）

　(3)　就業の場所及び従事すべき業務に関する事項

　(4)　始業及び終業の時刻、所定労働時間を超える労働の有無、休憩時間、休日、休暇並びに交替制により就業させる場合における就業時転換に関する事項

　(5)　賃金（退職手当及び臨時に支払われる賃金等を除く。）の決定、計算及び支払の方法、賃金の締切り及び支払の時期並びに昇給に関する事項

　(6)　退職に関する事項（解雇の事由を含む。）

2　書面で明示すべき労働条件については、当該労働者に適用する部分を明確にして就業規則を労働契約の締結の際に交付することとしても差し支えないとされています（平11.1.29基発第45号）。

3　平成31年4月以降、労働条件明示の方法については、労働者が希望した場合には①ファクシミリの送信、②電子メール等の送信（当該労働者が当該電子メール等の記

録を出力することにより書面を作成できる場合に限ります。）によることが可能です。

改正

4 書面の交付に加え、就業規則の写し又はその抜粋を交付する場合の規定例には次のようなものがあります。

> （労働条件の明示）
> 第○条　会社は従業員の採用に際しては、採用時の賃金、就業場所、従事する業務、労働時間、休日その他の労働条件が明らかとなる書面を交付するとともに、必要に応じ本規則の写し又はその抜粋を交付することにより、労働条件を明示するものとする。

（採用者の提出書類）
第6条　従業員として採用された者は、2週間以内に次の書類を会社に提出しなければならない。
  ①　誓約書・身元保証書
  ②　住民票記載事項証明書
  ③　通勤届
  ④　入社前に他社に勤務していた者は、源泉徴収票、厚生年金被保険者証及び雇用保険被保険者証
  ⑤　個人番号カード又は通知カード（提示のみ）
  ⑥　その他人事管理上会社が必要と認める書類等
  2　従業員は前項に定める提出書類の記載事項に異動が生じた場合は、遅滞なく会社に届け出なければならない。

【第6条】採用者の提出書類

1 会社は、労働者の年齢、現住所等を確認するに当たり、労働者から戸籍謄本（抄本）や住民票の写しを提出させることは適切ではありません。住民票記載事項の証明書により処理するようにしてください。また、提出させる書類については、その提出目的を労働者に説明するようにしてください。

2 反社会的勢力との関係、薬物使用等については就労後問題となる場合がありますので、誓約書で確認しておくのがよいでしょう。

Ⅰ　従業員就業規則

（個人情報の利用目的）

第7条　採用選考に際し又は採用後に従業員から提出された個人情報、労働
安全衛生法に基づく各種の健康診断結果に関する情報、その他会社が取得
した従業員の個人情報については、会社は次の目的以外に使用しない。

① 　採用、配置先の決定、異動、人事考課等の人事管理に関すること

② 　賃金の決定、支払等賃金管理に関すること

③ 　源泉徴収、労働・社会保険等法令に基づく手続に関すること

④ 　災害補償に関すること

⑤ 　健康の保持・増進に関すること

⑥ 　運転者登録センターへの乗務員登録に関すること

⑦ 　前各号に掲げるもののほか、人事管理上必要な事項に関すること

2 　会社が保有する従業員の家族の情報は、賃金管理、法令に基づく諸手続
のほか、緊急時の連絡のために使用する。

【第7条】個人情報の利用目的

1 　個人情報保護法については、従来は取り扱う個人情報が 5,000 人以下の事業者には
適用されていませんでしたが、平成 29 年 5 月 30 日からすべての事業者に適用される
こととなりました。

2 　本条では、個人情報保護法第 15 条に基づき、会社による個人情報の利用目的を明
確にしています。

　なお、個人情報の取扱いについて、事業者が守るべきこととして、次の 4 点が挙げ
られますので留意してください。

---

① 　利用目的を特定して、その範囲内で利用する。利用目的を通知又は公表する。

② 　漏えい等が生じないよう安全に管理する。

③ 　第三者に提供する場合は、あらかじめ本人から同意を得る。

④ 　本人から開示等の請求があった場合はこれに対応する。苦情等に迅速・適切
に対応する。

第2章 採用等

> **（試用期間）**
> **第8条** 新たに採用した者については、原則として採用から○か月間を試用
> 　期間とする。ただし、会社が適当と認めたときは、この期間を延長もしく
> 　は短縮し、又は設けないことがある。
> **2** 　試用期間中に従業員として不適格であると認めたときは、解雇するもの
> 　とする。
> **3** 　試用期間は、勤続年数に通算する。

【第8条】試用期間

1 労働契約が締結された後でも、一定期間は試みの使用期間とし、その期間中におけ
る労働者の勤務態度、能力、適性などをみて本採用するかどうか決定することは広く
行われています。

2 試用期間を設ける場合にその期間の長さに関する定めは労基法上ありませんが、労
働者の地位を不安定にすることから、あまりに長い期間を試用期間とすることは好ま
しくありません。3か月間から6か月間と規定する例が多いようです。

　第1項で試用期間の延長を可能としていますが、これは例えば試用期間中に長期の
病気休業等があったような場合に対応するためのものです。

3 試用期間中の解雇については、労基法上、最初の14日間（暦日で数えます。すな
わち休日を含みます。）以内であれば即時に解雇することができますが、14日を超え
て雇用した後に解雇する場合には、原則として30日以上前に予告をしなければなり
ません。予告をしない場合には、平均賃金の30日分以上の解雇予告手当を支払うこ
とが必要となります（労基法第20条、第21条）。

　なお、解雇に当たっては、労基法の手続を踏むとともに、その解雇が客観的に合理
的な理由があり社会通念上相当であると認められる必要があります（契約法第16条）。

第2節　異　動

（人事異動）
第9条 会社は、業務上必要がある場合は、従業員（乗務員を除く。）の就
　業する場所又は従事する業務の変更を命ずることがある。
2 　会社は、業務上必要がある場合は、従業員を在籍のまま他の会社に出向

29

させることがある。

3　前2項の場合、従業員は正当な理由なくこれを拒否することはできない。

【第9条】人事異動

1　労働者を採用した後、会社が業務上の理由から就業場所や従事する業務を変更することは、会社と労働者との間で就業場所等について変更することはない等の特別な合意がない限り可能です。しかしながら、労働者の意に沿わない就業場所等の変更を命じた場合、トラブルが生じることがありますので、本条のように就業規則に明記しておくことが望ましいといえます。

　なお、労働者の就業場所を変更しようとする場合には、労働者の育児や介護の状況に配慮しなければなりません（育児・介護休業法第26条）。

2　第1項で「従業員（乗務員を除く。）」としているのは、乗務員の場合、就業場所及び業務を特定して採用するケースが多いことを踏まえたものです。

3　他の会社へ出向させることが想定される場合、第2項のような出向に関する規定を設けておく必要があります。

（役職の任免）

第10条　会社は業務の必要により役職の任免を行う。

2　役職の任免は、従業員の勤務成績、管理能力、技能その他を査定して行う。

【第10条】役職の任免

1　会社に人事権があることは当然のことですが、そのことを明確にするとともに人事権行使に当たっての基準を規定しています。

2　役職の任免に関連して、次のような規定を設けている例があります。

> （事務の引継ぎ）
>
> 第○条　従業員は異動、出向、役職の任免、定年、退職、解雇などの場合においては、担当業務を後任者に確実に引き継ぎ、その処理方法の説明を行うものとする。

第3章　服務規律

第3章
服務規律

第3章　服務規律

（服務の基本）

第11条　従業員は、本規則及び諸規程、交通法規その他関係法令を遵守し、上司及び管理者等の命令に従い、誠実に職務を遂行して、業務の効果的かつ効率的な運営を図るとともに、職場秩序の保持に努めなければならない。

2　所属長は、所属従業員の人格を尊重し、適切にこれを指導し、率先してその職務を遂行しなければならない。

第3章　服務規律　【第11条】服務の基本

1　服務規律については、就業規則に必ず定めなければならない事項ではありませんが、職場の秩序維持は企業経営にとって不可欠な事項あり、就業規則の重要な部分といえます。

2　本条では服務規律の基本的事項を定めるとともに、所属長の心構えを示しています。

3　第1項の管理者等には、運行管理者、整備管理者、事故防止責任者、衛生管理者等が含まれます。

（服務上の遵守事項）

第12条　従業員は次の事項を遵守しなければならない。

① 始業・終業の時刻及び勤務時間・休憩時間を厳守するとともに正当な理由なく、遅刻、早退又は欠勤をしないこと。

② 勤務についての手続、届出もしくは報告を怠らないこと、又は虚偽の報告をしないこと。

③ 勤務時間中は職務に専念し、みだりに勤務場所（車両を含む。）を離れないこと。

④ 勤務時間中は、組合活動、示威行為、集会その他会社の業務に関係の

ない行為により他の従業員等の就業を妨げてはならないこと（ただし、会社の許可を受けた場合を除く。また、組合活動に関するものについては、労働協約の定めるところによる。）。

⑤　会社の承認なく、在籍のまま他に就職もしくは他の会社等の役員に就任し、又は会社に不利益を与えもしくは秩序を乱すような自己の営業をしないこと。

⑥　会社の承認なく部外者を会社施設に立ち入らせないこと。

⑦　酒気を帯び、薬物を使用し又は睡眠不足等の状態で就業しないこと。

⑧　性的な言動により、他の従業員等に不利益又は不快感を与え、職場の秩序・環境を害さないこと。また、妊娠、出産、育児・介護休業等に関する言動により、従業員等の就業環境を害さないこと。

⑨　職務上の地位等の職場内の優位性を背景に業務の適正な範囲を超える言動により、他の従業員等に精神的・身体的な苦痛を与え、職場の秩序・環境を害さないこと。

⑩　就業に関し、制服、社章、名札等の着用を指定されている場合はこれに従い、特に指定されていない場合にも会社の品位を損なうことのないように努めること。

⑪　職場の整理整頓に努め、火災その他の災害を発生させないように注意すること。また、所定の場所以外で喫煙をしないこと。

⑫　会社の内外を問わず、暴行、傷害、賭博等の不法行為をしないこと。

⑬　許可なく、業務以外の目的で会社の施設、車両、機械器具、工作物、物品等を使用し、又は社外に持ち出さないこと。

⑭　会社の車両、機械その他の設備は大切に取り扱うとともに、燃料、資材等の節約に努め、これを私用に供してはならないこと。

⑮　会社、取引先、お客様等に関する情報の管理に十分注意を払うとともに、自らの業務に関係のない情報を不当に取得してはならないこと。また、職場又は職務を異動あるいは退職するに際しては、自らが管理していたデータ、情報書類等を速やかに返却すること。

⑯　業務に関連して私利を図り、又は不正不当に金品その他を要求し又は収受しないこと。

⑰　会社の内外を問わず、会社の名誉又は信用を傷つける行為をしないこと。

　　…………

○　その他前各号に準ずる不適切な行為をしないこと。

第3章　服務規律

【第12条】服務上の遵守事項

1 服務上の遵守事項については、規定例を参考にしつつ会社として労働者に守ってほしい事項を具体的に定めてください。

2 第3号の勤務場所については、乗務員の場合は当然車両が中心となります。

3 第8号については、職場におけるセクシュアルハラスメントを防止するため、事業主は、雇用管理上必要な措置を講じなければならないこととされています（均等法第11条）。また、職場における妊娠・出産・育児休業・介護休業等に関するハラスメントを防止するため、事業主は、雇用管理上必要な措置を講じなければならないこととされています（均等法第11条の2、育児・介護休業法第25条）。

4 第9号は、近年社会問題化している職場のパワーハラスメントについて禁止しています。パワーハラスメントを防止するためには、本規則のような規定を設けるだけでなく、組織のトップが職場のパワーハラスメントをなくしていく方針を明確にした上で、研修や相談窓口の設置など総合的な対策を講ずる必要があります。

5 第15号は個人情報保護法の全面施行により、労働者に遵守してほしい事項を定めています。

6 第18号以降は各社の実情に応じ適宜追加してください。

7 最後の号は、どんなに詳細に規定してもあらかじめ想定できない事項があり得ますので、それらの場合に適切に対処するための「その他条項」です。

（乗務員の基本心得）

第13条 乗務員は、「安全、安心、快適な輸送」と「良質なサービスの提供」を行うため、技術の向上に努めるとともに、次の事項を遵守しなければならない。

① 職務遂行に当たっては、あらかじめ自己の目標と能率的な計画を設定し、達成に努めること。

② 定められた勤務時間の中で、創意工夫を持って職務に当たり、勤務成績向上に努めること。

③ お客様に対しては、常に礼儀正しく誠意と感謝の気持ちを持ち、好感の持たれる接客に努めること。

④ 正当な理由のない乗車拒否の絶無を期すとともに、お客様に対し暴言、侮辱等の行為は絶対にしないこと。

Ⅰ　従業員就業規則

⑤　明番、公休日には十分な休養をとり、乗務に当たっては常に心身ともに健全な状態で臨むこと。

⑥　車両の保守、整備に注意を払い、安全運転、清掃を通じて、乗り心地の良い車両の提供に努めること。

2　前項のほか、乗務員が遵守すべき事項の詳細について、乗務員服務規律を設ける。

【第13条】乗務員の基本心得

1　本条は、乗務員の服務について、従業員としての共通的な遵守事項に加え、特に、事業用自動車に乗務する乗務員の基本的な心得を規定しています。

2　運輸規則第41条では、乗務員が事業用自動車の運行の安全の確保のために遵守すべき事項及び乗務員の服務についての規律（乗務員服務規律）を定めなければならないとされていますので、就業規則とは別に作成してください（P.185参照）。

（始業・終業の時刻の記録等）

第14条　従業員（乗務員を除く。）は、始業時及び終業時にタイムカードを自ら打刻し、始業及び終業の時刻を記録しなければならない。

2　乗務員は、始業時及び終業時に所定の点呼（アルコールチェックを含む。）を受けなければならない。

3　乗務員は、休憩時間の取得に当たっては、車両備付けの休憩ボタンによりデジタル式運行記録計に記録を残さなければならない。

【第14条】始業・終業の時刻の記録等

1　労働時間の管理については、「労働時間の適正な把握のために使用者が講ずべき措置に関するガイドライン」（平成29年1月20日策定）が示されています。また、安衛法の改正に伴い、労働者の労働時間の状況については、客観的な方法その他の適切な方法により把握するよう法律で義務付けられました（安衛法第66条の8の3、平成31年4月から施行）。具体的には、タイムカードによる記録、パーソナルコンピュータ等の電子計算機の使用時間の記録、使用者の現認等の客観的な方法その他の適切な方法とされています（安衛則第52条の7の3）。「その他適切な方法」には「やむを得ない場合の自己申告」も含まれています（平30.12.28基発1228第16号）。改正

第3章 服務規律

2 本条第2項は乗務員について点呼を受ける義務を定めています。労働時間の把握については、本規則第21条第5項及び第6項で具体的な規定を置いています。

3 本条第3項は乗務員の労働時間の算定に不可欠な休憩時間の把握について、車両備付けの休憩ボタンにより記録すべきことを定めています。

（遅刻、早退、外出の手続等）

第15条 従業員が遅刻、早退又は勤務時間中に私用外出する場合は、事前に所属長に申し出て承認を受けなければならない。ただし、やむを得ない事由により事前に申出ができなかった場合は、事後速やかに届け出て承認を受けなければならない。

2 前項の場合、不就労時間については、賃金を支給しない。

【第15条】遅刻、早退、外出の手続等

1 本条では、労働者が遅刻、早退又は外出する場合、事前の申出と会社の承認を得ることとしていますが、どのような手続とするかは各事業場で決めてください。なお、こうした手続を取ることは会社の秩序を維持する上でも重要なこととなりますので、明確に定めてください。

2 労働者が遅刻、早退等をした結果、労働しなかった時間については、ノーワークノーペイの原則により、賃金を支払う必要はありませんので、使用者はその時間数に応じて賃金を減額することが可能です。この場合の計算方法については、本規則第39条第3項に規定を置いています。

（欠勤の手続等）

第16条 従業員は傷病その他やむを得ない事由により欠勤する場合は、事前に所定の様式により会社に届け出なければならない。ただし、やむを得ない事由により事前に届け出ることができなかった場合は、電話その他の方法により所属長に連絡し、事後速やかに所定の手続を取らなければならない。

35

2　私傷病による欠勤が継続して〇日以上に及ぶときは、前項の欠勤届のほ
か、医師の診断書を会社に提出しなければならない。ただし、欠勤日数に
かかわらず、会社が必要と認めた場合は、会社の指定する医師の診断を受
けさせることがある。

3　第1項の欠勤日については、賃金を支給しない。

【第16条】欠勤の手続等

1　第2項の欠勤何日以上で医師の診断書を提出させるかは、各社で決めてください。
「4日以上」から「1週間以上」と規定する例が多いようです。

2　第2項ただし書きは、例えば3日欠勤して1日出勤するなど断続的欠勤を繰り返す
場合にも対応できるようにするとともに、労働者の主治医からの診断書は労働者の意
向が反映されやすい場合があることを考慮して規定したものです。

3　欠勤時の賃金不支給については、第15条の解説 **2** 参照。

（入場禁止及び退場）

第17条　従業員が会社内の秩序又は風紀を乱し、あるいは乱すおそれのあ
る場合は、会社に立ち入ることを禁止し、又は退場を命ずることがある。

【第17条】入場禁止及び退場

入場禁止又は退場について、本条よりもより具体的に事由を掲げて規定する例があ
ります。

具体例

①　火気、凶器、毒物、薬物その他業務遂行に不要なものを携行する者

②　酒気を帯び又は酒類を携帯する者

③　他人の業務を妨害し、又はそのおそれがある者

④　懲戒処分により出勤停止中の者

⑤　その他前各号に準ずる場合

第3章　服務規律

（報告等）

第18条　乗務員は、事業用自動車による最高速度違反行為、違法駐車、営業に係る不適切行為等について関係行政機関、（公財）東京タクシーセンター等から措置・指導等を受けたときは、その内容について、帰庫時に所定の様式により会社に報告しなければならない。

2　乗務員は、業務中交通事故を起こしたときは、別に定める「交通事故処理規程」に基づき適切な措置を講ずるとともに、所定の様式により会社に報告しなければならない。

【第18条】報告等

1 事業場外で勤務する乗務員に起こった各種の出来事について、会社として広く把握し、その都度必要な対応を図ることは企業経営・労務管理上極めて重要なことです。

2 乗務員の業務中における交通事故や交通関係法令の違反行為、（公財）東京タクシーセンターの指導事案等については必ず報告させる必要があります。報告の期限、方法等については、会社の必要性に応じて定めてください。

（損害賠償）

第19条　従業員が故意又は重大な過失によって会社に損害を与えたときは、会社はその全部又は一部を賠償させることがある。

2　従業員は、前項の規定による賠償によって第75条及び第76条の規定による懲戒を免れるものではない。

【第19条】損害賠償

1 労基法は、「労働契約の不履行について違約金を定め、又は損害賠償額を予定する契約をしてはならない。」（第16条）と定めていますが、損害額の如何にかかわらず、あらかじめ賠償額を定めるのではなく、労働者が会社に与えた実際の損害額に応じて賠償を求めることは禁止されていません。

2 労働者が、例えば業務上横領等によって会社に損害を与えた場合、これに対して会社が就業規則違反として懲戒を行うことと、損害賠償を請求することとは、別個の問題です。すなわち、懲戒処分を行い、かつ、損害賠償を請求することも可能であり、本条第2項はこのことを明らかにしたものです。

Ⅰ　従業員就業規則

第4章
勤　務

第4章　勤　務
第1節　勤務時間、休憩及び休日

（勤務時間の原則）

第20条　従業員（日勤勤務に従事する乗務員を除く。）の所定勤務時間については、１か月単位の変形労働時間制を採用し、変形期間（対象期間）を平均した１週間当たりの所定勤務時間は 40 時間以内とする。

2　始業・終業の時刻及び休憩時間は職種ごとに定める。

3　業務の都合その他やむを得ない事情により、前号の始業・終業の時刻及び休憩時間を繰り上げ、又は繰り下げることがある。

第4章　勤　務

　この章では、従業員の勤務に関し、勤務時間、休憩、休日、年次有給休暇、休業、休職等の規定を置いています。

第1節　勤務時間、休憩及び休日

1　労働時間、休憩及び休日に関する事項は、就業規則の絶対的必要記載事項（労基法第 89 条第１号。P.17 参照）に当たります。

2　労基法第 32 条第１項において、１週間の労働時間の上限は 40 時間と定められています。また、労基法第 32 条第２項において、１日の労働時間の上限は８時間と定められています。これらを法定労働時間といいます。

3　休憩時間については、１日の労働時間が６時間を超える場合には少なくとも 45 分、８時間を超える場合には少なくとも１時間の休憩時間を与えなければなりません（労基法第 34 条）。これは労基法上の最低基準であり、業務の実態によりこれを上回る休憩時間を与えることは差し支えありません。

4　休日については、毎週少なくとも１回又は４週間を通じ４日以上与えなければなりません（労基法第 35 条）。これを法定休日といいます。

38

第4章 勤務

【第20条】勤務時間の原則

1 タクシー事業においては、隔日勤務で1日8時間を超えるほか、運行管理者等を含む事務職員や整備員についても特定の1週間の勤務時間が40時間を超える場合がありますので、変形労働時間制を採用することとしています。なお、日勤勤務に従事する乗務員については、変形労働時間制の対象とせず、本規則第21条第3項で規定しています。

2 1か月単位の変形労働時間制とは、就業規則等又は労使協定により、1か月以内の一定期間を平均して1週間当たりの労働時間が40時間を超えない定めをした場合においては、その定めにより、特定された日又は特定された週に1日8時間又は1週40時間を超えて労働させることができる（労働させても時間外労働として取り扱う必要がない。）という制度です（労基法第32条の2）。

これに関する定めは通常は就業規則に置くことになります。なお労使協定による場合は、様式第3号の2により所轄の労働基準監督署長に届け出ることが必要です。労使協定の労働者代表の選出方法等ついては、本規則第24条（時間外労働及び休日労働）の解説 **2**（P.50）を参照してください。

3 1か月単位の変形労働時間制を採用する場合には、就業規則等において変形期間の起算日や各日の始業・終業の時刻及び変形期間内の各日・各週の労働時間を明確にしておくことが必要です。

すなわち、単に抽象的、一般的に「変形期間を平均し、1週間の労働時間が40時間を超えない」旨を定めるだけでは足りず、具体的にどの日、どの週が何時間となるのか特定できるように定めなければなりません。

ただし、シフト制で勤務している乗務員については固定した勤務時間を就業規則に定めることは実情に合いません。この点に関し通達では、勤務ダイヤによる1か月単位の変形労働時間制を採用する場合には「就業規則においてできる限り具体的に特定すべきものであるが、業務の実態から月ごとに勤務割を作成する必要がある場合には、就業規則において各直勤務の始業終業時刻、各直勤務の組み合わせの考え方、勤務割表の作成手続及びその周知方法を定めておき、それにしたがって各日ごとの勤務割は変形期間の開始前までに具体的に特定することで足りる」とされています（昭63.3.14基発第150号）。

4 変形労働時間制を採用している場合にも休日の振替は可能ですが、これを行うときは「休日振替の結果、就業規則で1日8時間又は1週40時間を超える所定労働時間が設定されていない日又は週に1日8時間又は1週40時間を超えて労働させることになる場合には、その超える時間は時間外労働となる」（昭63.3.14基発第150号）とされていることに注意が必要です。

39

Ⅰ　従業員就業規則

> **参考**　1年単位の変形労働時間制をとる場合 ●●●●●●●●●●●●●●●
>
> 　本モデルで採用している1か月単位の変形労働時間制のほかに1年単位の変形労働時間制があります。
>
> (1)　1年単位の変形労働時間制は、労使協定により、1か月を超え1年以内の一定期間を平均し、1週間当たりの労働時間が40時間を超えない範囲において、特定された日又は特定された週に1日8時間又は1週間40時間を超えて労働させることができるという制度です（労基法第32条の4）。1年のうちの特定の期間が忙しいことが予測できる場合などに適しています。
>
> (2)　1年単位の変形労働時間制を採用する場合には、次の要件を満たす必要があります。
>
> 　①　就業規則において1年単位の変形労働時間制を採用する旨を定めること。また、各労働日の始業・終業の時刻、休憩時間、休日等についても定めること。
>
> 　②　労働者代表と書面による労使協定を締結し、所定の様式により所轄の労働基準監督署長に届け出ること。この場合の労使協定で定めるべき事項は以下のとおりです。
>
> ---
>
> 　ア　対象となる労働者の範囲
>
> 　イ　対象期間（1か月を超え1年以内の一定期間とすること）及びその起算日
>
> 　ウ　特定期間（対象期間中の特に業務が繁忙な期間について設定できます。）
>
> 　エ　対象期間における労働日及び労働日ごとの所定労働時間（対象期間を1か月以上の期間に区分する場合は、最初の期間については労働日及び労働日ごとの所定労働時間を特定する必要がありますが、その後の期間については各期間の総労働日数と総労働時間を定めれば差し支えありません。）
>
> 　オ　有効期間（1年程度とすることが望ましい。）
>
> ---
>
> 　ただし、上記エについては、次の範囲としなければなりません。
>
> ・労働日数は対象期間が3か月を超える場合は原則として1年当たり280日以内
>
> ・連続労働日数は原則として6日以内（特定期間においては1週間に1日の休日が確保できる範囲内）
>
> ・所定労働時間は1日10時間以内（隔日勤務のタクシー運転者については暫定措置として16時間以内。労基則第66条）、1週52時間以内（対象期間が3か月を超える場合は、1週48時間を超える週は連続3週間以内、1週48時間を超える週の初日の数は3か月に3以内）

40

第4章　勤務

（乗務員の勤務時間等）

第 21 条　乗務員の勤務形態は、隔日勤務又は日勤勤務とする。

2　隔日勤務に従事する乗務員の勤務時間等は、次のとおりとする。

　①　28 日を変形期間とする変形労働時間制を採用し、週の所定勤務時間は 28 日間を平均して 40 時間以内とする。

　②　隔日勤務の勤務ダイヤは 1 サイクル 28 日の「3s3t3s2s 制（数字は連続勤務数（勤務後の明番を含む。）、s は 1 公休、t は 3 連続公休を示す。11 勤 6 休制）」とする。この場合の 1 勤務の所定勤務時間は 14 時間 30 分とする。

　③　隔日勤務の各シフト別の始業・終業時刻及び休憩時間は次表のとおりとする。

[隔日勤務のシフト基準]

勤務シフト	始業時刻	終業時刻	所定勤務時間	休憩時間（合計 3 時間）
A	6 時 30 分	0 時 00 分	14 時間 30 分	8 時から 12 時までに○分 14 時から 20 時までに○分 21 時から 23 時までに○分
B	7 時 30 分	1 時 00 分		9 時から 13 時までに○分 15 時から 21 時までに○分 22 時から 24 時までに○分
C	8 時 30 分	2 時 00 分		10 時から 14 時までに○分 16 時から 22 時までに○分 23 時から 1 時までに○分
D	9 時 30 分	3 時 00 分		11 時から 15 時までに○分 17 時から 23 時までに○分 0 時から 2 時までに○分
E	11 時 30 分	5 時 00 分		13 時から 17 時までに○分 19 時から 1 時までに○分 2 時から 4 時までに○分

【第 21 条第 1 項】乗務員の勤務形態

　第 1 項では、タクシー事業における基幹的職種である乗務員について、その勤務形態が隔日勤務と日勤勤務であることを明らかにしています。

41

I　従業員就業規則

【第 21 条第 2 項】隔日勤務

1　第 2 項では、隔日勤務の一例として変形期間を 28 日、1 回の所定勤務時間を 14 時間 30 分、休憩時間 3 時間、「3s3t3s2s 制（数字は連続勤務数（勤務後の明番を含みます。）、s は 1 公休、t は 3 連続公休を示す。）」の 11 勤 6 休制の変形労働時間制を示しています。この例では変形期間における週所定勤務時間の平均は、

$$14.5 \times 11 \div \frac{28}{7} = 39.875 \text{ 時間となり、1 週当たり 40 時間以下の要件を満たします。}$$

2　いったん就業規則で定めたシフト基準がその後の需給の変化や乗務員の増減等により変更される場合がありますが、その場合には、就業規則の変更の手続が必要になります。

3　隔日勤務における変形労働時間制のシフト（勤務ダイヤ）の事例を**次ページ**に示しています（山田孝一『タクシー事業の労務管理マニュアル』P.137 を一部加工）。

　参考までにいくつかの事例について、労基法の法定労働時間の要件を満たしているかチェックしてみましょう。

> **次ページ表の 1 の事例**
>
> 　変形期間 28 日、1 回の所定勤務時間 13 時間 20 分、休憩時間 3 時間、3s3s3s3s 制の 12 勤 4 休制
>
> $$13\frac{20}{60} \times 12 \div \frac{28}{7} = 40 \text{ 時間となり、1 週当たり 40 時間以下の要件を満たします。}$$

> **次ページ表の 13 の事例**
>
> 　変形期間 30 日、1 回の所定勤務時間 14 時間 15 分、休憩時間 3 時間、3s3s3s3t 制の 12 勤 6 休制
>
> $$14\frac{15}{60} \times 12 \div \frac{30}{7} = 39.9 \text{ 時間となり、1 週当たり 40 時間以下の要件を満たします。}$$

> **次ページ表の 18 の事例**
>
> 　変形期間 15 日、1 回の所定勤務時間 14 時間、休憩時間 2 時間、3s3w（w は 2 連続公休を示す。）制の 6 勤 3 休制
>
> $$14 \times 6 \div \frac{15}{7} = 39.2 \text{ 時間となり、1 週当たり 40 時間以下の要件を満たします。}$$

> **次ページ表の 23 の事例**
>
> 　変形期間 28 日、1 回の所定勤務時間 14 時間 30 分、休憩時間 3 時間、2s2s2s2s2s1s 制の 11 勤 6 休制
>
> $$14.5 \times 11 \div \frac{28}{7} = 39.875 \text{ 時間となり、1 週当たり 40 時間以下の要件を満たします。}$$

◆隔日勤務における変形労働時間制（勤務ダイヤ）の事例◆

勤務ダイヤ（事例）			変形期間	変形期間内の法定労働時間の総枠	1回の勤務時間の上限（休憩時間を3時間とした場合）	（参考）年間乗務数
分　類						
Ⅰ	1	3s3s3s3s　12勤4休	28	160.0	13.33	156.4
	2	3s3s3s2s　11勤4休	26	148.5	13.50	154.4
	3	3s3s2s　8勤3休	19	108.5	13.56	153.7
	4	3s2s3s2s　10勤4休	24	137.1	13.71	152.0
	5	3s3s3s3w　12勤5休	29	165.7	13.80	151.0
	6	2s3s2s3s2s　12勤5休	29	165.7	13.80	151.0
	7	3s2s2s　7勤3休	17	97.1	13.87	150.3
Ⅱ	8	3s3s3w　9勤4休	22	125.7	13.96	149.3
	9	3s2s2s2s　9勤4休	22	125.7	13.96	149.3
	10	5w4w　9勤4休	22	125.7	13.96	149.3
	11	2s3s4w　9勤4休	22	125.7	13.96	149.3
	12	3s3s2w3s　11勤5休	27	154.2	14.01	148.7
	13	3s3s3s3t　12勤6休	30	171.4	14.28	146.0
	14	6w3w3w　12勤6休	30	171.4	14.28	146.0
	15	2s2s2s2s　8勤4休	20	114.2	14.27	146.0
	16	4w4w　8勤4休	20	114.2	14.27	146.0
	17	3s3s2w　8勤4休	20	114.2	14.27	146.0
	18	3s3w　6勤3休	15	85.7	14.28	146.0
Ⅲ	19	6w2w3w　11勤6休	28	160.0	14.54	143.3
	20	3s3w3s2w　11勤6休	28	160.0	14.54	143.3
	21	3s3t2s3s　11勤6休	28	160.0	14.54	143.3
	22	3w2s2s2s2s　11勤6休	28	160.0	14.54	143.3
	23	2s2s2s2s2s1s　11勤6休	28	160.0	14.54	143.3
	24	3s1w1s3s3s　11勤6休	28	160.0	14.54	143.3
	25	3w3s3w　9勤5休	23	131.4	14.60	142.8
	26	2s2w2s3s　9勤5休	23	131.4	14.60	142.8
	27	2s2s2s2s1s　9勤5休	23	131.4	14.60	142.8
	28	3w2s2s2s　9勤5休	23	131.4	14.60	142.8
	29	3s3s3t　9勤5休	23	131.4	14.60	142.8
	30	3w2s2s　7勤4休	18	102.8	14.68	141.9
	31	2s2s2s1s　7勤4休	18	102.8	14.68	141.9
	32	3s2t2s3s　10勤6休	26	148.5	14.85	140.3
	33	3w2w5w　10勤6休	26	148.5	14.85	140.3
	34	3w2s　5勤3休	13	74.2	14.84	140.3
	35	2s2w2s2s　8勤5休	21	120.0	15.00	139.0
Ⅳ	36	3s2t2s2s　9勤6休	24	137.1	15.23	136.9
	37	2s2w2s　6勤4休	16	91.4	15.23	136.9
	38	3w　3勤2休	8	45.7	15.23	136.9
	39	3s2s1w1s　7勤5休	19	108.5	15.50	134.5

（注）　1　s（シングル）は1公休、w（ダブル）は2連続公休、t（トリプル）は3連続公休を示す。
　　　　2　1回の勤務時間の上限は、法定労働時間の総枠÷勤務数で算出（小数第3位以下を切り捨て）

I 従業員就業規則

〈第21条（乗務員の勤務時間等）つづき〉

3 日勤勤務に従事する乗務員の勤務時間等は次のとおりとする。

① 週5勤2休制とし、1日の所定勤務時間は8時間とする。

② 日勤勤務の各シフト別の始業・終業時刻及び休憩時間は次表のとおりとする。

［日勤勤務のシフト基準］

	始業時刻	終業時刻	休憩時間（合計2時間）
昼日勤A	6時00分	16時00分	9時から11時までに○分 13時から15時までに○分
昼日勤B	7時00分	17時00分	10時から12時までに○分 14時から16時までに○分
昼日勤C	8時00分	18時00分	11時から13時までに○分 15時から17時までに○分
夜日勤A	17時00分	翌日3時00分	20時から22時までに○分 24時から2時までに○分
夜日勤B	18時00分	翌日4時00分	21時から23時までに○分 1時から3時までに○分
夜日勤C	19時00分	翌日5時00分	22時から24時までに○分 2時から4時までに○分
夜日勤D	20時00分	翌日6時00分	23時から1時までに○分 3時から5時までに○分

【第21条第3項】日勤勤務

1 日勤勤務のタクシー乗務員について、法定労働時間と同じ1日8時間、1週40時間の完全週休2日制で勤務する例を示しています。

2 本条第3項で示した以外のシフトの例としては、次のようなものがあります。

例① 変形期間28日、1回の所定勤務時間8時間25分、休憩時間1時間、2s2s2s2s…制の19勤9休制（変形労働時間制の採用が必要）

$8\dfrac{25}{60} \times 19 \div \dfrac{28}{7} = 39.98$ 時間となり、1週当たり40時間以下の要件を満たします。

例② 変形期間10日、1回の所定勤務時間9時間30分、休憩時間2時間の6勤2明け2休制

第4章　勤　務

ⅰ　10日を変形期間とする変形労働時間制を採用し、週の平均所定労働時間
は、10日を平均して40時間以内とする。

ⅱ　変形期間内における各日の所定勤務時間、始業・終業時刻及び休憩時間は
次表のとおりとする。この場合の1回の勤務の所定勤務時間は9時間30分
とする。

[日勤勤務のシフト基準]

勤務日	始業時刻	終業時刻	所定勤務時間	休憩時間（合計2時間）
第1日目	7時30分	19時00分	9時間30分	10時から13時までに60分 15時から19時までに60分
第2日目	8時00分	19時30分	9時間30分	同上
第3日目	休　日			
第4日目	8時00分	19時30分	9時間30分	同上
第5日目	9時30分	21時00分	9時間30分	同上
第6日目	明　番			
第7日目	7時30分	19時00分	9時間30分	同上
第8日目	10時00分	21時30分	9時間30分	12時から15時までに60分 18時から20時までに60分
第9日目	明　番			
第10日目	休　日			

※　このシフト基準の5日目と8日目の勤務は時間外労働を行わせた場合、勤
務終了が翌日にまたがる可能性があるため翌日の6日目と9日目を「明番」
としています。

この例では変形期間における週所定勤務時間の平均は、

$9.5 \times 6 \div \dfrac{10}{7} = 39.9$ 時間となり、1週当たり40時間以下の要件を満たします。

〈第21条（乗務員の勤務時間等）つづき〉

4　変形労働時間制の変形期間の起算日は○年○月○日とする。また、乗務
員ごとの勤務日、勤務時間等を定めた勤務交番表については、各人に勤務
開始○日前までに案を示し、調整を行った上で△日前までに通知するもの
とする。

Ⅰ　従業員就業規則

> 5　乗務員の始業時刻は、出社後出庫するまでに行われる点呼、始業前点検等に要する時間を◇分と取り扱い、出庫時刻の◇分前とする。乗務員の終業時刻は、帰庫後の納金、報告、洗車、点呼等に要する時間を△分と取り扱い、帰庫時刻の△分後とする。
>
> 　　ただし、実際に当該時間を超えた場合であって、乗務員が理由を明らかにして申し出、かつ、会社が認めたときは、その時間により始業・終業時刻を確定する。
>
> 6　乗務員の休憩時間は隔日勤務にあっては合計３時間、日勤勤務にあっては合計２時間とし、乗務員は、原則としてシフト基準で指定された時間帯に取得するようにしなければならない。なお、継続○分以上車両が停止していた場合であって、乗務員から特段の申出がない時間については、その間、休憩を取得したものとして取り扱うものとする。

【第21条第４項～第６項】

1　各乗務員の勤務ダイヤについては本条第４項で、あらかじめ案を示し必要な調整を行った上で、確定した勤務交番表を示すこととしています。いつまでに通知するかについては、乗務員のワークライフバランスに配慮し、できるだけ早めに行うことが望ましいでしょう。

2　乗務員の始業時刻及び終業時刻については、第５項で出庫時刻及び帰庫時刻を基点にすることとしていますが、次のように客観的な記録が残るアルコールチェック時刻を基点とする規定例もあります。

> **（参考規定例）**
> **第○項**　乗務員の実際の始業時刻は出庫前の点呼開始時刻（アルコールチェック時刻）とし、終業時刻は帰庫後の納金、報告、洗車等を終了した後の点呼終了時刻（アルコールチェック時刻）とする。

3　第６項は、休憩時間の取得及びその把握方法を定めています。把握に当たってはデジタル式運行記録計という客観的な方法（第14条第３項 P.34 参照）に一部自己申告制を取り入れて、より正確を期しています。各乗務員の労働時間の把握のために、極めて重要な規定といえます。

第4章　勤　務

（事務職員等の勤務時間）

第22条　事務職員及び整備員（以下「事務職員等」という。）の所定勤務時間は、28日を変形期間とする1か月単位の変形労働時間制（4週6休制）を採用し、1日について7時間15分、1週間について28日を平均して40時間以内とする。

2　各日の始業・終業時刻及び休憩時間は次のとおりとする。

	始業時刻	終業時刻	休憩時間
早番	5時30分	13時45分	10時から11時まで
遅番	13時00分	21時15分	17時から18時まで

3　変形労働時間制の変形期間の起算日は○年○月○日とする。また、勤務日、勤務時間等を定めた勤務交番表については、各人に毎月○日前までに案を示し、調整を行った上で毎月△日前までに通知するものとする。

【第22条】事務職員等の勤務時間

事務職員及び整備員の勤務時間について、変形期間28日、1日の所定勤務時間7時間15分の4週6休制（6日出勤の週と5日出勤の週が混在するもの）の変形労働時間制を採用した例を示しています。

$7\dfrac{15}{60} \times 22 \div \dfrac{28}{7} = 39.875$ 時間となり、1週当たり40時間以下の要件を満たします。

（休　日）

第23条　従業員の休日は次のとおりとする。

①　4週を通じ4日以上の休日を与える。この場合の起算日は○年○月○日とする。4日以上の休日には国民の祝日（シフト調整のため他の日に振り替えることがある。）を含むものとする。

②　各人ごとの休日は、勤務交番表により示すものとする。

2　業務の都合により会社がやむを得ないと認める場合は、勤務交番表で定めた休日を他の日と振り替えることがある。ただし、休日は原則として4週を通じ4日を下回らないものとする。

Ⅰ 従業員就業規則

【第 23 条】休　日

1 労基法では、何曜日を休日とするか、あるいは国民の祝日を休日とするかについて規定していません。1 週間の中で何曜日を休日としても、また、週によって異なる曜日を休日としても差し支えありません。さらに、勤務の実態に合わせて、労働者ごとに異なる日に交替で休日を与えることもできます。

2 休日は、原則として暦日（午前 0 時から午後 12 時までの継続 24 時間をいいます。）で与えなければなりません。

乗務員の休日については、これとは異なり休息期間 + 24 時間の連続した時間とされています。すなわち、日勤勤務者の休息期間は 8 時間以上確保しなければならないので、休日は「休息期間 8 時間 + 24 時間 = 32 時間」以上の連続した時間となります。隔日勤務者の場合は、20 時間以上の休息期間を確保しなければならないので、休日は「休息期間 20 時間 + 24 時間 = 44 時間」以上の連続した時間となります。（平元.3.1 基発第 93 号「自動車運転者の労働時間等の改善のための基準について」の記の第 3 の 2 の(1)のロ）。

3 本条第 2 項において定めている、いわゆる「振替休日」とは、例えば業務の都合によって所定休日である日曜日に勤務させなければならない場合に、当該日曜日を勤務日に変更し、その代わり勤務日である例えば月曜日を休日とするように、所定の休日をあらかじめ他の勤務日と振り替えることをいいます。

また、「代休」とは、休日に休日労働を行わせた場合に、その代わりに以後の特定の勤務日又は労働者の希望する任意の勤務日の労働義務を免除し、休みを与える制度のことをいいます。振替休日と代休の労基法上での取扱いの違いは次のとおりです。

> **参考**　労基法上の振替休日と代休の取扱いの違い　●●●●●●●●●●●●●●●●
>
> ①　振替休日は、あらかじめ定められた法定休日を他の日に振り替えることですから、振替前の休日に勤務しても通常の勤務と同じです。したがって、休日労働に対する割増賃金の問題は発生しませんが、振り替えた休日が週をまたがった場合、振替勤務をしたことにより、当該週の実労働時間が週の法定労働時間を超える場合があります。その場合は時間外労働に対する割増賃金の支払が必要となります。
>
> その一方で、代休は、定められた法定休日に休日労働を行わせた場合ですから、その後に代休を与えても休日労働をさせたことが帳消しにされるものではありませんので、休日労働に対する割増賃金を支払う必要があります。
>
> ②　休日は労働者の労働義務のない日ですから、これを振り替える場合は、以下に示す措置が必要となります。
>
> ア　就業規則に振替休日の規定を置くこと。
>
> イ　振替休日を特定すること。
>
> ウ　振替休日は 4 週 4 日の休日が確保される範囲のできるだけ近接した日とすること。
>
> エ　振替は前日までに通知すること。

（時間外労働及び休日労働）

第24条 業務の都合により、第21条もしくは第22条の所定勤務時間を超えて、又は第23条の所定休日に労働させることがある。この場合において、法定労働時間を超える労働又は法定休日における労働については、あらかじめ会社は過半数労働者代表と書面による協定を締結し、これを所轄の労働基準監督署長に届け出るものとする。

2 乗務員の時間外労働及び休日労働は、「自動車運転者の労働時間等の改善のための基準」（平成元年労働省告示第7号）に定める1日及び1か月の拘束時間（隔日勤務にあっては1勤務21時間、1か月262時間（労使協定がある場合には1年のうち6か月について270時間）。日勤勤務にあっては1勤務16時間、1か月299時間）の範囲内（ただし、法定休日労働については2週間に1回以内）で行わせることとし、各勤務日ごとの時間外労働の上限は勤務交番表において示すものとする。

3 小学校就学前の子の養育又は家族の介護を行う従業員で時間外労働を短いものとすることを申し出た者の時間外労働については、1か月24時間、1年150時間を超えないものとする。

4 妊娠中の女性及び産後1年を経過しない女性であって請求した者並びに18歳未満の者については、第1項による時間外、休日又は深夜（午後10時から午前5時まで）に労働させることはない。

5 会社は、災害その他避けることのできない事由によって、臨時の必要があるときは、その必要の限度において所定勤務時間外又は所定休日に労働させることがある。

6 会社は、時間外及び休日労働時間が1か月当たり80時間を超えた従業員に対し速やかにその情報を通知するとともに、産業医にも情報提供するものとする。

【第24条】時間外労働及び休日労働

1 法定労働時間（1週40時間、1日8時間）を超え、又は法定休日（週1回又は4週4日の休日）に労働させる場合、労基法第36条に基づく労使協定（いわゆる36協定）の締結及び届出が義務付けられています。

使用者は、労働者代表と労使協定を締結し、当該協定を所轄労働基準監督署長に届け出た場合に、当該協定の範囲内で労働者に時間外労働又は休日労働をさせることができます。

Ⅰ　従業員就業規則

　　なお、所定休日に労働させても週１回又は４週４日の法定休日が確保されている場合は、ここでいう（法定）休日労働にはなりません。ただし、当該労働が１日８時間又は１週40時間を超えた場合は、（法定）時間外労働となりますので注意してください。

2　「労働者代表」とは、事業場の労働者（本モデルの場合は従業員のほか、定時制乗務員、有期従業員、パート従業員及び無期転換従業員が含まれます。）の過半数で組織する労働組合がある場合にはその労働組合、そのような労働組合がない場合にはその事業場の労働者の過半数を代表する者（過半数代表者）をいいます。本条第１項では、事業場の労働者の過半数で組織する労働組合がない場合を想定した規定としています（本規定例では「過半数労働者代表」としています）。

　　過半数代表者は、次の①、②のいずれにも該当する者でなければなりません（労基則第６条の２）。

①　労基法第41条第２号に規定する監督又は管理の地位にある者でないこと

②　労使協定の締結等を行う者を選出することを明らかにして実施される投票、挙手、労働者の話合い、持回り決議等の方法により選出された者であって、使用者の意向に基づき選出されたものでないこと　改正

3　過半数代表者に対する不利益な取扱いは禁止されています。過半数代表者であること若しくは過半数代表者になろうとしたこと、又は過半数代表者として正当な行為をしたことを理由として、解雇や賃金の減額、降格等労働条件について不利益な取扱いをしてはなりません。

　　また、使用者は過半数代表者が法に規定する協定等に関する事務を円滑に遂行することができるよう必要な配慮を行わなければなりません。　改正

4　就業規則と同様、36協定についても労働者に周知する必要があります（労基法第106条第１項）。

5　第２項は、時間外労働又は休日労働は「自動車運転者の労働時間等の改善のための基準」（平元.2.9労働省告示第７号。改善基準告示）の範囲内で行わせることを規定しています。なお、改善基準告示については、働き方改革関連法の国会成立時の附帯決議において「過労死等の防止の観点から……総拘束時間等の改善について、関係省庁と連携し、速やかに検討を開始すること。」とされています。

6　時間外労働の上限規制（一般則）は、平成31年４月１日から大企業に、2020（令和２）年４月１日から中小企業に適用されます（タクシー業界では乗務員以外の従業員が対象となります。）。なお、この中小企業の範囲についてはP.53を参照してください。　改正

　　一般則の具体的な内容は次のとおりです。

①　時間外労働の上限は、原則として月45時間、年360時間とし、臨時的な特別の

事情がなければこれを超えることはできません。
② 臨時的な特別の事情があって労使が合意する場合でも
　ⅰ　年720時間以内
　ⅱ　2か月間ないし6か月間に月平均80時間以内（休日労働を含む。）
　ⅲ　月100時間未満（休日労働を含む。）
としなければなりません。

　また、原則である月45時間を超えることができるのは年間6か月までです。
※　上記ⅱを図示すると次のとおりです。

◆月平均の考え方のイメージ

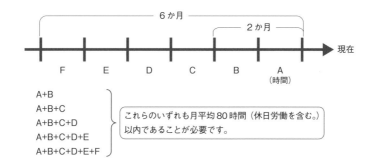

　なお、一般則が適用されるまでの間は、36協定において定める労働時間の延長の限度等に関しては、引き続き「労働基準法第36条第1項の協定で定める労働時間の延長の限度等に関する基準」（平成10年労働省告示第154号。以下「時間外労働の限度基準」といいます。）によることとなります。

　他方、自動車運転の業務については、改正法施行5年後の2024（令和6）年4月1日から、年960時間の上限規制が適用されます（この場合、上述の月平均80時間以下、月100時間未満及び月45時間超えは年6か月以内の規制は適用されません。なお、将来的な一般則の適用については引き続き検討されます。）。また、それまでの間は自動車運転の業務については、「時間外労働の限度基準」は適用除外となっていますので改善基準告示によることとなります。

7　年少者（18歳未満の者）については、一定の場合を除き、労基法により時間外労働、休日労働やいわゆる変形労働時間制により労働させることはできません（労基法第60条）。また、原則として午後10時から翌日5時までの深夜時間帯に労働させることもできません（労基法第61条）。

8　第3項は育児・介護休業法第17条及び第18条に基づく規定です。第4項については、使用者は、妊産婦から請求があった場合は、時間外、休日及び深夜労働をさせることはできません（労基法第66条）。さらに、妊産婦が請求を行い、又は請求により

労働しなかったことを理由として解雇その他不利益な取扱いをしてはなりません（均等法第9条第3項）。

9 平成31年4月から、医師による面接指導の対象となる労働者の要件については、休憩時間を除き、1週間当たり40時間を超えて労働させた場合におけるその超えた時間（時間外労働及び休日労働をさせた時間）が1月当たり「80時間」を超え、かつ、疲労の蓄積が認められる者とされ（安衛法第66条の8第1項、安衛則第52条の2第1項）、該当労働者には、速やかに80時間を超えた時間に関する情報を通知すべきことが義務化されました（安衛則第52条の2第3項）。また、従前から長時間労働を行った労働者を含む健康管理に関する情報は産業医に提供しなければならないこととされていましたので（安衛法第13条第4項）、これらを踏まえ、第6項で規定しています。 改正

◆時間外労働の上限規制とその適用◆

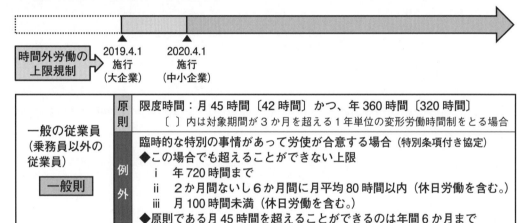

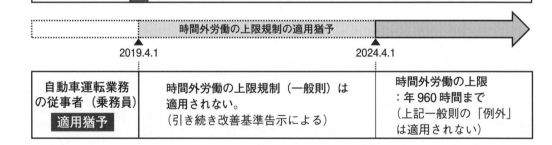

◆上限規制が 2020（令和2）年4月1日から適用される中小事業主の範囲◆

①資本金の額若しくは出資の総額

小売業	5,000万円以下
サービス業	
卸売業	1億円以下
上記以外	3億円以下

②常時使用する労働者数

小売業	50人以下
サービス業	100人以下
卸売業	
上記以外	300人以下

> タクシー事業（運輸業）は、「小売業・サービス業・卸売業」以外の業種になるので、①資本金の額若しくは出資の総額が3億円以下、または②常時使用する労働者数が300人以下のいずれかに該当すれば、乗務員以外の従業員について、2020（令和2）年4月1日から上限規制が適用される。

◆現行改善基準告示の月間総拘束時間と労働時間及び休憩時間の関係◆

①	各勤務の休憩時間の累計
②	各勤務の法定内労働時間の累計（ⅰ＋ⅱ） 　ⅰ　各勤務における所定労働時間の累計 　ⅱ　各勤務における法定内の所定外労働・所定休日労働の累計※1 　　　法定労働時間　1日8時間、1週40時間 　　　　　　　　　1か月 31日の月　177.1時間 　　　　　　　　　　　　30日の月　171.4時間 　　　　　　　　　　　　28日の月　160時間 　　　　　　　　　　　　法定外休日労働の 　　　　　　　　　　　　労働時間の累計※2
③	法定外時間外労働時間の累計 （1日、1週、変形期間の単位ごとに把握・累計する）
④	法定休日労働の労働時間の累計※2

①＋②＋③＋④≦月間総拘束時間

　日勤勤務の場合 299時間
　隔日勤務の場合 262時間
　（協定がある場合 270時間）

※1　例えば日勤勤務で所定勤務時間が7時間40分の場合、法定労働時間の8時間までの20分間は、所定外の労働ですが、法定内労働時間となります。
※2　4週4日休日制の場合、4週4日の休日が確保されていれば、それ以外の所定（法定外）休日の労働時間は法定内労働時間（②）又は法定外時間外労働時間（③）となります。
　　反対に、4週4日の休日が確保されなかったときは、その日数の労働時間は法定休日労働の労働時間（④）となります。

I　従業員就業規則

第2節　出　張

（出　張）
第25条　会社は、業務の都合により従業員に出張を命ずることがある。
2　　出張の手続、旅費等については、別に定める出張旅費規程による。

（出張中の勤務時間の取扱い）
第26条　出張中の勤務は、所定勤務時間を勤務したものとする。ただし、特
　　に時間外勤務を命ぜられた場合は、その時間を時間外労働として取り扱う。

【第26条】出張中の勤務時間の取扱い

　　出張中の労働時間は、一般的にみなし労働時間制の適用を受け、特に通常の労働時間内で処理することが客観的に困難でない限り、通常の労働時間労働したものとして取り扱って差し支えありません。ただし、特に指示した場合や、客観的に時間外労働が必要であることが明らかである場合には、必要な時間、時間外労働したものとして取り扱う必要があります。

　　なお、乗務員の通常の乗務については、「労働時間を算定しがたいとき」に該当しないため「事業場外のみなし労働時間制」（労基法第38条の2）の適用はありません（**Ⅳ**　（賃金・労働時間等に関するQ&A）の **Q50** 参照）。

第3節　年次有給休暇

（年次有給休暇）
第27条　採用後6か月又はその後の1年ごとに所定勤務日の8割以上出勤
　　した従業員に対して、次の表のとおり継続勤務期間に応じた日数の年次有
　　給休暇を与える。

継続勤務期間	6か月	1年6か月	2年6か月	3年6か月	4年6か月	5年6か月	6年6か月以上
付与日数	10日	11日	12日	14日	16日	18日	20日

第4章　勤務

2　前項の規定にかかわらず、週所定勤務時間が30時間未満であって、週所定勤務日数が4日以下又は年間所定勤務日数が216日以下の従業員に対しては、次の表のとおり継続勤務期間に応じた日数の年次有給休暇を与える。

週所定勤務日数	1年間の所定勤務日数	継続勤務期間						
		6か月	1年6か月	2年6か月	3年6か月	4年6か月	5年6か月	6年6か月以上
4日	169〜216日	7日	8日	9日	10日	12日	13日	15日
3日	121〜168日	5日	6日	6日	8日	9日	10日	11日
2日	73〜120日	3日	4日	4日	5日	6日	6日	7日
1日	48〜72日	1日	2日	2日	2日	3日	3日	3日

3　前2項にかかわらず、月の途中で入社した従業員の年次有給休暇については、月の初日に採用され、初日から入社までの間出勤したものとみなして取り扱うものとする。

【第27条第1項〜第3項】年次有給休暇取得の要件

1　雇入れの日から6か月間継続勤務し、全労働日の8割以上出勤した労働者に対しては最低10日の年次有給休暇を与えなければなりません（労基法第39条第1項）。

　また、週の所定労働時間が30時間未満であって、週の所定労働日数が4日以下あるいは年間の所定労働日数が216日以下の労働者に対しては、通常の労働者の所定労働日数との比率を考慮して、労基則第24条の3で定める日数以上の年次有給休暇を与えなければなりません（同条第3項）ので、第2項で規定しています。なお、本規則は従業員（フル勤務）を対象としていますので、第2項の適用例は多くないと思われますが、本条が準用される定時制乗務員やパート従業員はこの規定の対象となりますので適切に対応してください。

2　所定労働時間や所定労働日数が変動する労働者の場合、通常の労働者又は比例付与のいずれに該当するかについては、年次有給休暇の「基準日」において定められている週所定労働時間及び週所定労働日数又は年間所定労働日数によって判断することとなります。

　ここでいう「基準日」とは、各労働者について年次有給休暇の権利が発生した日のことであり、基準日の統一等をしていなければ、雇入れ後6か月経過した日、その後

55

I　従業員就業規則

は1年経過するごとの日をいいます。

3 通常の労働者の年次有給休暇の日数は、6か月経過後、勤続年数が1年増すごとに所定の日数を加えた年次有給休暇を付与しなければなりません（労基法第39条第2項）。

4 継続勤務期間とは、労働契約の存続期間、すなわち在籍期間をいいます。継続勤務か否かについては、勤務の実態に即し実質的に判断しなければなりません。この点、例えば、定年退職して引き続き有期従業員（嘱託）として再雇用した場合や、パートタイム労働者であった者を正社員に切り替えた場合等実質的に労働関係が継続しているときは、継続年数に通算されます。

5 第3項は、入社日が異なる多数の従業員の年次有給休暇の管理を簡素化するため、1か月単位で基準日を統一する規定の例です。もちろん、必ず統一しなければならないものではありませんし、統一の仕方も多種多様です。本項では月の初日で統一していますが、賃金の支払と年次有給休暇を連動させる観点から、入社日の属する賃金計算期間の初日で統一している例もあります。

　なお、統一する場合は労働者に不利にならないようにしなければなりません。勤務期間の切捨ては認められず常に前倒しし、その日数については出勤したものとみなす必要があります。

　　参考 基準日の統一の例
　　① 2か月ごとに統一（例えば4月、5月に入社した者を4月1日入社とみなす。）
　　② 4半期ごとに統一（例えば4月〜6月に入社した者を4月1日入社とみなす。）
　　③ 半年ごとに統一（例えば4月〜9月に入社した者を4月1日入社とみなす。）
　　④ 年度で統一（入社日に10日付与し、例えば次の4月1日に11日付与する。）

〈第27条（年次有給休暇）つづき〉

　4　第1項及び第2項の出勤率の算定に当たり、次の期間については出勤したものとして取り扱う。
　　① 業務上の負傷又は疾病による療養のため休業した期間
　　② 産前産後の女性従業員が第28条により休業した期間
　　③ 第31条第1項により育児・介護休業を取得した期間
　　④ 年次有給休暇を取得した期間

【第27条第4項】出勤率の算定

1 出勤率が8割以上か否かを算定する場合、全労働日のうち、
　　① 業務上の負傷又は疾病により休業した期間

第4章 勤務

② 産前産後の女性が労基法第65条の定めにより休業した期間

③ 育児・介護休業法に基づく育児・介護休業期間

④ 年次有給休暇を取得した期間

については出勤したものとして取り扱う必要があります。なお、法を上回る育児・介護休業期間や子の看護休暇及び介護休暇については、労基法で出勤したものとして取り扱うことまでは求めていません（労基法第39条第10項）。

また、遅刻・早退した日は出勤日に入ります。なお、会社都合による休業や休日労働した日は全労働日に含まれません。

2 出勤率が8割に達しなかったときの翌年は、年次有給休暇を付与しなくても差し支えありません。この場合、翌年の出勤率が8割以上となれば、翌々年には本条に定める継続勤務期間に応じた日数の年次有給休暇を付与しなければなりません。例えば、1年半勤務後の1年間に8割未満の出勤率であった場合には2年半後の1年間は12日が0日になりますが、0日の年に8割以上出勤すれば3年半後の1年間は14日を付与しなければなりません。

〈第27条（年次有給休暇）つづき〉

5 従業員は、年次有給休暇を取得しようとするときは、○日前までに所属長を経由して会社に申し出るものとする。ただし、突発的な傷病その他の事由により○日前までに申し出ることができなかった場合で、会社がやむを得ない事由があると認めたときはこの限りでない。

6 前項の申出について、会社は、事業の正常な運営に支障があると認めたときは、従業員が申し出た時季を変更することがある。

【第27条第5項～6項】取得手続及び時季変更

1 年次有給休暇は、計画的付与（P.60の**5**参照）の場合を除き、労働者の請求する時季に与えなければなりません。ただし、労働者が請求した時季に年次有給休暇を与えることが事業の正常な運営を妨げる場合においては、使用者は他の時季に変更することができます（労基法第39条第5項）。

2 第5項では従業員の申出は「○日前まで」としていますが、この日数について労基法上規定はありません。使用者が時季変更権を行使する時間的余裕を考慮の上、あまり長すぎない合理的な日数を決めてください。

3 年次有給休暇は日単位で取得することが原則ですが、労働者が希望し、使用者が同意した場合であれば半日単位で与えることが可能です（計画的付与の場合を含みます。）。

57

4 労使協定を締結すれば、年に5日を限度として、時間単位で年次有給休暇を与えることができます（労基法第39条第4項）。

この場合、労使協定に規定しなければならない内容は次のとおりです。

① 時間単位年休の対象労働者の範囲

② 時間単位年休の日数（5日以内の範囲で定めます。前年度からの繰越しがある場合であっても、当該繰越し分を含めて5日以内となります。）

③ 年次有給休暇1日分に相当する時間単位年休の時間数（1日分の年次有給休暇に対応する所定労働時間数を基に定めます。1日の所定労働時間に1時間に満たない端数がある場合は時間単位に切り上げて計算します。）

④ 1時間以外の時間を単位とする場合はその時間数（ただし、1日の所定労働時間を上回ることはできません。）

また、時間単位年休も年次有給休暇ですので、事業の正常な運営を妨げる場合は使用者による時季変更権が認められます。ただし、日単位での請求を時間単位に変えることや、時間単位での請求を日単位に変えることはできません。なお、時間単位年休は、労働者が請求した場合に与えることができるものであり、計画的付与として与えることは認められていません（平21.5.29基発第0529001号）。

5 事前に年次有給休暇を買い上げて労働者に休暇を与えないことは法違反となります（昭30.11.30基収第4718号）。

〈第27条（年次有給休暇）つづき〉

【ケース1】（個別に時季指定）

7 　会社は第5項の規定にかかわらず、10日以上の年次有給休暇を有する従業員のうち、付与後○か月経過後において取得日数が5日未満の者に対し、取得済み日数と5日との差の年次有給休暇日数を残りの△か月間に時季を指定することにより取得させるものとする。なお、この指定に当たっては、あらかじめ従業員の意見を聴取し、その意見を尊重して行うものとする。

【ケース2】（計画的付与）

7 　会社は第5項の規定にかかわらず、10日以上の年次有給休暇を有する従業員の5日分の年次有給休暇について、あらかじめ過半数労働者代表との書面による協定を締結した上で、計画的に取得させることがある。

第4章　勤　務

【第 27 条第 7 項】 5 日の確実な取得　改正

1　平成 31 年 4 月から、使用者が与えなければならない年次有給休暇の日数が 10 労働日以上である労働者に係る年次有給休暇の日数のうち 5 日については、使用者は、基準日から 1 年以内の期間に労働者ごとにその時季を定めることにより与えなければならないこととされました（労基法第 39 条第 7 項）。つまり年 5 日以上の年次有給休暇の取得が確実に進むための仕組みとして、使用者に時季の指定を義務付けたわけです（労基法第 120 条第 1 号、30 万円以下の罰金）。

　使用者が時季を指定する際は、あらかじめ労基法第 39 条第 7 項の規定により有給休暇を与えることを明らかにした上で、その時季について当該労働者の意見を聴くとともに、その意見を尊重するよう努めなければなりません（労基則第 24 条の 6）。

　この時季指定に当たっては、2 暦日にまたがる隔日勤務の場合は 2 労働日として取り扱うことになります（昭 26.9.26 基収第 3964 号）。また、半日単位で行うことは差し支えありませんが、時間単位年休で行うことは認められていません。

　使用者の時季指定について、労働者が自ら時季指定して 5 日以上の年次有給休暇を取得した場合や、労基法第 39 条第 6 項に基づく計画的付与により 5 日以上の年次有給休暇を取得した場合には、この使用者による時季指定は不要となります。また、同様に 5 日未満の年次有給休暇を取得している場合には 5 日との差の日数を時季指定すれば足ります（労基法第 39 条第 8 項）。なお、この場合も、「労働者が時間単位で年次有給休暇を取得した日数分については、法第 39 条第 8 項の『日数』には含まれない。」（平 30.12.28 基発 1228 第 15 号、P.66 の 問11 参照）とされていますので、注意が必要です。

　時季指定の仕方について検討するに当たっては、まず、自社の今までの年次有給休暇の取得状況を十分把握・分析することが必要といえます。

2　5 日の確実な取得の対象となる労働者は、基準日に新たに 10 日以上付与される労働者（管理監督者及び比例付与対象者を含みます。）です。なお、比例付与の対象者で 10 日未満の年次有給休暇が付与される者は、仮に繰り越された年次有給休暇と合わせて 10 日以上となっても対象とはなりません。

3　平成 31 年 4 月から、使用者は年次有給休暇を与えたときは、時季、日数及び基準日を労働者ごとに明らかにした書類（年次有給休暇管理簿。様式例は P.68 及び P.69）を作成し 3 年間保存しなければならないことになりました（労基則第 24 条の 7）。なお、年次有給休暇管理簿は労働者名簿又は賃金台帳とあわせて調製することができることとされています。

4　本項の【ケース 1】は、従業員ごとに年次有給休暇の取得状況を見守り、1 年になる手前の一定期間経過後に至っても 5 日以上取得しない場合に、会社が従業員の希望

59

Ⅰ　従業員就業規則

を聴取した上で時季を指定して取得させるものです。規定例としては、○に9、△に
3を当てるなどが考えられます。年次有給休暇を積極的に取得し、大半の従業員が5
日以上の年次有給休暇を取得している会社に適した制度といえます。

5 本項の【ケース2】は年次有給休暇の計画的付与により対応する例です。

　ところで労基法第39条第6項に定める年次有給休暇の計画的付与制度とは、労働
者代表との間で労使協定を結んだ場合（労働基準監督署への届出は不要）、最低5日
間は労働者が自由に取得できる日数として残し、5日を超える部分について、協定で
年次有給休暇を与える時季を定めて労働者に計画的に取得させるものをいいます。

　導入しようとする計画的付与制度によって、労使協定の内容は異なり、例えば、以
下のような内容が考えられます。

①　事業場全体の休業による一斉付与の場合には、具体的な年次有給休暇の付与日

②　班別の交替制付与の場合には、班別の具体的な年次有給休暇の付与日

③　年次有給休暇付与計画表による個人別付与の場合には、計画表を作成する時期、
　手続等（具体的な年次有給休暇の取得はその計画表によって定まることになりま
　す。）

　次ページ以下に、計画的付与を行う場合の労使協定例を示します。

60

第4章 勤務

◆計画的付与に関する協定の例◆

① 一斉付与の例

年次有給休暇の計画的付与に関する労使協定

○○タクシー株式会社と労働者代表は、標記について次のとおり協定する。

第1条　会社は年次有給休暇の基準日に新たに10日以上の年次有給休暇を有することとなる従業員について、毎年、年次有給休暇のうち4日分については、次の日（以下「指定日」という。）に一斉に与えるものとする。ただし、業務の必要等特段の理由がある従業員については適用しない。

　　　8月○日、8月△日、1月○日、1月△日

第2条　前条に該当しない従業員であって、指定日に年次有給休暇を有していないもの又は年次有給休暇を有しているが取得を希望しないものについては、労基法第26条の休業手当を支給する。

第3条　この協定の定めにかかわらず、やむを得ない事由のため指定日に出勤を要するときは、会社は労働者代表と協議した上で、指定日を変更するものとする。

　　○年○月○日

　　　　　　　　　　　　　○○タクシー株式会社

　　　　　　　　　　　　　代表取締役社長　　○○○○ 印

　　　　　　　　　　　　　労働者代表

　　　　　　　　　　　　　　○○部門　　○○○○　　　　印

② 班別交替制付与の例

年次有給休暇の計画的付与に関する労使協定

○○タクシー株式会社と労働者代表は、標記について次のとおり協定する。

第1条　会社は年次有給休暇の基準日に新たに10日以上の年次有給休暇を有することとなる従業員について、毎年、年次有給休暇のうち4日分については、次により班別に与えるものとする。ただし、業務の必要等特段の理由がある従業員については適用しない。

(1)　隔日勤務に従事する乗務員について

　　　A班　8月○日、1月○日　　　B班　8月△日、1月△日

　　　C班　8月□日、1月□日　　　D班　8月◇日、1月◇日

(2)　(1)　以外の従業員について

　　　A班　8月○日、1月○日、◇月○日、△月○日

　　　B班　8月△日、1月△日、◇月△日、△月△日

　　　C班　8月□日、1月□日、◇月□日、△月□日

　　　D班　8月◇日、1月◇日、◇月◇日、△月◇日

第2条　この協定の定めにかかわらず、やむを得ない事由のため前条の日に出勤を要するときは、会社は労働者代表と協議した上で、その日を変更するものとする。

○年○月○日

　　　　　　　　　　　　○○タクシー株式会社

　　　　　　　　　　　　　代表取締役社長　　○○○○　㊞

　　　　　　　　　　　　労働者代表

　　　　　　　　　　　　　○○部門　　○○○○　　　　㊞

③ 個人別付与の例

年次有給休暇の計画的付与に関する労使協定

○○タクシー株式会社と労働者代表は、標記について次のとおり協定する。

第1条　会社は年次有給休暇の基準日に新たに10日以上の年次有給休暇
　　　を有することとなる従業員について年次有給休暇の計画的付与を行
　　　うこととする。
第2条　計画的付与の対象となる年次有給休暇は、5日間とする。ただし、
　　　計画策定時に既に取得した年次有給休暇がある場合にはその日数を
　　　5日から減じた日数とし、5日以上ある場合は計画的付与の対象と
　　　しない。
第3条　計画的付与に当たっては、原則として1勤務単位（隔日勤務にお
　　　いては2日）とするが、1勤務の半分単位（隔日勤務においては1日、
　　　日勤勤務においては0.5日）も可とする。
第4条　各従業員の基準日に基づき次により個人別に行うものとする。
　⑴　基準日が4月1日から6月30日までの従業員については、1月1
　　　日から各従業員の次の基準日の前日までの間に計画的に与える。この
　　　場合、11月末までに希望日を聴取し調整した上で、12月中旬までに
　　　通知する。
　⑵　基準日が7月1日から9月30日までの従業員については、4月1
　　　日から各従業員の次の基準日の前日までの間に計画的に与える。この
　　　場合、2月末までに希望日を聴取し調整した上で、3月中旬までに通
　　　知する。
　⑶　基準日が10月1日から12月31日までの従業員については、7月
　　　1日から各従業員の次の基準日の前日までの間に計画的に与える。こ
　　　の場合、5月末までに希望日を聴取し調整した上で、6月中旬までに
　　　通知する。
　⑷　基準日が1月1日から3月31日までの従業員については、10月1
　　　日から各従業員の次の基準日の前日までの間に計画的に与える。この
　　　場合、8月末までに希望日を聴取し調整した上で、9月中旬までに通
　　　知する。

　○年○月○日

　　　　　　　　　　　　　　　○○タクシー株式会社
　　　　　　　　　　　　　　　　代表取締役社長　○○○○　㊞
　　　　　　　　　　　　　　　労働者代表
　　　　　　　　　　　　　　　　○○部門　○○○○　　　　㊞

I　従業員就業規則

◆**厚生労働省が示した規定例**◆

　使用者による時季指定について、厚生労働省 HP で公開されている「モデル就業規則」では、次のような規定例が紹介されています。

第□項　第 1 項又は第 2 項の年次有給休暇が 10 日以上与えられた労働者に対しては、第○項にかかわらず、付与日から 1 年以内に、当該労働者の有する年次有給休暇日数のうち 5 日について、会社が労働者の意見を聴取し、その意見を尊重した上で、あらかじめ時季を指定して取得させる。ただし、労働者が第○項又は第△項の規定による年次有給休暇を取得した場合においては、当該取得した日数分を 5 日から控除するものとする。

参考　**年 5 日以上の年次有給休暇の確実な取得に関する解釈例規** ●●●●●

（平 30.12.28 基発 1228 第 15 号）

〈使用者による時季指定〉

問1　法第 39 条第 7 項に規定する使用者による時季指定は、いつ行うのか。

答1　法第 39 条第 7 項に規定する使用者による時季指定は、必ずしも基準日からの 1 年間の期首に限られず、当該期間の途中に行うことも可能である。

〈使用者による時季指定の対象となる労働者〉

問2　法第 39 条第 7 項に規定する「有給休暇の日数が十労働日以上である労働者」には、同条第 3 項の比例付与の対象となる労働者であって、前年度繰越分の有給休暇と当年度付与分の有給休暇とを合算して初めて 10 労働日以上となる者も含まれるのか。

答2　法第 39 条第 7 項の「有給休暇の日数が十労働日以上である労働者」は、基準日に付与される年次有給休暇の日数が 10 労働日以上である労働者を規定したものであり、同条第 3 項の比例付与の対象となる労働者であって、今年度の基準日に付与される年次有給休暇の日数が 10 労働日未満であるものについては、仮に、前年度繰越分の年次有給休暇も合算すれば 10 労働日以上となったとしても、「有給休暇の日数が十労働日以上である労働者」には含まれない。

〈半日単位・時間単位による時季指定の可否〉

問3　法第 39 条第 7 項の規定による時季指定を半日単位や時間単位で行うことはできるか。

答3　則第 24 条の 6 第 1 項の規定により労働者の意見を聴いた際に半日単位の年次有給休暇の取得の希望があった場合においては、使用者が法第 39 条第 7 項

の年次有給休暇の時季指定を半日単位で行うことは差し支えない。この場合において、半日の年次有給休暇の日数は0.5日として取り扱うこと。

〈前年度から繰り越された年次有給休暇の取扱い〉

問4 前年度からの繰越分の年次有給休暇を取得した場合は、その日数分を法第39条第7項の規定により使用者が時季指定すべき5日の年次有給休暇から控除することができるか。

答4 前年度からの繰越分の年次有給休暇を取得した場合は、その日数分を法第39条第7項の規定により使用者が時季指定すべき5日の年次有給休暇から控除することとなる。

　　なお、法第39条第7項及び第8項は、労働者が実際に取得した年次有給休暇が、前年度からの繰越分の年次有給休暇であるか当年度の基準日に付与された年次有給休暇であるかについては問わないものである。

〈事後における時季変更の可否〉

問5 労働基準法第39条第7項の規定により指定した時季を、使用者又は労働者が事後に変更することはできるか。

答5 法第39条第7項の規定により指定した時季について、使用者が則第24条の6に基づく意見聴取の手続を再度行い、その意見を尊重することによって変更することは可能である。

　　また、使用者が指定した時季について、労働者が変更することはできないが、使用者が指定した後に労働者に変更の希望があれば、使用者は再度意見を聴取し、その意見を尊重することが望ましい。

〈義務の履行が不可能な場合〉

問6 基準日から1年間の期間（以下「付与期間」という。）の途中に育児休業が終了した労働者等についても、5日の年次有給休暇を確実に取得させなければならないか。

答6 付与期間の途中に育児休業から復帰した労働者等についても、法第39条第7項の規定により5日間の年次有給休暇を取得させなければならない。

　　ただし、残りの期間における労働日が、使用者が時季指定すべき年次有給休暇の残日数より少なく、5日の年次有給休暇を取得させることが不可能な場合には、その限りではない。

〈年5日を超える時季指定の可否〉

問7 使用者は、5日を超える日数について法第39条第7項による時季指定を行うことができるか。

答7 労働者の個人的事由による取得のために労働者の指定した時季に与えられ

65

I　従業員就業規則

るものとして一定の日数を留保する観点から、法第 39 条第 7 項の規定による時季指定として 5 日を超える日数を指定することはできない。

　また、使用者が時季指定を行うよりも前に、労働者自ら請求し、又は計画的付与により具体的な年次有給休暇日が特定されている場合には、当該特定されている日数について使用者が時季指定することはできない（法第 39 条第 8 項）。

〈時季指定後に労働者が自ら年次有給休暇を取得した場合〉

問8　法第 39 条第 7 項の規定によりあらかじめ使用者が時季指定した年次有給休暇日が到来するより前に、労働者が自ら年次有給休暇を取得した場合は、当初使用者が時季指定した日に労働者が年次有給休暇を取得しなくても、法第 39 条第 7 項違反とはならないか。

答8　設問の場合は労働者が自ら年次有給休暇を 5 日取得しており、法第 39 条第 7 項違反とはならない。なお、この場合において、当初使用者が行った時季指定は、使用者と労働者との間において特段の取決めがない限り、当然に無効とはならない。

〈端数の取扱い〉

問9　（略）

〈意見聴取の具体的な内容〉

問10　則第 24 条の 6 の意見聴取やその尊重の具体的な内容如何。

答10　則第 24 条の 6 第 1 項の意見聴取の内容としては、法第 39 条第 7 項の基準日から 1 年を経過する日までの間の適時に、労働者から年次有給休暇の取得を希望する時季を申告させることが考えられる。

　また、則第 24 条の 6 第 2 項の尊重の内容としては、できる限り労働者の希望に沿った時季を指定するよう努めることが求められるものである。

〈労働者自ら取得した半日年休・時間単位年休の取扱い〉

問11　労働者自らが半日単位又は時間単位で取得した年次有給休暇の日数分については、法第 39 条第 8 項が適用されるか。

答11　労働者が半日単位で年次有給休暇を取得した日数分については、0.5 日として法第 39 条第 8 項の「日数」に含まれ、当該日数分について使用者は時季指定を要しない。なお、労働者が時間単位で年次有給休暇を取得した日数分については、法第 39 条第 8 項の「日数」には含まれない。

〈事業場が独自に設けている特別休暇の取扱い〉

問12　事業場が独自に設けている法定の年次有給休暇と異なる特別休暇を労働者

が取得した日数分については、法第39条第8項が適用されるか。

答12 法定の年次有給休暇とは別に設けられた特別休暇（たとえば、法第115条の時効が経過した後においても、取得の事由及び時季を限定せず、法定の年次有給休暇を引き続き取得可能としている場合のように、法定の年次有給休暇日数を上乗せするものとして付与されるものを除く。以下同じ。）を取得した日数分については、法第39条第8項の「日数」には含まれない。

　なお、法定の年次有給休暇とは別に設けられた特別休暇について、今回の改正を契機に廃止し、年次有給休暇に振り替えることは法改正の趣旨に沿わないものであるとともに、労働者と合意をすることなく就業規則を変更することにより特別休暇を年次有給休暇に振り替えた後の要件・効果が労働者にとって不利益と認められる場合は、就業規則の不利益変更法理に照らして合理的なものである必要がある。

〈年次有給休暇管理簿の作成〉

問13 年次有給休暇管理簿に記載すべき「日数」とは何を記載すべきか。また、電子機器を用いて磁気ディスク、磁気テープ、光ディスク等により年次有給休暇管理簿を調製することはできるか。

答13 年次有給休暇管理簿に記載すべき「日数」としては、労働者が自ら請求し取得したもの、使用者が時季を指定し取得したもの又は計画的付与により取得したものにかかわらず、実際に労働者が年次有給休暇を取得した日数（半日単位で取得した回数及び時間単位で取得した時間数を含む。）を記載する必要がある。

　また、労働者名簿、賃金台帳と同様の要件を満たした上で、電子機器を用いて磁気ディスク、磁気テープ、光ディスク等により調製することは差し支えない。

〈就業規則への記載〉

問14 法第39条第7項の規定による時季指定について、就業規則に記載する必要はあるか。

答14 休暇に関する事項は就業規則の絶対的必要記載事項であるため、使用者が法第39条第7項による時季指定を実施する場合は、時季指定の対象となる労働者の範囲及び時季指定の方法等について、就業規則に記載する必要がある。

I 従業員就業規則

年次有給休暇管理簿（個人別）の例

社員番号 **1** 氏名 **○山 ○夫** 勤務形態 **隔日勤務**

週所定勤務時間 ☑**30時間以上** □**30時間未満・週4日以下又は年間216日以下（比例付与）**

採用年月日	2017/10/5	勤続年数	1.5年	年間所定勤務日数	264日	2019年度取得日数	
基準日	2019/4/1	新規日数	11日	繰越日数 2日 合計日数 13日		5日	

	翌年繰越	8日

対象期間　2019年4月1日〜2020年3月31日

	1	2	3	4	5	6	7	8	9	10
新規分取得	2019/8/9	2019/8/10	2020/3/21							
（事由）	請求	請求	時季指定							

←1乗務→　　半乗務

	11	12	13	14	15	16	17	18	19	20
新規分取得										
（事由）										

	1	2	3	4	5	6	7	8	9	10
繰越分取得	2019/4/26	2019/4/27								
（事由）	請求	請求								

←1乗務→

	11	12	13	14	15	16	17	18	19	20
繰越分取得										
（事由）										

（注）　1　この年次有給休暇管理簿は、モデル就業規則第27条第7項の【ケース1】に基づき、2019年4月1日から使用を開始し、1年後の2020年3月31日現在の内容を示したものです。

　　　　2　週所定勤務時間が30時間以上のため通常の年次有給休暇日数が付与されます。反対に30時間未満・週4日以下等（年間所定勤務日数を明示する）の場合には、比例付与となります。

　　　　3　乗務員が4/26・27と8/9・10に年次有給休暇を取得した後は取得しなかったので、12月末にチェックし、希望を聴いた上で3/21に時季指定しています。

　　　　4　この例では繰越分から取得していますが、新規分と繰越分のいずれから取得するかは、就業規則の定めるところによります。

年次有給休暇取得簿（集団管理用）の例

番号	氏名	雇用形態	採用年月日	勤続年数	基準日	付与日数	繰越日数	合計	取得日数	繰越日数		1	2	3	4	5	6	7
1	○中 ○郎	隔日1班	2016/10/5	2.5	2019/4/1	12	6	18	5	12日	当年度取得日	11/2	11/3	1/28指	1/29指	3/10指		
											繰越取得日							
2	○山 ○夫	隔日2班	2017/10/8	1.5	2019/4/1	11	2	13	5	8日	当年度取得日	8/9	8/10	3/21指				
											繰越取得日	4/26	4/27					
3	○沢 ○一	隔日1班	2017/10/16	1.5	2019/4/1	11	4	15	8	7日	当年度取得日	12/26	12/27	1/21	1/22			
											繰越取得日	5/4	5/5	10/10	10/11			
4	○村 ○明	昼日勤	2018/10/2	0.5	2019/4/1	10	0	10	6	4日	当年度取得日	6/2	7/8	10/2	2/2指	3/5指	3/26	
											繰越取得日							
5	○川 ○彦	隔日3班	1998/4/1	7.5超	2019/4/1	20	20	40	5	20日	当年度取得日	8/8	8/9	12/28	12/29	2/11指		
											繰越取得日							
6	○田 ○弘	夜日勤	2017/11/19	1.5	2019/5/1	11	2	13	5	8日	当年度取得日	1/8	3/1指	4/21指				
											繰越取得日	6/28	9/24					
7	○藤 ○美	夜日勤	2018/7/23	0.5	2019/1/1	10	0	10	1	9日	当年度取得日	2/2						
											繰越取得日							
8											当年度取得日							
											繰越取得日							
9											当年度取得日							
											繰越取得日							
10											当年度取得日							
											繰越取得日							

I　従業員就業規則

〈第 27 条（年次有給休暇）つづき〉

8　付与日から 1 年以内に取得しなかった年次有給休暇は、付与日から 2 年以内に限り繰り越して取得することができる。この場合、年次有給休暇は新規発生分から取得するものとする。

9　年次有給休暇の期間については、乗務員にあっては、過半数労働者代表との書面による協定を締結した上で健康保険法の標準報酬月額の 30 分の 1 に相当する額を支給し、事務職員等にあっては、所定勤務時間勤務した場合に支払われる通常の賃金を支給する。

【第 27 条第 8 項〜第 9 項】年次有給休暇の繰越し及び期間中の賃金

1 年次有給休暇の請求権は、消滅時効が 2 年間であるため、前年度分について繰り越す必要があります。

　なお、繰り越された年次有給休暇と新規発生した年次有給休暇のどちらから先に付与するかについては労基法に特段の規定はありません。第 8 項のように就業規則で明確にしておくことが望ましいでしょう（**Ⅳ** の **Q33** 参照）。

2 年次有給休暇の期間中の賃金額は、①平均賃金、②所定労働時間労働した場合に支払われる通常の賃金、③健康保険法第 40 条第 1 項に定める標準報酬月額の 30 分の 1 に相当する額（1 の位は四捨五入）のいずれかを選択し、就業規則等に定めることが必要です（ただし、③については労働者代表との書面による協定が必要です。労基法第 39 条第 9 項）。

3 第 9 項で事務職員等には所定勤務時間勤務した場合に支払われる通常の賃金を支給することとしていますが、これについては「通常の出勤をしたものとして取り扱えば足り、労基則第 25 条に定める計算をその都度行う必要はないこと」（昭 27.9.20 基発第 675 号）とされています。

4 年次有給休暇を取得した労働者に対して、賃金の減額や精皆勤手当、賞与の額の算定に際し、年次有給休暇取得日を欠勤として取り扱う等の不利益な取扱いをしてはいけません（労基法附則第 136 条）。

第4章　勤　務

第4節　休業等

（産前産後の休業）

第28条　6週間（多胎妊娠の場合は14週間）以内に出産する予定の女性従業員から請求があったときは、休業させる。

2　出産した女性従業員には産後8週間の休業を与える。ただし、産後6週間を経過した女性従業員から請求があった場合は、医師が支障がないと認めた業務に就かせることができる。

【第28条】産前産後の休業

1　6週間（多胎妊娠の場合は14週間）以内に出産予定の女性労働者が休業を請求した場合には、その者を就業させてはいけません（労基法第65条第1項）。

2　産後8週間を経過しない女性労働者を就業させてはいけません。ただし、産後6週間を経過した女性労働者から請求があったときは、医師が支障がないと認めた業務には就かせることができます（労基法第65条第2項）。

3　妊娠中の女性労働者が請求した場合においては、他の軽易な業務に転換させなければならない（労基法第65条第3項）とされています。これは原則として女性労働者が請求した業務に転換させる趣旨ですが、新たに軽易な業務を創設して与える義務まではありません。

4　産前産後の休業を請求し、又は取得したことを理由として解雇その他不利益な取扱いをしてはいけません（均等法第9条第3項）。

（母性健康管理のための休暇等）

第29条　妊娠中又は出産後1年を経過しない女性従業員から、所定勤務時間内に母子保健法に基づく保健指導又は健康診査を受けるため、通院に必要な時間について休暇の請求があったときは、通院休暇を与える。

2　妊娠中又は出産後1年を経過しない女性従業員から、保健指導又は健康診査に基づき勤務時間等について医師等の指導を受けた旨申出があった場合は、当該指導を守ることができるようにするため、勤務時間の変更、勤務の軽減等必要な措置を講ずるものとする。

71

I　従業員就業規則

【第29条】母性健康管理のための休暇等

1　事業主は、雇用する女性労働者が母子保健法の規定による保健指導又は健康診査を受けるために必要な時間を確保することができるようにしなければなりません（均等法第12条）。また、事業主は、雇用する女性労働者が保健指導又は健康診査に基づく指導事項を守ることができるようにするため、勤務時間の変更、勤務の軽減等必要な措置を講じなければなりません（均等法第13条）。

2　母性健康管理措置を求め、又は措置を受けたことを理由として解雇その他不利益な取扱いをしてはいけません（均等法第9条第3項）。

（育児時間及び生理休暇）

第30条　子（1歳未満に限る。）を養育する女性従業員から請求があったときは、休憩時間のほか、1日に2回、1回について30分の育児時間を与える。

2　生理日の就業が著しく困難な女性従業員には、その請求に応じ、必要な期間の休暇を与える。

【第30条】育児時間及び生理休暇

1　育児時間については、生後満1年に達しない子を育てている女性労働者から請求があった場合は、授乳その他育児のための時間を、一般の休憩時間とは別に、1日2回各々少なくとも30分与えなければなりません（労基法第67条）。育児時間を請求し、又は取得したことを理由として解雇その他不利益な取扱いをしてはいけません（均等法第9条第3項）。

2　生理日の就業が著しく困難な女性労働者が休暇を請求した場合、請求のあった期間は当該女性労働者を就業させてはなりません（労基法第68条）。なお、休暇は暦日単位のほか半日単位、時間単位であっても差し支えありません。

第4章　勤務

（育児休業及び介護休業等）

第31条　1歳（両親とも育児休業を取得する場合は1歳2か月。一定の事情がある場合には1歳6か月）未満の子を養育する従業員又は要介護状態にある家族を介護する従業員が会社に申し出た場合は育児休業又は介護休業を与える。

2　満3歳未満の子を養育する従業員又は家族を介護する従業員で育児・介護休業を取得しない者が勤務時間の短縮を会社に申し出た場合は短時間勤務制度の適用を受けることができる。

3　前2項により休業又は短時間勤務をしようとする従業員は、原則として開始予定希望日の1か月（介護については2週間）前までに、育児又は介護の対象者の状況、休業期間等所定の事項を明らかにした書面により申し出なければならない。

4　小学校就学前の子を養育する従業員は、1年間につき、子1人について5日の範囲内で、2人以上の場合は10日の範囲内で子の看護休暇を取得することができる。

5　家族を介護する従業員は、1年間につき、介護する家族1人について5日の範囲内で、2人以上の場合は10日の範囲内で家族の介護休暇を取得することができる。

6　育児・介護休業等の取扱いについては、本規則に定めるほか「育児・介護休業等規則」の定めるところによる。

【第31条】育児休業及び介護休業等

1　本条は、育児・介護休業、看護休暇等に関する基本的事項を第1項から第5項までで示し、詳細は別規則「育児・介護休業等規則」（P.178参照）で定めることとしています。なお、これらの規定は男女を問わず適用されることはいうまでもありません。

2　育児・介護休業、看護休暇等に関する事項について、就業規則本体と別に定めた場合、当該規程も就業規則の一部になりますので、所轄労働基準監督署長への届出が必要となります。

Ⅰ　従業員就業規則

（慶弔休暇）

第32条　従業員が次の各号に該当した場合には、それぞれ各号に定める日数の慶弔休暇を与える。

① 本人が結婚したとき　　　　　　　　　……○日

② 妻が出産したとき　　　　　　　　　　……○日

③ 父母、配偶者又は子が死亡したとき　　……○日

④ 兄弟姉妹、祖父母又は配偶者の父母が死亡したとき……○日

2　慶弔休暇を請求するときは、事前に所属長を経由して会社の承認を受けなければならない。

【ケース1】無給の場合

（本条では特段規定しない。第34条で無給であることを示す。）

【ケース2】有給の場合

3　慶弔休暇の期間については、第27条第9項（年次有給休暇の賃金）を準用する。

【第32条】慶弔休暇

1　慶弔休暇については労基法上必ず定めなければならないものではありませんが、制度がある場合には、就業規則に記載しなければなりません。制度の内容については各社で具体的に定めてください。

2　慶弔休暇の期間は無給・有給いずれの例もあります。有給にする場合にはいくら支払われるか明確にしておく必要があります（**ケース2**）。

　なお、**ケース2**では、年次有給休暇の賃金を準用する例としてありますが、これ以外の計算式による賃金も可能であり、労使で話し合って決めてください。

（裁判員等のための休暇）

第33条　従業員が裁判員もしくは補充裁判員となった場合又は裁判員候補者となった場合には、次のとおり休暇を与える。

① 裁判員又は補充裁判員となった場合………必要な日数

② 裁判員候補者となった場合…………………必要な時間

第4章 勤務

【第33条】裁判員等のための休暇

　裁判員制度に関し、労働者が裁判員若しくは補充裁判員となった場合又は裁判員候補者となった場合で、労働者からその職務に必要な時間を請求された場合、使用者はこれを拒んではなりません。このため、各事業場においては、裁判員等のための休暇を制度として導入することが求められます。

　また、労働者が裁判員の職務を行うために休暇を取得したこと、その他裁判員、補充裁判員、選任予定裁判員若しくは裁判員候補者であること又はこれらの者であったことを理由として、解雇その他不利益な取扱いをしてはなりません（裁判員の参加する刑事裁判に関する法律第100条）。

（休業・休暇中の賃金）

【ケース1】慶弔休暇が無給の場合

第34条　第28条から第33条までの休業・休暇の期間中は賃金を支給しない。

【ケース2】慶弔休暇が有給の場合

第34条　第28条から第31条まで及び第33条の休業・休暇の期間中は賃金を支給しない。

【第34条】休業・休暇中の賃金

　各種の休業・休暇について、それが有給なのか無給なのかを明確にしておく必要があるため、本条でまとめて示しています（**ケース1**はすべて無給の場合、**ケース2**は慶弔休暇を除き無給の場合の規定例です。）。

第5節　休　職

（休　職）

第35条　従業員が次の各号のいずれかに該当するときは、所定の期間休職とする。

75

> ① 業務外の傷病による欠勤が２か月を超え、なお療養のための休業を必要とするとき又は復職後６か月以内に再発して欠勤が引き続き１か月を超えたとき
> ② 労働協約に基づき労働組合業務に専従するとき
> ③ 会社の命令により関係会社又は関係団体に出向するとき
> ④ 刑事事件に関し身柄を勾留され、又は起訴されたとき
> ⑤ 乗務員が自動車運転免許証の失効（停止）等により乗務できないとき
> ⑥ 正当な事由なく欠勤が14日以上に及んだとき
> ⑦ その他会社が前各号に準ずる事情があると認めたとき

【第35条】休　職

1 休職とは、業務外での疾病等主に労働者側の個人的事情により相当長期間にわたり就労を期待し得ない場合に、労働者としての身分を保有したまま一定期間就労義務を免除する特別な扱いをいいます。

2 休職の定義、対象、休職期間、復職等については、労基法に定めはありませんので、労使で話し合って決めてください。

（休職期間）

第36条　前条の休職期間は次のとおりとする。

> ① 前条第１号のとき………………………１年。ただし結核性疾患は２年
> ② 前条第２号から第３号までのとき……必要期間
> ③ 前条第４号から第７号までのとき……会社が必要と認めた期間

【第36条】休職期間

1 休職期間は休職事由を考慮して規定し、又はその都度定めるのが一般的です。なお、業務外の傷病による休職については、従業員の勤続年数に応じて複数の期間を定める例があります。

2 休職期間（会社の命令により出向する場合を除きます。）は、退職金の算定に当たり勤続期間に算入しないことを本規則第55条第２項で規定しています。

3 休職期間が満了し、かつ、休職事由が消滅しないときは、自動的に退職すること（解雇の意思表示等特別な行為は必要ありません。）を本規則第78条で規定しています。

第4章　勤　務

> （休職期間中の賃金）
> 第37条　休職期間中は賃金を支給しない。

【第37条】休職期間中の賃金

　　休職は「労働者側の個人的事情」に起因するのが原則ですから、休職期間中の賃金
は支払わないのが一般的です。

> （復　職）
> 第38条　休職期間中に休職事由が消滅したときは、復職を命ずる。なお、
> 　　従業員（乗務員を除く。）を元の職務に復帰させることが困難であるか、
> 　　又は不適当な場合には、異なる職務に就かせることがある。
> 　2　第35条第1号により休職を命ぜられた従業員が、傷病が治癒する等に
> 　　より就業が可能となった場合には、医師の診断書を添付し、復職願いを提
> 　　出しなければならない。この場合、休職期間中であっても復職を命ずる。

【第38条】復　職

1 休職期間中に休職事由がなくなった場合は、当然休職が解除され復職となります。
　　休職後復職できないまま休職期間が満了した場合は退職となります。この場合の扱
いについては、本規則第78条で規定しています。

2 乗務員については、職務を限定して採用することが一般的ですから、復職の際に元
の職務と異なる職務に就かせることがない前提で「従業員（乗務員を除く。）」と規定
しています。

77

I　従業員就業規則

第5章
賃金及び退職金

第5章　賃金及び退職金
第1節　賃金通則

（賃金の支払等）

第39条　賃金は、毎月○日に締め切り、当月○日に支払う。ただし、支払日が金融機関の休業日に当たるときは、その前日に繰り上げて支払う。

2　賃金計算期間の途中で採用され、又は退職した場合の賃金は、当該賃金計算期間の所定勤務日数を基準に日割計算して支払う。

3　本規則において、賃金を支給しないとされている不就労日又は不就労時間については、その日数又は時間数に相当する額を控除する。この場合、当該賃金計算期間における所定勤務日数又は1日の所定勤務時間数を基準に計算する。

第5章　賃金及び退職金

　　第5章では、労働条件の中でも最も重要な賃金及び退職金について規定しています。

第1節　賃金通則

1　賃金の決定、計算及び支払の方法、賃金の締切り及び支払の時期並びに昇給に関する事項は、就業規則の絶対的必要記載事項に当たり（労基法第89条第2号）、必ず就業規則に記載しなければなりません。

2　賃金に関する事項はその定めが不明確であるとそれが原因で労使間のトラブルが発生しやすくなりますので、疑義が生じないよう明確に定めておく必要があります。

3　賃金については、乗務員とそれ以外の事務職員及び整備員とでは大きく異なりますので、本規則では第1節で共通事項（通則）、第2節で乗務員の賃金、第3節で事務職員及び整備員の賃金について定めています。

4　本規則と異なり、賃金に関する事項について就業規則本体とは別に定めることもできます。その場合、別に定めた規則・規程も就業規則の一部になりますので、所轄労働基準監督署長への届出が必要となります。また、変更した場合も同様です。

第5章 賃金及び退職金

【第39条】賃金の支払等

1 賃金は、毎月1回以上、一定の支払日を定めて支払うことが必要です（労基法第24条第2項）。「毎月第○水曜日」というような定め方は、月7日の範囲で変動することから一定の期日を定めたことにはなりません。

2 第1項ただし書きで、支払日が金融機関の休業日に当たる場合の取扱いを明確にしています。

3 第2項及び第3項は賃金計算の一例です。他に1日又は1時間当たりの金額を算出する際に使う計算式を示す例があります。

（賃金の支払と控除）

第40条　賃金は通貨で直接その全額を支払う。ただし、従業員が同意した場合は、その指定する金融機関の口座に振り込む。

2　次に掲げるものは、賃金から控除する。

① 源泉所得税

② 住民税

③ 健康保険（介護保険（65歳未満の従業員に限る。）を含む）及び厚生年金保険の保険料の被保険者負担分

④ 雇用保険の保険料の被保険者負担分

⑤ 過半数労働者代表との書面協定により賃金から控除することとしたもの

【第40条】賃金の支払と控除

1 賃金は、通貨で、直接労働者にその全額を支払わなければなりません（労基法第24条第1項）。ただし、労働者が同意した場合は、労働者本人の指定する銀行等の金融機関に設けられた本人名義の口座に振り込むことが認められています（労基則第7条の2）。

2 所得税や住民税等法令に基づき労働者が負担すべきものについては、賃金から控除することができます。

また、過半数労働者代表と書面で協定し（労働基準監督署への届出は不要）、賃金から控除することができるとしたものについても控除できます（労基法第24条第1項）。ただし、当該協定によって賃金から控除できるものは、貸付返済金、斡旋物資等の代金、住宅・寮その他の福利厚生施設の費用、各種生命・損害保険の保険料、労働組合費等内容が事理明白なものに限られます。なお、控除項目を変更する場合は協

79

I　従業員就業規則

定の再締結が必要なことはいうまでもありません（賃金控除に関する協定の例は**次ペ
ージ**参照）。

3　タクシー業界では一部の会社で乗務員負担制度が残っています。乗務員負担制度と
は、カード手数料、チケット手数料、無線・GPS 手数料、黒塗り車両乗務料、専用
乗り場入構料などについて、その経費の一部を乗務員が負担することにより、車両、
設備等の充実や営収の確保を図るとともに、歩合給制で勤務する乗務員間の公平性を
確保することなどを目的に導入されてきたタクシー業界特有の慣行です。本来、他産
業では、これらの経費は労務の提供を受ける事業者側が当然負担すべきものであり、
これらの慣行は外部からみて理解しづらいだけでなく、今後人材確保の面からも廃止
すべきものといえます。

　こうした観点から、平成 25 年 11 月のタクシー特措法の改正に係る国会附帯決議に
おいて、「一般乗用旅客自動車運送事業者は……事業に要する経費を運転者に負担さ
せる慣行の見直し等賃金制度の改善等に努める」とされました。

　以上のとおり、乗務員負担制度は法違反というようなものではありませんが、附帯
決議を踏まえ、廃止に向けて取り組むべき課題といえます。

　なお、乗務員負担制度に基づき、確定賃金から乗務員負担分を控除することは、本
条第 2 項第 5 号の賃金控除協定があっても労基法違反となります。

（非常時払）

第 41 条　従業員又はその収入によって生計を維持する者が、次のいずれか
に該当し、従業員からその費用に充てるためとして請求があったときは、
既に就労した分に対する賃金を支払う。

①　出産、疾病又は災害の場合

②　結婚又は死亡の場合

③　やむを得ない理由によって 1 週間以上帰郷する場合

【第 41 条】非常時払

　本条は、労基法に従い、労働者又はその収入によって生計を維持する者に出産、疾
病、災害等の臨時の出費を必要とする事情が生じた場合に、当該労働者は賃金支払日
前であっても既往の労働に対する賃金について支払を請求できることとしたものです
（労基法第 25 条）。

第5章 賃金及び退職金

◆**賃金控除に関する協定の例**◆

賃金控除に関する労使協定

　○○タクシー株式会社と労働者代表は、労働基準法第24条第1項ただし書に基づき賃金控除について次のとおり協定する。

第1条　○○タクシー株式会社は、毎月○日、賃金支払の際に次に掲げるものを控除して支払うことができる。

　(1)　社宅費

　(2)　貸付返済金

　(3)　生命・損害保険の保険料

　(4)　財形貯蓄の積立金

　(5)　労働組合費

第2条　この協定は○年4月1日から効力を生ずる。

第3条　この協定は、いずれかの当事者が90日前に文書による破棄の通告をしない限り効力を有するものとする。

　　○年○月○日

　　　　　　　　　　　　　　　　　○○タクシー株式会社

　　　　　　　　　　　　　　　　　　代表取締役社長　○○○○　㊞

　　　　　　　　　　　　　　　　　労働者代表

　　　　　　　　　　　　　　　　　　○○部門　○○○○　　　㊞

Ⅰ　従業員就業規則

> （従業員の昇給）
> 第42条　従業員の昇給については、毎年○月○日をもって、会社の業績、各人の勤務成績等を考慮の上、基本給について行うことがある。
> 2　前項のほか、特別に必要がある場合は、臨時に昇給を行うことがある。

【第42条】従業員の昇給

　昇給に関する事項は、就業規則の絶対的必要記載事項（労基法第89条第2号）に当たりますので、昇給時期等昇給の条件を定める必要があります。

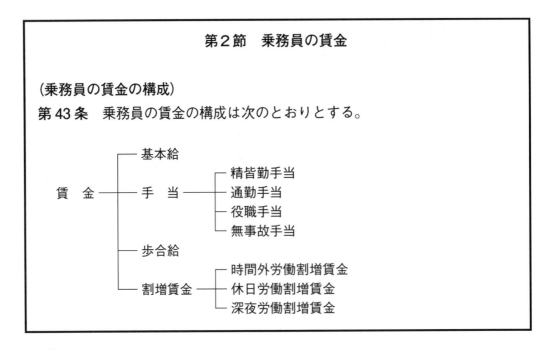

第2節　乗務員の賃金

　タクシー事業の基幹的職種である乗務員の賃金について本節でまとめて規定しています。

【第43条】乗務員の賃金の構成

　乗務員の賃金の構成をわかりやすく図示しています。どのような賃金の構成にするかは各社の労使で決定すべきことですが、割増賃金については労基法で支払が義務付けられていますので必ず規定してください。

（乗務員の基本給）

第44条　乗務員の基本給は、本人の技能、勤務成績、経験年数等を考慮して決定する。

【第44条】乗務員の基本給

1　基本給は、職務遂行能力、勤続年数、年齢、資格等を考慮して、各社において公正に決めることが大切です。

2　基本給には、月給（1か月の所定労働時間に対して賃金額が決められているもの）、日給月給（定額賃金制の一形態で、月給を定め、欠勤した場合にその日数分だけの賃金を差し引くという形の月給制）、日給（1日の所定労働時間に対して賃金額が決められるもの）、時間給（労働時間1時間単位で賃金額が決められ、業務に従事した労働時間に応じて支給されるもの）等があります。

（乗務員の歩合給）

【ケース1】

第45条　乗務員の歩合給は、次の算式により計算して支給する。

$$歩合給＝（月間営収額－足切額 X）× a\%$$

なお、月間営収額には消費税を含まない。

【ケース2】

第45条　乗務員の歩合給は積算歩合給制とし、次の算式により計算して支給する。

$$歩合給＝月間営収額× a\% ＋（月間営収額－第1基準額 X）× b\%$$
$$＋（月間営収額－第2基準額 Y）× c\%$$

なお、月間営収額には消費税を含まず、上記算式において、「月間営収額－第1基準額 X」又は「月間営収額－第2基準額 Y」が負の数値となる場合はその項はゼロとする。

Ⅰ　従業員就業規則

【第 45 条】乗務員の歩合給

1　乗務員の賃金については歩合給が中心となるのが一般的です。歩合給の定め方は多種多様ですが、従来これらを分類する場合、基本給、歩合給、賞与又は退職金制度の有無・内容等と関連付けてＡ型、Ｂ型、AB 型賃金等の用語で説明が行われてきました。

> 参考
>
> **Ａ型**…月例賃金は基本給、諸手当及び歩合給とし、ほかに賞与・退職金制度があるもの。
>
> **Ｂ型**…Ａ型賃金から賞与・退職金制度を廃止し、その分を月例賃金に含めて支給するもの。オール歩合給の場合が多い。
>
> **AB 型**…社会保険料対策のためＢ型賃金の月例賃金を下げて賞与を支給するもの。ただし、平成 15 年から賞与も同率の社会保険料算定対象とされたため、軽減メリットは消滅している。

2　上記**1**の分類はタクシー業界に広く浸透していますが、ここでは、試みに乗務員の賃金体系を次のように分類します。なお、賞与及び退職金制度はこの分類とは切り離して捉えることとします。

　　まず、基本給のあるもの（Ⅰ型）と基本給のないもの（Ⅱ型）に分類します。次にⅠ型の中には、一律歩合給制（Ⅰ−①型）、積算歩合給制（Ⅰ−②型）及び累進歩合給制（Ⅰ−③型）（累進歩合給制の問題点については後述）が含まれます。Ⅱ型の中にはオール一律歩合給制（Ⅱ−①型）とオール積算歩合給制（Ⅱ−②型）が含まれます（**次ページ**の図参照）。

　　このように分類すると、乗務員の賃金は本規則の第 44 条と第 45 条の【ケース 1】又は【ケース 2】の組み合わせで決まってくることになります。さらにⅠ型は基本給があることに連動して多くの場合、足切制度を伴っています。また、Ⅱ型では基本給はありませんが、最低賃金が基本給的な役割を果たすことになります。

　　なお、Ⅰ型で足切額がある場合、足切額のところで賃金カーブに非連続点が生ずる可能性があり得ます（後述解説**7**参照）。

第5章　賃金及び退職金

1 基本給のある一律歩合給制（Ⅰ-①型）

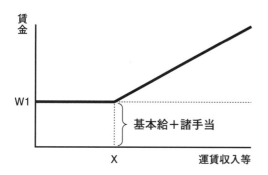

2 基本給のある積算歩合給制（Ⅰ-②型）

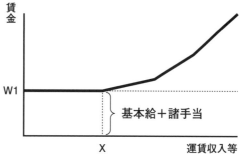

3 基本給のある累進歩合給制（Ⅰ-③型）

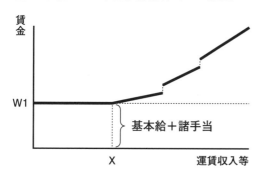

4 基本給のない一律歩合給制（Ⅱ-①型）

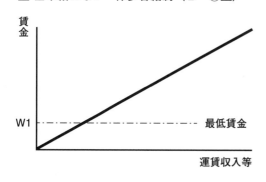

5 基本給のない積算歩合給制（Ⅱ-②型）

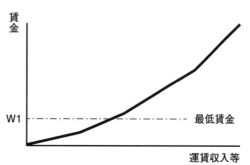

85

3 累進歩合制度とは、累進歩合給制より広い概念であって、累進歩合給制的な効果を生ずる一切の賃金制度をいい、いわゆる「トップ賞」や「奨励加給」を含みます。

また、累進歩合給制とは、運賃収入等をその高低に応じて数階級に区分し、階級区分の上昇に応じ逓増する歩率を運賃収入等に乗じて歩合給を算定する方式で、運賃収入に応じて階級区分を移動するごとに歩合給の額が非連続的に増減するものをいいます（前記図③、Ⅳの Q8 及び Q9 参照）。

累進歩合制は、歩率の変動する運賃収入等（階級区分）の直前の労働者に、上位のステップに到達するため長時間労働やスピード違反等をさせる結果になりやすく、交通事故の発生も懸念されるので、厚生労働省の通達（平元.3.1 基発第 93 号「自動車運転者の労働時間等の改善のための基準について」）で廃止するものとすることとされています。

また、平成 25 年 11 月の改正タクシー特措法の国会附帯決議において、「一般乗用旅客自動車運送事業者は……累進歩合制の廃止……等賃金制度の改善等に努める」とされるとともに「国土交通省及び厚生労働省は、累進歩合制の廃止について改善指導に努めること」とされています。

以上のことから、累進歩合制を採用するタクシー事業者にはその廃止に向けた取組が求められているといえます。

4 積算歩合給制度とは、運賃収入等を数区分し、区分ごとの歩率が変動（一般には逓増します。）し、歩合給は各区分の運賃収入等にその対応する歩率を乗じて得た金額を順次合計（積算）する方式をいいます。この方式によると、運賃収入等と賃金の関係を示すカーブに累進歩合給制のような非連続点は生じません（Ⅳの Q10 参照）。

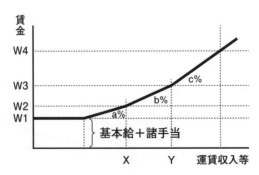

⑥ 足切り額のある積算歩合給の例(1)

5 本条【ケース2】の規定例が示す積算歩合給の算式は、積算の仕方が上記**4**の説明と異なっています（ベースの歩率 a% がまずあり、月間営収額が第1基準額 X を超えると超えた額の b%、月間営収額が第2基準額 Y を超えると超えた額の c% が、

それぞれ上積みされていく方式で規定しています。）。しかし、結果的には積算歩合給制のカーブを描くことになります（**下図**⑦**参照**）。算式の中のa、b、c及びX、Yに該当する数値は事業場の労使が十分話し合った上で決めてください。

⑦ 足切り額のある積算歩合給の例(2)

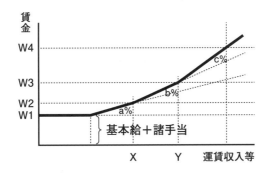

⑥ 累進歩合給制から積算歩合給制に変更する際に、従前の累進歩合給制における賃金上昇の軌跡を重視して行うと、運賃収入等の増加に連動して歩率が逓増しない積算歩合給制になります。この場合、賃金の計算式は相当複雑になりますが、運用上は直前の区分までの賃金額はあらかじめ算出しておくことができますので、最後に該当する区分の歩合給を算出し加えるだけでトータルの歩合給を求めることができます。

⑦ 足切制度により賃金カーブに非連続点が生ずる場合がありますが、これを解消するためには、立ち上がりの部分に**下図**⑨の例のような傾斜を設けること（この場合、労使双方が譲り合うような工夫が必要）が考えられます。

⑧ 足切りにより非連続点がある歩合給の例　　⑨ 足切りによる非連続点を解消する例

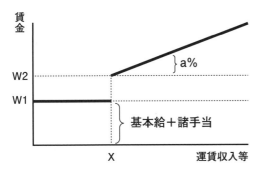 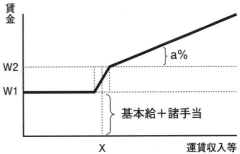

I 従業員就業規則

（乗務員の手当）

第 46 条　乗務員の手当は、精皆勤手当、通勤手当、役職手当及び無事故手当とする。

2　精皆勤手当は、当該賃金計算期間における出勤成績に基づき、次のとおり支給する。なお、年次有給休暇を取得した日は出勤したものとみなす。

①　無欠勤の場合（皆勤手当）　　　……月額○円

②　欠勤 1 日以内の場合（精勤手当）……月額△円

3　通勤手当は、非課税限度内において、通勤に要する実費に相当する額を支給する。この場合、通勤経路は経済的かつ合理的な最短経路によるものとする。

4　役職手当は、職務上の地位、責任と権限に応じて支給する。金額については個別に通知する。

5　無事故手当は、一賃金計算期間における所定勤務日数の○割以上出勤し、かつ、無事故・無違反であった乗務員に対し、月額○円を支給する。

【第 46 条】乗務員の手当

1　諸手当に関しては、どのような手当をどのような対象に支給するか、また、金額をいくらにするかなどについては、各社の労使で決めることになります。いずれにしても支給する手当については、支給条件をめぐりトラブルとならないよう就業規則で明確に定めておく必要があります。

2　本条で示したもののほか職務手当、資格手当、能率手当、成果手当、古車手当等を設ける例もあります。

3　諸手当については、最低賃金との比較の際に除外賃金となるものならないもの、割増賃金の算定基礎に算入すべきものとそうでないものなどの違いにも留意してください（**Ⅳ** の **Q6** 参照）。

4　諸手当については、正社員には支給され、短時間又は有期契約労働者には支給されないものがある場合、契約法第 20 条（2020（令和 2）年 4 月以降は短時間・有期雇用労働法第 8 条）に反することがありますので注意が必要です。

　ハマキョウレックス事件（平 30.6.1 最高裁第二小法廷判決）では、職務内容に差のない正社員と契約社員の間で手当の扱いが異なっていたことについて、住宅手当は不合理ではないとされましたが、皆勤手当、無事故手当、作業手当及び給食手当が契約社員に支給されないこと並びに通勤手当の額が異なっていることについては、契約法第 20 条に違反するとされました。

第5章　賃金及び退職金

（乗務員の割増賃金）

第47条　時間外労働、休日労働又は深夜労働を行った場合の基本給及び諸手当に係る割増賃金は、次の算式により計算して支給する。この場合、諸手当には労働基準法第37条第5項で定める賃金は算入しない。

①　時間外労働割増賃金（法定労働時間を超えて労働させた場合）

$$\frac{\text{基本給＋諸手当}}{\text{1か月平均所定勤務時間数}} \times 1.25 \times \text{時間外労働時間数}$$

②　休日労働割増賃金（法定休日に労働させた場合）

$$\frac{\text{基本給＋諸手当}}{\text{1か月平均所定勤務時間数}} \times 1.35 \times \text{休日労働時間数}$$

③　深夜労働割増賃金（午後10時から午前5時までの間に労働させた場合）

$$\frac{\text{基本給＋諸手当}}{\text{1か月平均所定勤務時間数}} \times 0.25 \times \text{深夜労働時間数}$$

2　時間外労働、休日労働又は深夜労働を行った場合の歩合給に係る割増賃金は、次の算式により計算して支給する。

①　時間外労働割増賃金

$$\frac{\text{歩合給}}{\text{当該歩合給に係る総勤務時間数}} \times 0.25 \times \text{時間外労働時間数}$$

②　休日労働割増賃金

$$\frac{\text{歩合給}}{\text{当該歩合給に係る総勤務時間数}} \times 0.35 \times \text{休日労働時間数}$$

③　深夜労働割増賃金

$$\frac{\text{歩合給}}{\text{当該歩合給に係る総勤務時間数}} \times 0.25 \times \text{深夜労働時間数}$$

【第47条】乗務員の割増賃金

1　法定労働時間を超えて労働させた場合には2割5分以上、法定休日（週1回又は4週4日）に労働させた場合には3割5分以上、深夜（午後10時から午前5時までの間）に労働させた場合には2割5分以上の割増率で計算した割増賃金をそれぞれ支払わなければなりません（労基法第37条第1項、第4項）。

　なお、時間外労働が深夜に及んだ場合には5割以上、休日労働が深夜に及んだ場合には6割以上の割増率で計算した割増賃金をそれぞれ支払わなければなりません（**Ⅳ**の**Q12**参照）。

ところで、乗務員の歩合給に割増賃金が含まれるとしながら、その内訳の具体的な説明がない例もまれにみられます。このような場合、K自動車事件（平29.2.28最高裁第三小法廷判決）では、「労働基準法37条の定める割増賃金を支払ったとすることができるか否かを判断するには、労働契約における賃金の定めにつき、それが通常の労働時間の賃金に当たる部分と同条の定める割増賃金に当たる部分とに判別することができるか否かを検討した上で、そのような判別をすることができる場合に、割増賃金として支払われた金額が、通常の労働時間の賃金に相当する部分の金額を基礎として、労働基準法37条等に定められた方法により算定した割増賃金の額を下回らないか否かを検討すべきであり、上記割増賃金として支払われた金額が労働基準法37条等に定められた方法により算定した割増賃金の額を下回るときは、使用者がその差額を労働者に支払う義務を負うというべきである。」とされていますので、この判例に沿った説明ができるよう改める必要があります。

2 会社の定める所定勤務時間が法定労働時間よりも短い場合、所定勤務時間を超えて法定労働時間に達するまでの時間分については、労基法を上回る措置として割増賃金を支払う契約となっていない限り、通常の勤務時間の賃金を支払えばよいこととなります。

3 月60時間を超える時間外労働については、割増賃金率は5割以上とされています。ただし、中小企業（運輸業においては資本金3億円以下又は常時使用する労働者数300人以下の企業をいいます。）については、2023（令和5）年3月末までの間、引上げが猶予され、月60時間を超える時間外労働の部分についても2割5分以上とされています。

なお、1か月60時間の算定には、法定休日に労働した時間数は含まれませんが、法定外の休日に行った労働が時間外労働に該当する場合は、その時間数は含まれます（本規則第24条の解説**1**参照）。

4 変形労働時間制を採用している場合の時間外労働となる時間は、次のとおりです。

① 変形労働時間制で1日8時間を超えて労働させることとなっている日（例えば隔日勤務で14.5時間）にその時間を超えて労働させた場合

② 変形労働時間制で1日8時間以下（0時間を含む。）の労働をさせることとなっている日（例えば日勤勤務で1日7時間の日、隔日勤務でW公休の日）に労働させた場合で、かつ、次の場合

ⅰ 1日8時間を超えた場合（1日8時間未満でも次のⅱ又はⅲに該当する場合あり。）

ⅱ 1週40時間を超えた場合（上記ⅰで対象となった時間を除く。1週40時間未満でも次のⅲに該当する場合あり。）

ⅲ 1変形期間の法定労働時間の枠を超えた場合（上記ⅰ及びⅱで対象となった時

間を除く。）

5 月給制の場合の割増賃金の計算の基礎となる1時間当たりの賃金は、基本給と諸手当の合計を、1か月における所定労働時間数（ただし、月によって所定労働時間数が異なる場合には、1年間における1か月の平均所定労働時間数）で除して算出します。また、時間給の場合は、時間額が1時間当たりの賃金となります（労基則第19条、（**Ⅳ**の**Q13**参照））。

6 割増賃金の算定基礎から除外することができる賃金には、家族手当や通勤手当のほか、別居手当、子女教育手当、住宅手当、慶弔金等臨時に支払われた賃金、賞与等1か月を超える期間ごとに支払われる賃金があります（労基法第37条第5項、労基則第21条）。これらの手当を除外するに当たっては、単に名称によるのではなく、その実質によって判断しなければなりません（**Ⅳ**の**Q6**及び**Q14**参照）。

　なお、本条の計算式における諸手当とは、具体的には精皆勤手当、役職手当及び無事故手当を指し、通勤手当は算入されません。

7 「通勤手当とは、労働者の通勤距離又は通勤に要する実際費用に応じて算定される手当と解されるから、通勤手当は原則として実際距離に応じて算定するが、一定額までは距離にかかわらず一律に支給する場合には、実際距離によらない一定額の部分は本条の通勤手当ではない」（昭23.2.20基発第297号）とされています（家族手当については第52条の解説**3**参照）。

　「精皆勤手当」は最低賃金の比較の際には除外賃金として取り扱われますが、上記**6**のとおり割増賃金の算定基礎には入れなければなりません。

8 労基法第41条第2号に定める「監督又は管理の地位にある者」については、同条によって労働時間、休憩及び休日に関する規定は適用しないこととされている一方、深夜労働に関する規定の適用は排除されていません。このため、時間外労働又は休日労働の割増賃金の支払の問題は生じませんが、深夜労働については割増賃金を支払わなければなりません。

9 本条では固定残業代（名称にかかわらず、一定時間分の時間外労働、休日労働及び深夜労働に対して定額で支払われる割増賃金のことをいいます。以下同じ。）の仕組みは採用していません。ただし、固定残業代については、労基法第37条等に定められた方法により算定される額を下回らない限り、採用することは可能です。

　なお、固定残業代を採用する事業主は、青少年の募集に当たっては、固定残業代に係る計算方法（固定残業代の算定の基礎として設定する労働時間数及び金額を明らかにするものに限る。）、固定残業代を除外した基本給の額、固定残業時間を超えた場合に割増賃金を追加で支払うことを明示すること（青少年の雇用機会の確保及び職場への定着に関して事業主、特定地方公共団体、職業紹介事業者等その他の関係者が適切

I 従業員就業規則

に対処するための指針。平27.9.30厚生労働省告示第406号）とされていますので留意してください。

　また、追加支払の条件を満たすためには、大前提として労働者ごとに各日の労働時間を把握しておくことが必要ですし、差額の支払は月ごとに行うことが必要です。

10 割増賃金を営収の一定率で支払うこと自体は直ちに違法とはなりません。しかし、労働者に支払われた割増賃金が、法で定められた計算方法で算定した実際の割増賃金の額を下回らないようにしなければなりません。また、下回っている場合にはその差額分を支払うことを就業規則に明確に規定し、実際に差額を追加支払することが必要です。

　なお、オール歩合給制の場合の割増賃金（営収の一定率）の規定例には、次のようなものがあります。

（歩合給及び割増賃金）

第○条　歩合給は、月間売上高の○％とする。ただし、この額が最低賃金額を下回る場合には、最低賃金額で計算して支払う。

2　時間外手当は、月間売上高の△％とする。ただし、法定計算を下回る場合は法定計算による。

3　深夜手当は、月間売上高の□％とする。ただし、法定計算を下回る場合は法定計算による。

※　歩合給と時間外・深夜手当の率については、それぞれの会社の勤務ダイヤや時間外・休日労働、深夜労働の実態を踏まえ、また、最低賃金の引上げ動向などを考慮して決めてください。

（乗務員の保障給等）

第48条　乗務員の賃金額が保障給を下回る場合には、保障給を支給する。この場合の保障給とは、過去3か月間の賃金総額（時間外労働等の割増賃金を含み、臨時に支払われる賃金及び賞与を除く。）を当該期間の総勤務時間数で除した額の100分の60に当該月の総勤務時間数を乗じた金額をいう。

2　前項にかかわらず、同項の保障給が、現に適用される最低賃金額により計算した額を下回るときは、当該最低賃金額により計算した額を支給する。

【第48条】乗務員の保障給等

1 労基法第27条は「出来高払制その他の請負制で使用する労働者については、使用

者は、労働時間に応じ一定額の賃金の保障をしなければならない。」と規定していま
す。この趣旨は、労働者の最低生活を保障することにありますが、同法には保障給の
額についての規定がありません。しかし乗務員については、この趣旨を踏まえ、「歩
合給制度が採用されている場合には、労働時間に応じ、固定的給与と併せて通常の賃
金の6割以上の賃金が保障されるよう保障給を定めるものとすること。」（平元.3.1
基発第93号）とされています。

　また、「労働時間に応じた通常の賃金の6割以上」については、特段の事情のない
限り、各人ごとに過去3か月程度の期間において支払われた賃金の総額（すべての時
間外労働及び休日労働に対する手当を含み、臨時に支払われた賃金及び賞与を除きま
す。）を当該期間の総労働時間数で除して得た金額の100分の60以上の金額をもって
充てることとして差し支えない」とされています（労働調査会出版局編『改訂5版 自
動車運転者労務改善基準の解説』p.167）。以上を踏まえて規定したのが第1項です。

2　第2項では、保障給を支払ったとしても最低賃金に抵触する場合があり得ますの
で、最低賃金法違反とならないための規定を置いています。

　ところで、固定給＋歩合給制の賃金の場合、最低賃金額との比較は次のように行い
ます（詳しくは**Ⅳ**の**Q4**及び**Q5**参照）。

　A（1時間当たりの固定給）＝固定給として支払った賃金÷月間所定労働時間

　　※月により月間所定労働時間が異なる場合は、年間の平均月間所定労働時間

　B（1時間当たりの歩合給）＝歩合給で支払った賃金÷月間総労働時間（所定＋時間外）

　　A＋Bが最低賃金額と同じか、それ以上であれば適法です。

3　上記**2**の計算で万が一、最低賃金額を下回った場合には、

　最低賃金額×（月間総労働時間＋時間外労働時間×0.25＋深夜労働時間×0.25

　＋休日労働時間×0.35）

で算出した額との差額以上を支払うようにしてください（この場合、算出される額は、
実際の固定給及び歩合給の額とは関係なく同じ金額になります（**Ⅳ**の**A5**のなお
書参照）。）。

　なお、2023（令和5）年4月以降は、月60時間を超える時間外労働の割増率は
0.25以上から0.5以上に引き上げる必要があります。

（乗務員の賞与）

第49条　乗務員の賞与は、原則として、毎年○月○日及び○月○日に在籍
　する者に対し、○月○日及び○月○日に支給する。

> 2 前項の賞与の額は、乗務員の勤務成績、会社の業績などを考慮して各人ごとに決定する。

【第49条】乗務員の賞与

1️⃣ 賞与は、労基法その他の法律によって支給が義務付けられているものではありません。しかし、賞与を支給する場合、就業規則に支給対象時期、賞与の算定基準、査定期間、支払方法等を明確にしておくことが必要です。

2️⃣ 就業規則に、賞与の支給対象者を一定の日（例えば、6月1日や12月1日、又は賞与支給日）に在籍する者とする規定を設けることで、期間の途中で退職等し、その日に在職しない者には支給しないこととすることも可能です。ただし、賞与の算定方法等支給条件によっては、この取扱いが妥当性を欠く場合もあり得ますので労使で十分話し合って決めてください。

第3節　事務職員等の賃金

（事務職員等の賃金の構成）
第50条　事務職員及び整備員の賃金の構成は次のとおりとする。

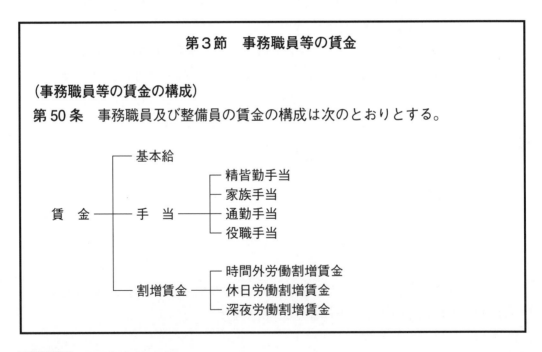

第3節　事務職員等の賃金

　事務職員及び整備員の賃金は、乗務員とは大きく異なるのが一般的ですから、本節で別に定めています。

第5章 賃金及び退職金

【第50条】事務職員等の賃金の構成

　事務職員等の賃金の構成をわかりやすく図示しています。事務職員等の手当については、本条で示したもののほか、住宅手当、職務手当、資格手当、単身赴任手当等を設ける例もあります。

（事務職員等の基本給）

第51条　事務職員等の基本給は、本人の職務内容、技能、勤務成績、経験年数等を考慮して決定する。

【第51条】事務職員等の基本給

　事務職員等の基本給の考慮要素として乗務員の規定にはなかった「職務内容」を加えています。

（事務職員等の手当及び割増賃金）

第52条　事務職員等の手当は精皆勤手当、家族手当、通勤手当及び役職手当とする。

2　事務職員等の手当については、第46条第2項から第4項までを準用する。

3　家族手当は、扶養する次の家族について支給する。

①　配偶者　　　　　　　　　　　　　……　月額　○円

②　18歳未満の子1人から3人まで……1人につき　月額　△円

4　事務職員等の割増賃金については、第47条第1項を準用する。

【第52条】事務職員等の手当及び割増賃金

1　乗務員と同じ規定となる事項については、「準用」（ある事項に関する規定を、他の類似の事項に必要な変更を加えて当てはめること）を使うと簡潔に規定できます。もちろん、手当の内容が異なるときは書き下すことになります。

2　本条第4項で割増賃金について第47条第1項を準用していますが、事務職員等に支給される手当は乗務員とは異なりますので注意が必要です。計算式の諸手当は、具体的には精皆勤手当及び役職手当となり、家族手当及び通勤手当は算入しません。

3　「家族手当」とは、物価手当、生活手当、扶養手当等名称の如何にかかわらず、「扶

95

養家族数又はこれを基礎とする家族手当額を基準として算出した手当」をいいます。ただし、家族手当と称していても、扶養家族数に関係なく一律に支給される手当や一家を扶養する者に対し基本給に応じて支払われる手当は、労基法第37条でいう家族手当ではありません。また、扶養家族のある者に対し、本人分何円、扶養家族1人につき何円という条件で支払われるとともに、均衡上独身者に対しても一定額の手当が支払われている場合にはこれらの手当のうち「独身者に対して支払われている部分及び扶養家族のある者にして本人に対して支給されている部分は家族手当ではない。」（昭22.11.5基発第231号、昭22.12.26基発第572号）とされています。

（事務職員等の賞与）

第53条 事務職員等の賞与は、原則として、毎年○月○日及び○月○日に在籍する者に対し、○月○日及び○月○日に支給する。ただし、会社の業績の著しい低下その他やむを得ない事由がある場合には、支給時期を延期し、又は支給しないことがある。

2 前項の賞与の額は、会社の業績、事務職員等の勤務成績などを考慮して各人ごとに決定する。

【第53条】事務職員等の賞与

事務職員等の賞与について、乗務員とほぼ同様の規定を設けていますが、「会社の業績の著しい低下その他やむを得ない事由がある場合には、支給時期を延期し、又は支給しないことがある。」とのただし書を加えています。

第4節　退職金

（退職金の支給）

第54条 勤続○年以上の従業員が退職し又は解雇されたときは、本節に定めるところにより退職金を支給する。ただし、自己都合による退職者で、勤続△年未満の者には退職金を支給しない。

2 第76条により懲戒解雇又は諭旨解雇された場合は、退職金の全部又は一部を支給しないことがある。

第5章 賃金及び退職金

3 退職金の支給後、在職中に懲戒解雇に相当する行為があったことが判明した場合には、退職金の全部又は一部の返還を求めることがある。

4 第77条第2項の再雇用者については、定年時に退職金を支給することとし、その後の勤務については退職金を支給しない。

第4節 【第54条】退職金の支給

1 退職金制度は必ず設けなければならないものではありませんが、設けたときは、適用される労働者の範囲、退職金の支給要件、額の計算及び支払の方法、支払の時期などを就業規則に記載しなければなりません（労基法第89条第3号の2）。

退職金を支給する制度を持つことは、従業員の採用・定着や会社への帰属意識の向上等の観点からも望ましいでしょう。

2 第1項の○には例えば3、△には例えば5などが考えられます。

3 懲戒解雇又は諭旨解雇に伴う退職金の全部又は一部の不支給は、特にトラブルになりやすい事項ですが、少なくとも就業規則に明記して始めて行い得るものであると解されますので、第2項で規定を置いています。また、在職中の懲戒解雇事由が退職後に判明した場合の返還請求の根拠について第3項で規定しています。

4 退職金の全部又は一部の不支給を有効に行うためには、根拠規定があることに加え、「労働者のそれまでの勤続の功を抹消（全額不支給の場合）ないし減殺（一部不支給の場合）してしまうほどの著しく信義に反する行為があった場合に限られると解すべきである。」（菅野和夫『労働法 第11版補正版』（弘文堂刊）P.664）とされていますので、留意してください。

（退職金の額）

第55条 退職金の額は、退職又は解雇の時の基本給の額に、勤続年数に応じて定めた下表の支給率を乗じた金額とする。ただし、定年による退職の場合は当該金額の○割増しとする。

勤続年数	支給率
○年以上5年未満	○.○
5年以上10年未満	○.○
10年以上15年未満	○.○

15 年以上 20 年未満	○.○
20 年以上 25 年未満	○.○
25 年以上 30 年未満	○.○
30 年以上 35 年未満	○.○
35 年以上	○.○

2　勤続年数の計算に当たり、第36条の休職期間（会社の命令により出向する場合を除く。）は算入しない。

【第 55 条】退職金の額

1　第1項では、1種類の支給率で算出する例を示していますが、自己都合退職、会社都合退職、解雇などの理由別や会社に対する貢献度を加味して支給率を複数定める例もあります。

2　第2項では、休職期間（会社の命令により出向する場合を除きます。）は勤続年数に算入しないことを明確にしています。なお、試用期間については第8条第3項に規定があり、産前産後休業、育児休業、介護休業等については特段の規定がないのでいずれも算入することになります。

（退職金の支払方法及び支払時期）

第 56 条　退職金は、支給の事由が生じた日から○か月以内に、退職又は解雇した従業員（死亡による退職の場合は、労働基準法施行規則第 42 条から第 45 条までで定める者）に対して支払う。

【第 56 条】退職金の支払方法及び支払時期

1　退職金の支払方法、支払時期については、各社が実情に応じて定めることになります。なお、退職金制度について労基法は関与していないことから、労基法23条の規定は退職金の支払には適用されず、就業規則で定めた支払時期に支払えば足りると解されています（昭26.12.27基収第5483号）。

2　労働者が死亡した場合の退職金の支払については、本条では労基則第42条から第45条までで定める者に支払うこととしています。同規則第42条及び第43条では支払の対象者を、①配偶者、②生計を一にしていた家族で、子、父母、孫、祖父母の順、

③生計を一にしない子、父母、孫、祖父母並びに兄弟姉妹の順などと詳細に定めています。

3 労働者の同意がある場合には、本人が指定する銀行その他の金融機関の口座へ振込により支払うことができます。また、銀行その他の金融機関が支払保証した小切手、郵便為替等により支払うこともできます。

4 退職金制度を設けたときは、退職金の支払に充てるべき額について金融機関と保証契約を締結する等の方法により保全措置を講ずるよう努めなければなりません（賃金の支払の確保等に関する法律第5条）。ただし、中小企業退職金共済制度に加入している場合はその必要はありません。

Ⅰ 従業員就業規則

第6章
安全衛生等

第6章　安全衛生等

（安全及び事故防止）

第57条　会社は、従業員の安全衛生の確保及び交通事故の防止を図るため、必要な措置を講ずる。

2　従業員は、安全衛生及び運輸・交通に関する法令及び規則並びに会社が定める諸規程及び指示を遵守し、会社と協力して労働災害及び交通事故の防止に努めなければならない。

3　前2項の安全衛生活動及び交通事故防止について、安全衛生管理規程、運行管理規程及び整備管理規程を設ける。

第6章　安全衛生等

　安全衛生及び災害補償に関する事項は、就業規則の相対的必要記載事項（労基法第89条第6号、第8号）に当たりますのでこれらの定めをする場合には、必ず就業規則に記載しなければなりません。

【第57条】安全及び事故防止

1　安衛法は、労働災害及び職業性疾病を防止するために事業者が講じなければならない措置について具体的に規定しています。タクシー事業では、交通事故のほか転倒災害や無理な動作による腰痛などが多く発生しています。各事業場においては、安衛法等に基づき、労働災害の防止と快適な職場環境の形成に積極的に取り組むことが求められています。

　また、道路運送法、道路交通法などの運輸・交通法規や交通労働災害防止のためのガイドラインを遵守することにより交通事故防止に万全を期さなければなりません。

2　労働災害防止等のための措置及び輸送の安全を確保するための措置については、安衛法、運輸・交通関係法令に詳細に規定されていますので、就業規則には関係法令を基に会社の実態に応じて、労働者の安全衛生、交通事故防止対策に係る遵守事項、安全衛生管理体制、安全管理者等の職務内容、健康診断、安全衛生教育、運行管理体制

100

第6章　安全衛生等

などを盛り込みます。

　これらの内容は、広範囲に及びますので、第3項に示すように安全衛生管理規程（規定例は P.202 参照）、運行管理規程、整備管理規程などの別規程・規則を設けるのが一般的です。また、事業用自動車が 200 両以上の事業者にあっては、安全管理規程を定めて国土交通大臣に届け出る必要があります（道路運送法第 22 条の 2）。

　なお、運行管理規程、整備管理規程及び安全管理規程の規定例は CD-ROM に収録されています。

（安全衛生管理体制）

第 58 条　会社は、従業員の安全及び保健衛生の向上を図るため、次のとおり労働安全衛生法に基づく安全衛生管理体制を設ける。

　①　総括安全衛生管理者、安全管理者及び衛生管理者並びに産業医を選任する。

　②　安全衛生に関する事項を調査審議するため、安全衛生委員会を設置する。この委員会の組織・運営について、安全衛生委員会規程を設ける。

【第 58 条】安全衛生管理体制

1　安衛法によって、一定の業種及び労働者数が一定規模以上の事業場においては総括安全衛生管理者、安全管理者、衛生管理者及び産業医の選任が義務付けられています（安衛法第 10 条等）。また、常時使用する労働者数が 10 人以上 50 人未満の事業場では、業種により安全衛生推進者又は衛生推進者を選任することが義務付けられています（安衛法第 12 条の 2）。会社は、これらの者に、事業場の安全衛生に関する事項を管理させなければなりません。

2　タクシー事業（運送業）については、常時使用する労働者が 100 人以上の場合に総括安全衛生管理者、同 50 人以上の場合に安全管理者、衛生管理者及び産業医を選任するとともに安全衛生委員会を設置しなければなりません。

3　働き方改革に伴う安衛法の改正により、次のように産業医の役割が強化されていますので、留意してください。 改正

　①　事業者は産業医に対し、ⅰ事業者に対し意見を述べること、ⅱ労働者の健康管理を実施するために必要な情報を労働者から収集すること、ⅲ労働者の健康を確保するため緊急の必要がある場合において、労働者に必要な措置をとるべきことを指示すること、に関する権限を与えなければならないこと（安衛則第 14 条の 4）

101

Ⅰ　従業員就業規則

②　事業者は長時間労働を行った労働者の状況や労働者の業務の状況など産業医が労働者の健康管理等を適切に行うために必要な情報を提供しなければならないこと（安衛法第 13 条第 4 項）

③　事業者は産業医から勧告を受けたときは、遅滞なく、その内容及び講じた措置等を衛生委員会に報告しなければならないこと（安衛法第 13 条第 6 項）

④　事業者は産業医の業務の内容等について労働者に周知しなければならないこと（安衛法第 101 条第 2 項）

⑤　事業者は産業医等が労働者からの健康相談に応じるための体制整備に努めなければならないこと（安衛法第 13 条の 3）　等

4　安全衛生委員会規程には、同委員会の調査審議事項、構成員、委員会の運営に関する事項などを盛り込むことになります。なお、安全衛生委員会規程の規定例は CD-ROM に収録されています。

（運行管理者等の選任）

第 59 条　会社は、事業用自動車の運行の安全を確保するため、道路運送法及び道路運送車両法に基づき次の者を選任する。

①　運行管理者及び同補助者

②　整備管理者及び同補助者

2　前項によって選任された者は、第 57 条第 3 項の運行管理規程及び整備管理規程に基づき、その職務を確実に遂行しなければならない。また、乗務員等は運行管理者、整備管理者等の指示に従わなければならない。

【第 59 条】運行管理者等の選任

　　タクシー事業は、労働災害のうち交通事故による災害が少なくありません。車両の運行の安全確保を図るため、道路運送法（同法第 23 条以下）及び道路運送車両法（同法第 50 条以下）に基づき、必要な運行管理者・整備管理者等の選任、適切な職務の遂行等が求められています。

第6章　安全衛生等

（健康診断）

第60条　会社は、従業員に対し、雇入時及び1年に1回（乗務員等深夜労働に従事する者は半年に1回）定期に健康診断を行う。なお、健康診断の結果については、当該従業員に通知する。

2　前項の健康診断のほか、法令で定められた有害業務に従事する従業員に対し、特別の項目について健康診断を行う。

3　前2項以外で、自動車の運転に支障を及ぼす病気等を把握するため、会社が必要と判断した場合は、医師による診断、面接指導、検査等を追加して実施することがある。

4　乗務員は、前3項以外で、自動車の運転に支障を及ぼす病気等の所見があると診断を受けた場合等は会社に報告しなければならない。

5　長時間の労働により疲労の蓄積が認められ、従業員からの申出があった場合には、医師による面接指導を行う。

6　第1項から第4項までの健康診断、従業員からの報告、又は面接指導の結果、必要と認められるときは、一定期間の就業の禁止、就業時間の短縮、業務内容の変更その他健康確保及び安全運転のため必要な措置を命ずることがある。

7　従業員は会社が健康診断を実施するときはこれを拒んではならない。ただし、他の医師による健康診断を受け、その結果を証明する書面を提出した場合はこの限りでない。

【第60条】健康診断

1　事業者は、一般健康診断を1年以内ごとに1回（深夜労働その他安衛則第13条第1項第3号で定める業務に従事する者は6か月以内ごとに1回）定期に実施しなければなりません（安衛法第66条第1項）。なお、事業者には、一般健康診断の結果を各労働者に通知することが義務付けられています（安衛法第66条の6）。また、健康診断の費用については、法で事業者に健康診断の実施を課している以上、当然、事業者が負担しなければなりません。

2　粉じんや有機溶剤を取り扱う等有害な業務に従事する労働者には、一般健康診断のほかに特殊健康診断の実施が必要です（安衛法第66条第2項）。なお、特殊健康診断を行わなければならない有害業務については、有機溶剤中毒予防規則等労働安全衛生関係規則で定められています。

3　上記の健康診断について、労働者が、事業者の指定した医師が行う健康診断を受け

103

ること希望しない場合において、他の医師による健康診断を受け、その結果を証明する書類を提出したときには、当該労働者については会社による健康診断を実施する必要はありません（安衛法第66条第5項）。

4 労働者が入社日前3か月以内に健康診断を実施し、その結果を証明する書類を提出した場合には、受診した項目について雇入時の健康診断を省略することができます。

5 健康診断情報は、個人情報保護法では「要配慮個人情報」とされ、その取得に当たっては、あらかじめ本人の同意を得ることが必要とされていますが、安衛法に基づき実施し、これにより労働者の身体状況、病状、治療等の情報を取得する場合など法令に基づく場合、本人の同意は不要とされています。

　ただし、これらは機微な情報であるため、適正な管理に向け、厚生労働大臣が示す指針に基づく措置を講じなければなりません（安衛法第104条、労働者の心身の状態に関する情報の適正な取扱いのために事業者が講ずべき措置に関する指針、安全衛生管理規程第17条第2項、P.206参照）。なお、同指針はCD-ROMに収録しています。

6 第3項については、安衛法により定められた健康診断に加え、車の運転に支障を及ぼすおそれのある疾病を把握するため、必要に応じ追加の措置を実施できるよう規定したものです。

　これについて、運輸規則第21条第5項（同規則第48条第1項第4号の2及び第5号の2）では、事業者は「乗務員の健康状態の把握に努め、疾病、疲労、睡眠不足その他の理由により安全な運転……をすることができないおそれがある乗務員を事業用自動車に乗務させてはならない」としています。

　また、国土交通省自動車局から「事業用自動車の運転者の健康管理マニュアル」が公表され、自動車の運転に支障を及ぼすおそれのある、脳・心臓疾患、重度の眠気の症状を呈する睡眠障害等の把握について、これらの前兆や自覚症状を確認することや適性診断などを活用し、症状の程度が著しいかなどを総合的に判断し、必要と認める場合は医師による診断や面接指導、所見に応じた検査を受診させ、乗務に係る意見（乗務の可否、乗務の際の配慮事項）を聴取する必要があるとされています。

7 道路交通法第66条で「過労、病気、薬物の影響その他の理由により、正常な運転ができないおそれがある状態で車両等を運転してはならない」とされています。また、上記「事業用自動車の運転者の健康管理マニュアル」において、運転者から自動車の運転に支障を及ぼすおそれのある疾病について診断、治療等の報告を受けたときは、医師から乗務に係る意見聴取を行うことが望ましいとされています。第4項は、これらを踏まえ、乗務員の報告義務を定めたものです。

8 事業者は、休憩時間を除き1週間当たり40時間を超えて時間外労働又は休日労働をさせた場合におけるその超えた時間が、1か月当たり80時間を超え、かつ、疲労

の蓄積が認められる労働者について、その者の申出により医師による面接指導を行わなければなりません（安衛法第66条の8第1項、安衛則第52条の2、第52条の3）。なお、この措置を適切に行うため、安衛法上、平成31年4月以降、事業者は、労働者の労働時間の状況を把握すること（安衛法第66条の8の3）、1か月80時間を超える時間外・休日労働を行った労働者にその情報を速やかに通知すること、及び労働者の労働時間に関する情報を産業医に通知すること（安衛法第13条第4項）が義務付けられていますので留意してください（第14条の解説**1**及び第24条の解説**9**参照）。 改正

　また、時間外労働及び休日労働の時間が上記の時間を超えなくても、健康への配慮が必要な労働者に対しては、面接指導又は面接指導に準ずる措置を講ずるよう努めなければなりません（安衛法第66条の9、安衛則第52条の8）。

　なお、この面接指導の結果は、記録を作成し、5年間保存しなければならないとされています（安衛則第52条の6）。

9　安衛法により、健康診断又は面接指導の結果（異常の所見があると診断された労働者に係るものに限ります。）に基づき、当該労働者の健康を保持するために必要な就業上の措置について、医師（産業医が適当）の意見を、健康診断が行われた日から3か月以内に、聴取しなければならないとされています。また、意見聴取により、必要があると認めるときは、作業の転換、労働時間の短縮、深夜業の回数の減少等の措置を講じなければなりません（安衛法第66条の4、第66条の5、第66条の8第4項及び第5項等）。

　なお、健康診断結果に基づく就業上の措置の決定・実施の手順等及び留意事項について、厚生労働省から「健康診断結果に基づき事業者が講ずべき措置に関する指針」（平8.10.1公示第1号。CD-ROM に収録しています。）が示されていますので参考にしてください。

　また、就業上の措置の決定については、健康診断結果について医師からの意見聴取を行い、当該労働者の意見を聴き、労働者の了解を得られるよう努めることが適当とされています。

10　健康診断等の事務に従事した者は、実施によって知った労働者の秘密を漏らしてはなりません（安衛法第105条）。

11　事故の未然防止のため、薬物検査を実施している会社もありますが、その実施については、結果が会社に連絡されることを含め労働者の同意が必要であるため、同検査実施の根拠を就業規則に次のように規定している例もあります。

Ⅰ　従業員就業規則

> （薬物検査）
> 第○条　安全に業務を遂行し、事故を未然に防ぐため、必要であると認めたときは、薬物検査を行うことを明示した上で、従業員に薬物検査を行うことがある。
> 2　従業員は正当な理由なく前項の検査を拒んではならない。

（ストレスチェック）

第61条　従業員に対しては、毎年1回、定期に、医師、保健師等による心理的な負担の程度を把握するための検査（ストレスチェック）を行う。

2　前項のストレスチェックの結果、ストレスが高く、面接指導が必要であると医師、保健師等が認めた従業員に対し、その者の申出により医師による面接指導を行う。

3　前項の面接指導の結果、必要と認められるときは、就業場所の変更、作業の転換、就業時間の短縮、深夜業の回数の減少等、必要な措置を命ずることがある。

【第61条】ストレスチェック

1　事業者は、心理的な負担の程度を把握するための検査（ストレスチェック）を1年以内ごとに1回、定期に実施しなければなりません（安衛法第66条の10第1項）。なお、ストレスチェック及びその結果を踏まえた面接指導の費用については、法で事業者に実施の義務を課している以上、当然、事業者が負担しなければなりません。

2　ストレスチェックは、医師、保健師又は所定の研修を修了した歯科医師、看護師、精神保健福祉士若しくは公認心理師により行われる必要があります（安衛則第52条の10第1項）。また、ストレスチェックの結果は、医師、保健師等から労働者に直接通知されなければならず、本人の同意がない限り、事業者は把握してはいけません（安衛法第66条の10第2項）。

3　ストレスチェックの結果、ストレスが高く、面接指導が必要であると医師、保健師等が認めた労働者に対し、その者が申し出た場合には、医師による面接指導を行わなければなりません（安衛法第66条の10第3項）。

4　事業者は、面接指導の結果を踏まえた就業上の措置について医師の意見を聴き、その意見を勘案して、作業の転換、労働時間の短縮、深夜業の回数の減少等の措置を講

106

じなければなりません（安衛法第66条の10第5項、第6項）。

5 労働者の同意を得て事業者に提供されたストレスチェックの結果及び医師による面接指導の結果は、事業者が記録を作成し、5年間保存しなければならないとされています（安衛則第52条の13、第52条の18）。

6 個人情報保護法第18条において、「個人情報取扱事業者は、個人情報を取得した場合は、あらかじめその利用目的を公表している場合を除き、速やかに、その利用目的を本人に通知し、又は公表しなければならない」とされています。

7 ストレスチェックを実施する医師、保健師等が、労働者の同意を得ないでストレスチェックの結果を事業者に提供することは禁止されています（安衛法第66条の10第2項）。ただし、労働者が面接指導を申し出た場合には、同意が得られたものとみなすことが可能です（心理的な負担の程度を把握するための検査及び面接指導の実施並びに面接指導結果に基づき事業者が講ずべき措置に関する指針（平27.4.15公示第1号）の11(3)ア）。

（深夜業従事者に係る措置）

第62条　深夜業に従事する従業員から、自発的健康診断の結果を証明する書面が提出されたときは、その結果を記録し、必要と認められるときは第60条第6項に掲げる措置を講ずることがある。

【第62条】深夜業従事者に係る措置

　　乗務員など深夜業に従事する労働者に対しては、「自発的健康診断」という制度が設けられています（安衛法第66条の2、安衛則第50条の2）。

（疾病等による就業禁止等）

第63条　他人に感染するおそれのある疾病にかかっている者、心臓、腎臓、肺等の疾病で労働のため病勢が著しく増悪するおそれのある者、その他医師が就業不適当と認めた者は、就業させない。

2　前項の規定により、就業を禁止しようとするときは、あらかじめ、医師の意見を聴くものとする。また、従業員は、前項に該当するおそれがあるときは、直ちに会社に届け出なければならない。

I　従業員就業規則

> 3　従業員は、同居の家族又は同居人が他人に感染するおそれのある疾病に
> かかり、又はその疑いのある場合には、直ちに所属長に届け出て、必要な
> 指示を受けなければならない。
> 4　第1項の規定により、就業を禁止した期間については、賃金を支給しない。

【第63条】疾病等による就業禁止等

1　本規則は、伝染性の疾病にかかっている者、勤務することによって病勢が著しく悪化するおそれのある者等を就業させると、本人自身の健康状態を悪化させるのみならず、他の従業員やお客様の健康をも害し、あるいは悪影響を及ぼすおそれがあるため、これらの就業を禁止したものです。

　危険性の高い一定の感染症にかかった労働者の就業制限又は就業禁止については、感染症法又は安衛法に規定されています。

　まず、感染症法では、1類から5類感染症に分類し、1類から3類の感染症（SARS、コレラ、H5N1型鳥インフルエンザ、腸管出血性大腸菌感染症など）と新型インフルエンザの患者について、都道府県知事の指定により入院若しくは就業を制限されることがあります。

　安衛法第68条（安衛則第61条）では、

① 病毒伝ぱの恐れのある伝染性の疾病にかかった者

② 心臓、腎臓、肺等の疾病で労働のため病勢が著しく増悪する恐れのあるものにかかった者

③ 前各号に準ずる疾病で厚生労働大臣が定めるものにかかった者

について、就業禁止を規定しています。

　①の病毒伝ぱの恐れのある伝染性疾病にかかった者については、昭和47年9月18日の通達では、「病毒伝ぱのおそれがある結核、梅毒、トラコーマ、流行性結膜炎及びこれに準じる伝染性疾患に罹っている者」と例示されていましたが、平成12年3月30日基発第207号（以下「207号通達」といいます。）で、感染症対策は感染症法に一元化されたこと、衛生水準の向上により、同例示は削除されています。

　②については、207号通達で、「例えば、体動により息切れ、浮腫、チアノーゼ、高度の発熱、意識そう失等の症状が容易に発現する程度の心、血管、腎、肺及び気管支、肝等の疾患にかかっていること」が明らかであるため労働することが不適当であると認められた者と示されています。

　なお、かつては、自傷、他害のおそれのある者に対する就業禁止が規定されていましたが、現在は、精神保健福祉法に基づき都道府県知事が行う措置入院により就業禁

止と同等の措置が担保されることとなったので、同通達により、削除されています。これらの削除された疾病等に係る就業制限を規定している場合は、業務の内容、就業場所の状況や感染防止等の措置の状況により、規定の見直しを行うことが望ましいでしょう。

2 本条によって就業を禁止しようとするときは、慎重かつ適正に行われるよう、事前に産業医、専門医の意見を聴かなければならないとされています（安衛法第68条、安衛則第61条第2項）。

3 就業禁止規定に関連して賃金の取扱いが問題となります。従業員側の事由による疾病や感染症法による就業禁止の場合は、会社側の事由によるものではありませんので、賃金支払義務は生じず無給であっても問題はありませんが、本条第4項のように有給か無給か明確に定めておくべきでしょう。

ただし、例えば新型インフルエンザの感染防止対策として、感染者が出た職場の従業員を感染の確定を問わず一斉に休業させるなどの場合には休業手当（平均賃金の60％以上）の支払義務が生じます。

（安全衛生教育）

第64条 従業員に対し、雇入時及び作業内容が変更されたときは、業務に必要な安全衛生教育を行う。

2 安全衛生上特定の資格、講習を必要とする業務に従事する従業員については、必要な講習等を受講させる。

【第64条】安全衛生教育

1 事業者は、労働者を雇い入れた時や作業内容を変更したときは、労働者に対し、従事する業務に必要な安全及び衛生に関する教育を行わなければなりません（安衛法第59条）。

タクシー事業においては、教育の一環として交通事故防止、労働災害防止等の安全教育、講習会等に出席させることも必要でしょう。

2 安全衛生教育の実施に要する時間は労働時間と解されますので、当該教育が法定労働時間外に行われた場合には、当然、割増賃金の支払が必要になります。

I　従業員就業規則

（労災補償）

第65条　従業員が業務上の事由又は通勤により負傷し、疾病にかかり、又は死亡したときは、労働基準法及び労働者災害補償保険法の定めるところにより災害補償を行う。

【第65条】労災補償

1　労働者災害補償保険（以下「労災保険」といいます。）制度は、業務上の事由又は通勤による労働者の負傷、疾病、障害、死亡等について必要な保険給付を行い、あわせて被災した労働者の社会復帰の促進、当該労働者及びその遺族の援護等を図ることを目的とした政府管掌の災害補償制度です。

　ただし、業務災害により休業する場合の最初の3日間は、労災保険からの休業補償給付が行われませんので、事業主は、労基法に基づいて平均賃金の60％以上の休業補償を行う必要があります。

2　国の直営事業及び官公署の事業(労基法別表第1に掲げる事業を除きます。)を除き、労働者を使用するすべての会社は、労災保険に加入しなければなりません（ただし、労働者数5人未満の個人経営の農林水産の事業（業務災害の発生のおそれが多いものとして厚生労働大臣が定めるものを除きます。）については、任意適用となっています。）。

3　労災保険の適用事業場の労働者であれば、パートタイム労働者や臨時社員等、名称及び雇用形態にかかわらず、すべて労災保険が適用されます。

第7章　教育及び研修

第7章　教育及び研修

（従業員教育）

第66条　会社は、従業員に対し、人格識見、業務能力、技術の向上等を図るため必要に応じて教育及び研修を行う。

第7章　教育及び研修　【第66条】従業員教育

　職業訓練に関する事項は、就業規則の相対的必要記載事項（労基法第89条第7号）に当たりますのでこれらの定めをする場合には、必ず就業規則に記載しなければなりません。

（乗務員の指導教育）

第67条　会社は、乗務員に対し、運行の安全の確保と旅客サービスの向上を図るため、次に掲げる事項につき、旅客自動車運送事業運輸規則（以下「運輸規則」という。）及び指導監督指針（平成13年国土交通省告示第1676号）並びに別に定める「乗務員指導要領」に基づき、継続的かつ計画的に指導教育を行う。

　①　主として運行する営業区域の状態に関する事項

　②　運行の安全を確保するために必要な運転技術・知識に関する事項

　③　法令に定める自動車の運転に関する事項

　④　旅客及び公衆に対する応接に関する事項

2　会社は、次に掲げる特定乗務員に対しては運輸規則に基づき特別指導を行うとともに、適性診断を受けさせる。

　①　事故惹起乗務員

　②　初任乗務員

　③　65歳以上の乗務員

111

3 第1項の乗務員指導要領による乗務員の指導監督の徹底を図るため次の者を選任する。

① 指導主任者（指導監督に関する事項を総括処理する者）

② 指導主任補助者（指導主任者の業務を補佐する者）

③ 教育実施者（指導教育の実施者）

4 運行管理者は、乗務員に対する交通安全教育の必要性かつ重要性を十分認識し、運行管理規程に基づき、乗務員に対して効果的かつ適切な指導監督を実施しなければならない。

5 乗務員は、本条の教育の実施に当たって、正当な理由なくこれを拒んではならない。

【第67条】乗務員の指導教育

1 タクシー事業の基本的責務である「輸送の安全の確保」及び「良質なタクシーサービスの提供」を図るためには、高い運転技術、業務に関する豊富な知識、適切な接遇などが極めて重要であり、乗務員教育はタクシー事業の中心的な経営課題の1つとして、平素から、計画性をもって効果的に実施する必要があります。

2 本条第1項は、運輸規則第38条第1項に基づき、乗務員の指導教育に当たっての基本的な教育方針を定めた規定です。「旅客自動車運送事業者が事業用自動車の運転者に対して行う指導及び監督指針」（平13.12.3国土交通省告示第1676号）では、次のとおり、具体的な指導教育項目を規定しています。

① タクシーを運転する心構え

② タクシーの運行の安全、乗客の安全を確保するために遵守すべきこと

③ タクシーの構造上の特性

④ 乗車中の乗客の安全を確保するために留意すべき事項

⑤ 乗客が乗降するときの安全を確保するために留意すべき事項

⑥ 営業区域における道路及び交通の状況

⑦ 危険の予測及び回避並びに緊急時における対応方法

⑧ 運転者の運転適性に応じた安全運転

⑨ 交通事故に関わる運転者の生理的及び心理的要因とこれらへの対処方法

⑩ 健康管理の重要性

⑪ 安全性の向上を図るための装置を備えるタクシーの適切な運転方法

3 本条第2項は、運輸規則第38条第2項に基づく特定乗務員に対する特別指導と適性診断受診の義務について定めたものです。本条第3項は、乗務員指導要領による指

第7章　教育及び研修

導監督の指導体制について、第4項は運行管理者の責務について、第5項は乗務員の
受講義務について、それぞれ定めたものです。

（受験・受講）

第68条　会社は、特定の資格、講習を必要とする業務に従事する従業員に
　　ついて、必要な講習等を受講させ、また、各種の試験を受けさせることが
　　ある。

2　従業員は、資格試験に合格した場合には速やかに会社に届け出るものと
　　する。

（乗務員養成）

第69条　会社は、乗務員養成のため、従業員に対し、第2種免許資格取得
　　養成制度を実施することがある。

2　第2種免許資格取得のための講習及び資格試験に要する費用の負担につ
　　いては別に定める。

【第69条】乗務員養成

1 近年、乗務員の人材確保対策として、自社あるいは他社と連携し、従業員に対し第
2種免許資格取得のための養成制度を設けている会社も多くありますので、これに関
する規定例を示しています。

2 資格取得のための費用の負担については、労基法第16条の「使用者は、労働契約
の不履行について違約金を定め、又は損害賠償額を予定する契約をしてはならない。」
という規定に留意する必要があります。

　例えば、いったん事業者が所要の費用を与え、一定期間事業者の下で勤務しない場
合は損害賠償としてその額だけ払わせることとすれば、損害賠償予定の契約と考えら
れることがあり、その場合は労基法第16条違反となります。これに対し、費用の援
助が純然たる貸借契約として定められたもの、すなわち、その一般的返還方法が労働
契約の不履行と無関係に定められ、単に労働した場合は返還義務を免除することが定
められているにすぎないと認められる場合は、違反しないと解されます。

113

I　従業員就業規則

第8章
福利厚生

第8章　福利厚生

（福利厚生施設）

第70条　従業員は、会社の福利厚生施設を利用する場合は、定められた規則、手続等を遵守し、施設の保全に努め、明朗健全な運営に協力しなければならない。

第8章　福利厚生　【第70条】福利厚生

　労基法上、福利厚生施設等を設けることが義務付けられているものではありませんが、例えば、住宅の貸与、社員食堂の設置、被服の貸与、生活資金の貸付、健康管理施策などの福利厚生施設又は福利厚生制度を設ける場合は就業規則の相対的必要記載事項（労基法第89条第10号）に該当し、また、社宅費等を徴収する場合は、同条第5号（労働者の費用負担に関する事項）に該当しますので、就業規則に記載が必要です。

（被服等の貸与）

第71条　会社は、従業員に対し、業務に必要な被服等を貸与する。貸与を受けた者は、次の各号を遵守しなければならない。

①　貸与された被服等は業務中に限り着用すること。

②　貸与された被服等の紛失又は本人の過失とみられる損傷等の場合は、その費用を本人の負担とすることがある。

③　退職の場合において、貸与された被服等の返納がないときは、その被服等に見合う金額を負担しなければならない。

【第71条】被服等の貸与

　被服等の貸与は、労基法が同貸与を義務付けているものではありませんが、被服等を貸与する場合は労基法第89条第10号に該当し、また、被服等を貸与し、一定の事

第8章　福利厚生

由により労働者に負担が発生している場合は、同条第5号に該当するのでその取扱い
を定めておく必要があります。

（慶弔金等）

第72条　会社は、従業員又はその家族の慶弔、罹病、罹災等の場合には、
　　別に定める慶弔規程により祝い金、見舞金又は香料を支給する。

【第72条】慶弔金等

　　慶弔に係る祝い金、見舞金等の支給は、労基法ではその支給を義務付けているもの
ではありませんが、同祝い金、見舞金等の支給制度を設ける場合は、労基法第89条
第10号の「当該事業場の労働者のすべてに適用される定め」に該当しますので、従
業員及びその家族に慶弔があったときの祝い金、見舞金等の支給基準について定めを
置くことが必要です。

　　本条では、別に定める慶弔規程（略）で具体的に定めることとしています。

Ⅰ　従業員就業規則

第9章　表彰及び懲戒

第9章　表彰及び懲戒

（表　彰）

第73条　会社は、従業員が次のいずれかに該当するときは表彰する。

① 業務上有益な創意工夫、作業改善等を行い、事業の発展に貢献したとき

② 永年にわたって誠実に勤務し、勤務成績が優秀で他の模範となるとき

③ 乗務員が長期間無事故・無違反で勤務したとき

④ 技能優秀、業務に誠実で他の模範となるとき

⑤ サービス良好でお客様その他から賞揚されたとき

⑥ 運輸、警察当局等により表彰されたとき

⑦ 事故、盗難等を未然に防ぎ、又は非常時に際し特に功労があったとき

⑧ 社会的功績を上げ、会社、従業員の名誉となったとき

⑨ その他前各号に準ずる善行又は功労があったとき

2　表彰に当たっては、賞状を授与するほか、賞金（品）を授与等することがある。

第9章　表彰及び懲戒

　表彰及び制裁について、その種類及び程度に関する事項は、就業規則の相対的必要記載事項（労基法第89条第9号）に当たりますので、これらについて定めをする場合には、必ず就業規則に記載しなければなりません。

【第73条】表　彰

　表彰は、労働者の士気を高め、会社の業績や生産性の向上等を図ることを目的として設けられるものです。

第9章 表彰及び懲戒

（懲戒の種類）

第74条 懲戒の種類は、次のとおりとする。

① 口頭注意　　口頭により将来を戒める。

② けん責　　　始末書を提出させ将来を戒める。

③ 減給　　　　始末書を提出させ、減給する。ただし、減給の額は1回の額が平均賃金の1日分の半額を超え、総額が一賃金支払期間の賃金の10分の1を超えることはない。

④ 乗務停止　　始末書を提出させ、一定期間乗務を停止し、再教育を受けさせ、又は他の業務に従事させる。

⑤ 出勤停止　　始末書を提出させ、○日以内の出勤を停止し、その間の賃金を支給しない。

⑥ 降格　　　　始末書を提出させ、資格又は役職を降格させる。

⑦ 諭旨解雇　　懲戒解雇相当の事由があるものの、本人が深く反省していると認められるときは、退職届の提出を勧告することがある。ただし、○日以内に退職しないときは、懲戒解雇とする。

⑧ 懲戒解雇　　予告期間を設けることなく、即時に解雇する。この場合、所轄労働基準監督署長の認定を受けたときは解雇予告手当を支給しない。

【第74条】懲戒の種類

1 服務規律や企業秩序を維持するための制度として、懲戒の定めをする場合においては、就業規則の相対的必要記載事項（労基法第89条第9号）に当たりますので、その「種類」及び「程度」に関する事項を記載することが必要です。懲戒の種類としては本条に掲げるものなどがあり、程度とは一定の事由に該当する場合の制裁の程度をいいます。制裁の程度は、制裁の事由との間の均衡を十分考慮して規定することが求められます。

2 第3号の減給の制裁については、1回の額が平均賃金の1日分の半額を超え、総額が一賃金支払期における賃金の総額の10分の1を超えてはならない（労基法第91条）こととされています。

　例えば、平均賃金が1万円であるとき、1事案の制裁では、5千円（1回の額が平均賃金の1日分の半額）を超えることはできませんから、1事案の減給の制裁額を1万円として「当該賃金支払額から1万円を減給する」ことも、「5千円ずつ減給2

117

Ⅰ　従業員就業規則

か月等の処分」をすることもできません。多数の懲戒事案があり、当該賃金支払期における賃金総額の10分の1の額を超えて制裁を行う必要がある場合は、その部分の減給は次の賃金支払期に伸ばすことができます。国家公務員について、減給6か月等の処分がされることがありますが、これは、国家公務員には労基法が適用されず、人事院規則で「1年以内の期間について減給する。」と定められていることによるものです。

3　労働者が、遅刻や早退をした場合、その時間については賃金債権が生じないため、その分の賃金カットは労基法第91条の制限は受けません。しかし、遅刻や早退の時間に対する賃金額を超える減給は制裁とみなされ、労基法第91条に定める減給の制裁に関する規定の適用を受けます。

4　乗務停止の期間中については、出勤させ、教育の受講や、乗務以外の業務に従事させることになりますので、賃金の支払が必要です。

5　第5号の出勤停止の期間については、労基法上の定めはありませんが、無給のため7日程度を限度とする例が多いようです。

6　労働者を第8号の懲戒解雇にする場合であっても、労基法の解雇予告などの手続をとることが必要です。なお、平均賃金の30日分以上の解雇予告手当を支給せず、かつ、即時に解雇するためには、「労働者の責めに帰すべき事由」が存在する場合に、あらかじめ所轄の労働基準監督署長に解雇予告除外認定の申請をし、その認定を受けなければなりません（労基法第20条）。この「労働者の責めに帰すべき事由」とは、労基法第20条の保護を与える必要がない程度に重大又は悪質なもので、事例としては、原則として極めて軽微なものを除き事業場内における盗取、横領、傷害等刑法犯に該当する事案などとなっています（昭23.11.11基発1637号。第76条の解説**4**参照）。

　　労働基準監督署長の解雇予告除外認定は、解雇予告の除外を認めるか否かの認定ですので、認定を受けなくても懲戒解雇はできますが、即時に解雇する場合には、解雇予告手当を支給しなければなりません。

7　懲戒解雇を軽減した処分として諭旨解雇、又は諭旨退職を設けているものがあります。懲戒解雇事案に該当するが、本人に深い反省が認められ、会社に与えた損害を賠償しているなどの場合に、情状酌量するとして、退職届の提出を勧告し、速やかな退職を求めるものですが、所定の期日内に退職に応じない場合は、懲戒解雇とするものです。なお、諭旨解雇による退職は、外形上は自主退職ですが、懲戒の意味を込めて「解雇」と表現しています。

　　なお、諭旨解雇については、退職金制度がある場合に、懲戒解雇と同様に不支給となるか、減額支給となるのか、就業規則（退職金規程）に明確に定めておかないとトラブルとなることがありますので注意してください（本規則第54条第2項・第3項）。

第9章　表彰及び懲戒

（けん責、減給、出勤停止等）

第75条　従業員が次のいずれかに該当するときは、情状に応じ、口頭注意、けん責、減給、乗務停止、出勤停止又は降格とする。

①　正当な理由なく、無断欠勤したとき

②　正当な理由なく、しばしば遅刻、早退、欠勤するなど勤務を怠ったとき

③　本人の過失により交通事故を起こし、会社に損害を与えたとき

④　上司の指示に従わず、又は素行不良により会社の秩序を乱したとき

⑤　性的な言動により他人に不愉快な思いをさせ、又は職場の環境を悪化させたとき。また、妊娠、出産、育児休業等に関する言動により就業環境を害したとき

⑥　職務上の地位等の職場内の優位性を背景に、業務の適正な範囲を超えて、他の従業員等に精神的・身体的苦痛を与え、又は、職場環境等を悪化させたとき

⑦　正当な理由なく、職場（車両を含む。）から離脱したとき

⑧　許可なく会社の物品を私用に供し、又は持ち出しもしくは持ち出そうとしたとき

⑨　自動車運転免許証、その他車両の運転に必要な書類などを携帯せず車両を運転したとき

⑩　就業時間中に会社が定めた制服、制帽を着用しないとき

⑪　運行記録計を不正に操作し、又は記録紙（メモリーカード）を使用しないとき

⑫　乗車拒否、乗車禁止地区における乗車などの行為をしたとき

⑬　お客様の接遇、その他対応に当たり不適切な行為があったとき

⑭　事業用自動車による最高速度違反行為、違法駐車、営業に係る不適切行為等について、措置・指導等を受けたことを報告しなかったとき

⑮　火気もしくは危険物の取扱いを粗略にし、又は所定の場所以外で喫煙をしたとき

⑯　保健、衛生に関する指示に従わなかったとき

⑰　職務上知り得た個人情報及び会社・取引先の秘密情報を正当な理由なく、社外に漏らしもしくは漏らそうとし、又は業務以外の用途に使用したとき

119

> ⑱　会社の許可なく社外のウェブサイト等に社内及び業務に関する情報及び
> それに準ずる情報を書き込んだとき
> ⑲　業務中に暴行、脅迫、暴言、又はこれらに類する行為をしたとき
> ⑳　部下に対して必要な指示、注意、指導を怠ったとき。または、部下が行
> った懲戒に該当する行為について監督責任があるとき
> ⋮
> ○　前各号のほか、本規則、乗務員服務規律、その他会社の諸規程、交通法
> 規又は諸法令に違反したとき
> ○　前各号に準ずる行為があったとき

【第75条】けん責、減給、出勤停止等

1 本条では、「口頭注意、けん責、減給、乗務停止、出勤停止又は降格」の6種類の懲戒を行う場合の事由を定めています。本項は例示ですので、各社の実情に即して修正又は追加してください。

2 懲戒処分については、国鉄札幌運転区事件（昭54.10.30最高裁第三小法廷判決）において、使用者は規則や指示・命令に違反する労働者に対しては、「規則の定めるところ」により懲戒処分をなし得ると述べられています。したがって、就業規則に定めのない事由による懲戒処分は懲戒権の濫用と判断されることになります。

　　また、懲戒の事由の内容について、労基法上の制限はありません。しかし、契約法第15条において「使用者が労働者を懲戒することができる場合において、当該懲戒が、当該懲戒に係る労働者の行為の性質及び態様その他の事情に照らして、客観的に合理的な理由を欠き、社会通念上相当であると認められない場合は、その権利を濫用したものとして、当該懲戒は、無効とする。」と定められており、懲戒に合理性がない場合、懲戒権の濫用と判断される場合があります。

3 一般的に懲戒事由となるのは、①職務怠慢行為、②業務命令・服務規律遵守等に関する違反行為、③施設管理等に関する違反行為、④会社に対して経営上又は社会的に損害を与えた行為、⑤就業時間外、業務外の行為であっても、会社及び会社関係者に影響を与える行為などがありますが、判例は、懲戒事由に関して限定列挙したものとする傾向にありますので、できるだけ具体的に定めることが必要です。

4 懲戒処分の対象者に対しては、規律違反の程度に応じ、過去の同種事例における処分内容等を考慮して公正な処分を行う必要があります。また、本人から事情をよく聴取し、弁明の機会を与える等適正な手続を踏むことが必要です。

裁判においては、使用者の行った懲戒処分が公正とは認められない場合には、当該懲戒処分について懲戒権の濫用として無効であると判断したものもあります。

また、就業規則に懲戒規定を設ける以前にした労働者の行為に対して、さかのぼって懲戒処分を行うことや、1回の懲戒事由に該当する行為に対し複数回の懲戒処分を行うことはできません。

5 本条第1号の無断欠勤の日数については、特に制限がありませんが、会社の労務管理の実情に基づき定めてください。

6 本条第5号及び第6号については、均等法第11条、第11条の2、育児・介護休業法第25条などの法改正を踏まえて、職場における妊娠、出産、育児・介護休業等に関するハラスメントやセクシャルハラスメントの防止を本規則第12条の第8号及び第9号に規定していることから、同条項違反を懲戒の事由としたものです。

なお、厚生労働省が公表している「事業主が職場における妊娠、出産等に関する言動に起因する問題に関して雇用管理上講ずべき措置についての指針」（平28.8.2厚生労働省告示第312号）、「事業主が職場における性的な言動に起因する問題に関して雇用管理上講ずべき措置についての指針」（平18.10.11厚生労働省告示第615号）及び「子の養育又は家族の介護を行い、又は行うこととなる労働者の職業生活と家庭生活との両立が図られるようにするために事業主が講ずべき措置に関する指針」（平21.12.28厚生労働省告示第509号）において、職場における妊娠・出産・育児介護休業等に関するハラスメントに係る言動を行った者、又はセクシャルハラスメントの行為者については、厳重に対処する旨の方針及び対処の内容を就業規則等の文書に規定し、管理監督者を含む労働者に周知・啓発することとされています。

7 部下の不祥事についてその管理者を懲戒処分する場合は、上司の行為が就業規則のどの懲戒事由に該当するか明確である必要があります。そこで本条第20号のように懲戒事由としての管理監督責任の懈怠を規定しておくとよいでしょう。

（懲戒解雇）

第76条 従業員が次のいずれかに該当するときは、懲戒解雇とする。ただし、情状により前条の懲戒にとどめ、又は諭旨解雇とすることがある。

① 正当な理由なく無断欠勤○日以上に及び、出勤を督促しても応じないとき

② しばしば遅刻、早退、欠勤を繰り返し、再三にわたって注意しても改まらないとき

③　雇入れの際、採用条件の要素となる重大な経歴を偽ったとき

④　正当な理由なく、しばしば業務上の指示・命令に従わず、再三にわたって注意しても改まらないとき

⑤　許可なく在籍のまま他に就職もしくは他社の役員に就任し又は自己の営業を行ったとき

⑥　酒気を帯びもしくは薬物を使用して運転し、又は勤務外であっても飲酒運転・薬物使用（所持を含む。）その他タクシー会社の従業員としてあるまじき行為をしたとき

⑦　本人の故意又は重大な過失により交通事故を起こし、会社に重大な損害を与えたとき

⑧　会社の内外において窃盗、横領、傷害等刑法犯に該当する行為をし、会社の名誉、信用を傷つけたとき

⑨　会社の内外における賭博その他著しく風紀を乱す行為をしたとき

⑩　第12条第8号又は第9号に繰り返し違反し、その情状が悪質と認められるとき

⑪　職務上の地位を利用して私利を図り、業務に関して不正な金品を受け又は求めたとき

⑫　業務に関し会社を欺き、会社に損害を与えたとき

⑬　業務上の地位を利用して自己の利益を図ったとき

⑭　業務上知り得た会社の秘密もしくは会社が不利益となる事項を社外に漏らし、又は漏らそうとしたとき

⑮　職務上知り得た個人情報又は会社・取引先の機密情報を、故意又は重大な過失により社外に漏らし又は業務以外の用途に使用することにより、会社に損害を与えもしくは信用を失墜させたとき、又は業務の正常な運営を阻害したとき

⑯　故意又は重大な過失により車両、機械器具、工作物、建造物、その他の物品を毀損し、又は紛失したとき

⑰　許可なくもしくは偽って会社の車両を持ち出し、私用に供しもしくは他人に使用させたとき、又は許可なく会社の車両を放置したとき

⑱　故意に適正な納金を行わなかったとき

⑲　運賃・料金メーターの不正操作、メーターの封印破壊、不当運賃・料金請求もしくは収受、乗車チケット・各種カードの不正使用、又はこれらに準ずる行為があったとき

第9章 表彰及び懲戒

⑳　繰り返し運行記録計を使用せず運行したときもしくは度重なる乗車拒否、又はこれらに準ずる行為があったとき

㉑　会社の諸施設又は車両を不当に占拠したとき

㉒　再三にわたる無線等の取扱いの応答拒否、又は通話妨害等の行為があったとき

㉓　業務中に暴行、脅迫、暴言、又はこれに類する重大な行為をしたとき

㉔　帰庫時のアルコール検査でアルコールが検出されたとき、又は出庫時のアルコール検査で繰り返しアルコールが検出されたとき

㉕　重大な報告を怠り、又は虚偽の報告を行ったとき

　⋮

○　重要な服務規律に違反し、又は前条各号の違反行為を繰り返し、会社の秩序、風紀を乱したとき

○　その他前各号に準ずる重大な行為があったとき

2　前項の懲戒解雇事由に該当する行為があった者に対し、審査等のため必要があるときは、処分決定まで必要な期間、就業を禁止し、自宅待機させることがある。

【第76条】懲戒解雇

1 労基法第89条第3号に定める「退職に関する事項（解雇の事由を含む。）」は、就業規則の絶対的必要記載事項であり、懲戒解雇も解雇ですから就業規則に規定する必要があります。第1項では懲戒解雇とする場合の事由を定めています。本項は例示ですので、各社の実情に即して修正又は追加してください。

2 懲戒解雇は懲戒処分の中でもいわば極刑に相当する重大な結果を伴うものですから、当該懲戒解雇が社会通念上相当と認められる事由に限定して列挙する必要があります。

　　また、運用に当たっては、従業員の行為が懲戒解雇事由に該当したことが客観的に証明できる場合であることはもちろん、会社としてもなすべき対応は尽くしていたと証明できる状況にある（各種の物的証拠がある）ことが求められます。

3 本条第2項は、懲戒解雇処分の実施前の就業禁止（自宅待機）を定めた規定です。

　　懲戒事由に該当する者に対して、調査、審査のため、あるいは証拠隠滅の防止、企業秩序・対外的信用保持のため、処分の決定前に必要な期間就業を禁止するもので、懲戒処分としての「出勤停止」とは異なります。

4 懲戒解雇の事由は、社会通念上相当であれば、会社において実情に応じ定めて差し支えありません。労基法第20条の解雇予告除外認定事由として通達で例示されているものは以下のとおりです（昭23.11.11基発1637号）が、これと同じであることは求められていません（第74条の解説**6**参照）。

① 横領・傷害等刑法犯に該当する場合

② 賭博、風紀紊乱等職場秩序を乱した場合

③ 採用条件の要素となる経歴を詐称した場合

④ 他の事業場へ転職した場合

⑤ ２週間以上正当な理由なく無断欠勤し、出勤の督促に応じない場合

⑥ 出勤不良常ならず、数回にわたり注意しても改めない場合　など

第10章 定年、退職及び解雇

第10章
定年、退職及び解雇

第10章　定年、退職及び解雇

（定年等）

第77条　従業員の定年は、満○歳とし、当該年齢に達した日の直後の賃金締切日をもって退職とする。

2　前項の規定にかかわらず、定年以降も引き続き勤務を継続することを希望し、第76条もしくは第79条に定める解雇事由又は第78条に定める退職事由に該当しない従業員については、満△歳に至るまで、会社は1年以内の期間を定めて再雇用する。

第10章　定年、退職及び解雇

　　退職等労働契約の終了に関することは、会社や労働者の双方にとって重要な事項であり、労基法第89条第3号により、絶対的必要記載事項として必ず就業規則に記載しなければなりません。労働者が、何らかの理由によりその身分を失う場合、それが定年なのか、解雇なのか、任意退職なのか、合意退職なのかなどによって法律上重大な違いがありますし、退職、解雇などをめぐって法律上いろいろな紛争が生ずることがありますので、手続、理由などについて明確に定めることが必要です。

【第77条】定年等

1 定年とは、労働者が一定の年齢に達したことを退職事由とする労働契約終了に関する制度をいいます。

2 労働者の定年を定める場合は、定年年齢は60歳を下回ることはできません（高年齢者雇用安定法第8条）。

3 高年齢者雇用安定法第9条において、事業主には65歳までの雇用確保措置が義務付けられています。したがって、定年（65歳未満のものに限ります。）の定めをしている事業主は、①定年の引上げ、②継続雇用制度の導入、又は③定年の定めの廃止、のいずれかの措置を講じなければなりません。本規則では②の規定例を示しています。

　　なお、平成25年3月31日までに労使協定により継続雇用制度の対象者を限定する

125

I　従業員就業規則

基準を定めていた事業主については、高年齢者雇用安定法の一部を改正する法律の経過措置として、2025（令和7）年3月31日までは、老齢厚生年金の支給開始年齢以上の年齢の者について継続雇用制度の対象者を限定する基準によることが認められています。

（退　職）

第78条　前条に定めるもののほか、従業員が次のいずれかに該当するときは、退職とする。

　①　退職を願い出て会社から承認されたとき又は退職願を提出して14日を経過したとき

　②　第36条に基づく休職期間が満了し、なお休職事由が消滅しないとき

　③　死亡したとき

【第78条】退　職

1　期間の定めのない雇用の場合、労働者はいつでも退職を申し出ることができます。

　また、会社の承認がなくても、民法の規定により退職（解約）の申入れをした日から2週間を経過したときは、退職となります（民法第627条第1項）。なお、民法上は、期間によって報酬が定められている場合には、解約の申入れは次期以後についてすることができ、しかも当期の前半にしなければならないこととなっています（民法第627条第2項）。

　退職に関する規定例をみると、民法第627条第2項までは求めないのが一般的なため、本条では申出後14日経過で退職することとしています。

2　第2号の休職期間の満了については、退職事由として規定されていますので、これに該当した時点で自動的に雇用契約が終了することになり、特段の意思表示等を行う必要はありません。

（解　雇）

第79条　第76条に基づき懲戒解雇する場合のほか、従業員が次のいずれかに該当するときは、普通解雇することがある。

① 第8条に定める試用期間中の者であって、従業員として不適格と認められたとき

② 勤務成績又は業務能率が著しく不良で、向上の見込みがなく、他の職務にも転換できない等、就業に適さないと認められたとき

③ 精神又は身体の障害により業務に耐えられないと認められたとき

④ 業務上の負傷又は疾病による療養の開始後3年を経過しても当該負傷又は疾病が治らない場合であって、従業員が傷病補償年金を受けているとき又は受けることとなったとき（会社が打切り補償を支払ったときを含む。）

⑤ 事業の休廃止、縮小又は部門の閉鎖等事業の運営上やむを得ない事情により、従業員の削減が必要となったとき

⑥ 天災事変その他これに準ずるやむを得ない事情により、事業の継続が困難となったとき

⑦ その他前各号に準ずるやむを得ない事情があるとき

2 前項の規定により従業員を解雇するときは、30日前に予告するか又は平均賃金の30日分の解雇予告手当を支払う。ただし、試用期間中の従業員（14日を超えて引き続き使用されるに至った者を除く。）はこの限りでない。

【第79条】解 雇

1 労基法第89条第3号に定める「退職に関する事項（解雇の事由を含む。）」は、就業規則の絶対的必要記載事項です。平成15年の労基法の改正で、解雇をめぐる紛争を未然防止する観点から、就業規則の絶対的記載事項である「退職に関する事項」に「解雇の事由を含む。」が明記されました。また、労働契約の締結の際に書面により明示すべき事項である退職に関する事項として、「退職の事由及び手続、解雇の事由等を明示しなければならないこと。」が追加され、「当該明示すべき事項の内容が膨大なものとなる場合においては、労働者の利便性をも考慮し、当該労働者に適用される就業規則上の関係条項名を網羅的に示すことで足りる」（平15.10.22基発第1022001号）とされています。

2 労基法第89条には、就業規則に規定する解雇の事由について特段の制限はありません。しかし、契約法第16条において、「解雇は、客観的に合理的な理由を欠き、社会通念上相当であると認められない場合には、その権利を濫用したものとして、無効とする。」とされています。

I　従業員就業規則

　また、労基法を始め様々な法律で解雇が禁止される場合が定められています。就業規則に解雇の事由を定めるに当たっては、これらの法律の規定に抵触しないようにしなければなりません。

◆解雇が禁止されている場合（主なもの）◆

禁止される解雇	法条文
① 労働者の国籍、信条、社会的身分を理由とする解雇	労基法第3条
② 労働者の性別を理由とする解雇	均等法第6条第4号
③ 労働者の業務上の負傷、疾病による休業期間とその後30日間及び産前産後の休業の期間（産前6週間（多胎妊娠の場合は14週間）以内又は産後8週間以内の女性が休業する期間）とその後30日間の解雇	労基法第19条第1項
④ 労働者が労働基準監督機関に申告したことを理由とする解雇	労基法第104条第2項 安衛法第97条第2項 最低賃金法第34条第2項
⑤ 女性労働者が婚姻したこと、妊娠・出産したこと等を理由とする解雇 ※女性労働者の妊娠中又は産後1年以内になされた解雇は、事業主が妊娠等を理由とする解雇でないことを証明しない限り無効とされています（均等法第9条第4項）。	均等法第9条第2項、第3項
⑥ 労働者が、個別労働関係紛争に関し、都道府県労働局長にその解決の援助を求めたことを理由とする解雇	個別労働関係紛争の解決の促進に関する法律第4条第3項
⑦ 労働者が、均等法、育児・介護休業法及びパートタイム労働法に係る個別労働紛争に関し、都道府県労働局長に、その解決の援助を求めたり、調停の申請をしたことを理由とする解雇	均等法第17条第2項、第18条第2項 育児・介護休業法第52条の4第2項、第52条の5第2項 パートタイム労働法第24条第2項、第25条第2項
⑧ 労働者が育児・介護休業等の申出をしたこと、又は育児・介護休業等をしたことを理由とする解雇	育児・介護休業法第10条、第16条、第16条の4、第16条の7、第16条の10、第18条の2、第20条の2、第23条の2
⑨ 労働者が労働組合の組合員であること、労働組合に加入し、又はこれを結成しようとしたこと、労働組合の正当な行為をしたこと等を理由とする解雇	労働組合法第7条
⑩ 公益通報をしたことを理由とする解雇	公益通報者保護法第3条

　なお、③については、業務上の事由による負傷、疾病の労働者が療養開始後3年を経過した日において傷病補償年金を受けている場合（又はその日以降、同年金を受けることになった場合）又は天災事変その他やむを得ない事由によって事業の継続が不

128

第10章　定年、退職及び解雇

可能となったときで事前に労働基準監督署長の認定を受けた場合は、解雇の制限があります。

3　労働者を解雇するときは、原則として少なくとも30日前に予告するか、又は平均賃金の30日分以上の解雇予告手当を支払うことが必要です（労基法第20条第1項）。また、解雇予告の日数は平均賃金を支払った日数だけ短縮することができます（労基法第20条第2項）。

　　ただし、

　　①　日々雇い入れられる者（1か月を超えた者を除く。）

　　②　2か月以内の期間を定めて使用される者（所定の期間を超えた者を除く。）

　　③　季節的業務に4か月以内の期間を定めて使用される者（所定の期間を超えた者を除く。）

　　④　試の使用期間中の者（14日を超えた者を除く。）

　　には予告する必要はありません。

　　また、下記の（ア）又は（イ）の場合であって、所轄労働基準監督署長の認定を受けたときも解雇の予告は必要ありません。

　　（ア）天災事変その他やむを得ない事由で事業の継続が不可能となったとき

　　　　　例：火災による焼失、地震による倒壊など

　　（イ）労働者の責に帰すべき事由によって解雇するとき

　　　　　例：第76条の解説**4**参照。

（退職後の義務）

第80条　退職し又は解雇された後においても、従業員であった者は在職中に知り得た事業に関する機密、個人情報（顧客情報、人事・健康管理情報）等を使用し、又は他に漏らしてはならない。

【第80条】退職後の義務

　　企業秘密等の漏えいは、退職した従業員によってなされることもありますので、それを防ぐために、退職後の守秘義務について定めたものですが、退職後も秘密保持義務を課したい秘密事項の範囲を明確に定めてください。

　　なお、退職後の従業員には効力を及ぼさないという説もありますので、併せて、退職時に退職時秘密保持誓約書を徴するべきでしょう。

129

I 従業員就業規則

（退職時の証明等）

第81条 従業員が退職し又は解雇された場合において、使用期間、業務の種類、地位、賃金、退職の事由又は解雇の理由について証明書を請求したときは、遅滞なくこれを交付する。

2 第79条第2項により解雇の予告を受けた従業員が、予告期間中に解雇の理由について証明書を請求した場合においては、遅滞なくこれを交付する。

【第81条】退職時の証明等

本条第1項は、労基法第22条第1項で「労働者が、退職の場合において、使用期間、業務の種類、その事業における地位、賃金又は退職の事由（退職の事由が解雇の場合にあっては、その理由を含みます。）について証明書を請求した場合においては、使用者は、遅滞なくこれを交付しなければならない。」とされていることに対応した規定です。

本条第2項は、労基法第22条第2項で「労働者が、第20条第1項の解雇の予告がされた日から退職の日までの間において、当該解雇の理由について証明書を請求した場合においては、使用者は、遅滞なくこれを交付しなければならない。」とされていることに対応した規定です。

（貸与金品の返還）

第82条 従業員は、退職又は解雇されたときは、速やかに、従業員証、記章、乗務員証、運転者手帳、健康保険被保険者証その他会社から貸与された物品を返還し、会社に債務あるときはこれを完済しなければならない。

2 社宅等に居住する者は、退職又は解雇の日から○か月以内に原状回復の上明け渡さなければならない。

【第82条】貸与金品の返還

従業員との雇用関係が終了した際は、できるだけ早期に各種の貸与関係、債権債務関係を清算すべきであり、本条は、会社側の請求の根拠を規定したものです。労基法は、「使用者は、労働者の死亡又は退職の場合において、権利者の請求があった場合においては、7日以内に賃金を支払い、積立金、保証金、貯蓄金その他名称の如何を問わず、労働者の権利に属する金品を返還しなければならない。」（労基法第23条）と規定していますので、留意してください。

附　則

附　則

（施行期日）

　本規則は、○年○月○日から施行する。

　本規則の改正は、○年○月○日から施行する。

　本規則の改正は、○年○月○日から施行する。

【施行期日】

　附則では、就業規則の施行日を定めています。就業規則の改正が行われた場合は、その経過も示されます。

# II 職種・雇用形態に応じた就業規則

Ⅱ　職種・雇用形態に応じた就業規則

1
定時制乗務員就業規則

第1章　総　則

（目　的）

第1条　この定時制乗務員就業規則（以下「本規則」という。）は、従業員就業規則第1条第1項に基づき、○○タクシー株式会社（以下「会社」という。）の定時制乗務員の労働条件、服務規律その他の就業に関する事項を定めることを目的とする。

2　本規則及び本規則に付属する諸規程等に定めのない事項については、法令又は労働協約の定めるところによる。

（定　義）

第2条　本規則において「定時制乗務員」とは、有期労働契約を締結した乗務員であって、所定勤務時間がおおむね週30時間未満のものをいう。

（規則の遵守）

第3条　会社及び定時制乗務員は、本規則及び諸規程等を遵守し、各々その義務を履行し、相協力して社業の発展に努めなければならない。

【第1条～第3条】

1 この定時制乗務員就業規則は、準用規定はあるものの、定時制乗務員の労働条件全般について網羅的に規定しています。これは、「この規則に規定がない事項は従業員就業規則（本則）による」とすると、万が一、定時制乗務員就業規則のある規定が無効になった場合に本則が適用されることとなるリスクを避けるためです。

2 本モデルでは、規則が膨大となることを避けるため、「準用」（ある事項に関する規定を他の類似の事項に必要な変更を加えて当てはめること）を多用しています。こうすると、定時制乗務員と通常の乗務員の労働条件等を比較できるので両者の共通点又は差が明確になります。また、準用元の従業員就業規則が改正されると定時制乗務員就業規則も改正されたことになるので、就業規則の改正作業を簡便に行うことができ

134

ます。

　ただし、準用元をその都度参照することが煩瑣と感ずる場合は、同様の条文を書き下すこともももちろん可能です。

3　第2条で定時制乗務員の定義を置いています。本モデルでは定時制乗務員は有期契約の短時間労働者であることを前提にしていますが、期間の定めのない労働者とすることも当然あり得ます。

　また、所定勤務時間をおおむね30時間未満としているのは、社会保険の適用除外として扱うためです。ただし、平成28年10月から従業員規模501人以上の企業においては週20時間以上の短時間労働者が適用対象とされ、現在、厚生労働省の社会保障審議会年金部会において、この規模要件を引き下げる検討が行われていることに留意してください。

4　働き方改革関連法の成立に伴い、従来の「短時間労働者の雇用管理の改善等に関する法律」（パートタイム労働法）が改正され、「短時間労働者及び有期雇用労働者の雇用管理の改善等に関する法律」（短時間・有期雇用労働法）と法律名が改称されました。同法は、大企業については2020（令和2）年4月1日から、中小企業については2021（令和3）年4月1日から、それぞれ施行されます（中小企業の範囲はP.53の中小事業主の範囲と同じです。）。また、これに併せ、「短時間・有期雇用労働者及び派遣労働者に対する不合理な待遇の禁止等に関する指針」（平30.12.28厚生労働省告示第430号。同一労働同一賃金ガイドライン）も策定されましたので、短時間・有期雇用労働者の労働条件の設定に当たり留意する必要があります。　**改正**

5　短時間・有期雇用労働法では、その第8条において、「事業主は、その雇用する短時間・有期雇用労働者の基本給、賞与その他の待遇のそれぞれについて、当該待遇に対応する通常の労働者の待遇との間において、当該短時間・有期雇用労働者及び通常の労働者の業務の内容及び当該業務に伴う責任の程度（以下「職務の内容」という。）、当該職務の内容及び配置の変更の範囲その他の事情のうち、当該待遇の性質及び当該待遇を行う目的に照らして適切と認められるものを考慮して、不合理と認められる相違を設けてはならない。」とされています（現在は、契約法第20条に同趣旨の規定があります。）。

　また、同法第9条において、「事業主は、職務の内容が通常の労働者と同一の短時間・有期雇用労働者であって、当該事業所における慣行その他の事情からみて、当該事業主との雇用関係が終了するまでの全期間において、その職務の内容及び配置が当該通常の労働者の職務の内容及び配置の変更の範囲と同一の範囲で変更されることが見込まれるものについては、短時間・有期雇用労働者であることを理由として、基本給、賞与その他の待遇のそれぞれについて、差別的取扱いをしてはならない。」とされて

135

Ⅱ　職種・雇用形態に応じた就業規則

います。 改正

6 短時間・有期雇用労働者が事業主に対し、通常の労働者との待遇差について理由等の説明を求めたときは、これに応じなければなりません（短時間・有期雇用労働法第14条第2項）。 改正

第2章　採用等

（採用等）
第4条　定時制乗務員の採用等については、従業員就業規則第4条から第7条までを準用する。

【第4条】

1 定時制乗務員の採用等について、従業員就業規則の規定を準用しています。ただし試用期間については、本規則第5条で独自の規定を設けているため準用していません。また、人事異動及び役職の任免に関する事項も準用していません。

2 労働条件の明示に関する規定も準用していますが、労働条件通知書については通常の労働者と内容が大きく異なることになりますので留意してください（CD-ROM収録の「労働条件通知書（定時制乗務員）」参照）。

（試用期間）
第5条　新たに採用した定時制乗務員の試用期間は、採用した日から14日間とする。なお、会社はこの期間を短縮し、又は設けないことがある。

　2　前項の期間中に定時制乗務員として不適格と認めた者は解雇することがある。

【第5条】

1 定時制乗務員については、より短期の試用期間を定めています。14日は例示ですので、各社の実情に応じて定めてください。

2 14日以内（休日を含みます。）に解雇する場合には、労基法第20条の解雇予告又

は解雇予告手当の支払の適用はありません（労基法第21条）。

（異　動）

第6条　定時制乗務員が従業員就業規則の適用を受ける乗務員への異動を希望した場合であって、会社が勤務成績等を審査し適当と認めたときは異動させることがある。

【第6条】

　定時制乗務員が通常の乗務員（フル勤務の乗務員）への異動を希望した場合の取扱いを定めています。

（契約期間及び更新）

第7条　定時制乗務員の契約期間は原則として1年とする。ただし、△歳以上の定時制乗務員については、6か月とする。

2　契約更新を希望する定時制乗務員は、契約期間が満了する2か月以上前までに会社に申し出るものとする。

3　前項の申出があった定時制乗務員については、会社は次の基準により審査し適当と認めたときは、契約更新することがある。

　①　安全に運行できる健康状態にあること

　②　勤務成績・勤務態度が良好であること

　③　服務規律を始めとする本規則の遵守状況が良好であること

　④　車両稼働状況、乗務員数、会社の経営状況等

4　前3項の規定にかかわらず、会社を定年退職し再雇用された65歳未満の定時制乗務員が継続雇用を希望する場合は、従業員就業規則第76条もしくは第79条に定める解雇事由又は第78条に定める退職事由に該当しない限り65歳まで継続雇用するものとする。

【第7条】

1　定時制乗務員の契約期間は原則として1年としています。ただし、一定年齢以上の定時制乗務員については、この期間を短縮し、6か月としています。

Ⅱ　職種・雇用形態に応じた就業規則

2　第3項で定時制乗務員の契約更新について規定しています。基準については、会社の実情に応じ修正又は追加してください。

3　第4項は、定年後定時制乗務員になった者について、高年齢者雇用安定法第9条に基づき、65歳まで原則として継続雇用することとするものです。

　ここで「従業員就業規則第76条もしくは第79条に定める解雇事由又は第78条に定める退職事由に該当しない限り」との条件を付けているのは、「高年齢者雇用確保措置の実施及び運用に関する指針」(平24.11.9厚生労働省告示第560号)において「心身の故障のため業務に堪えられないと認められること、勤務状況が著しく不良で引き続き従業員としての職責を果たし得ないこと等就業規則に定める解雇事由又は退職事由に該当する場合には、継続雇用しないことができる。」とされていることを踏まえたものです。

　65歳を超えた後は、本条第2項及び第3項により、毎回、基準に従い審査の上、更新の可否を判断することになります(無期転換権が発生しないことが前提ですが、この扱いについては、第8条の解説**2**及び**3**参照)。

(無期転換)

第8条　定時制乗務員(会社を定年退職し再雇用された者を除く。)のうち、通算契約期間が5年を超える者は労働契約法第18条に基づく申込みを会社に行うことにより、現在の契約期間満了の翌日から無期転換乗務員に転換することができる。この場合の労働条件、服務規律その他の就業に関する事項は、無期転換従業員就業規則に定めるところによる。

2　前項に該当し無期転換を希望する定時制乗務員は、契約期間が満了する2か月以上前に無期転換申請書を会社に提出するものとする。

【第8条】

1　平成30年4月から無期転換ルールが本格的に実施されていることに留意してください。

2　「無期転換ルール」とは、有期労働契約(期間の定めのある労働契約)が反復更新されて通算5年を超えたときは、労働者の申込みにより、期間の定めのない労働契約(無期労働契約)に転換できる(会社は断ることができない。)ルールをいいます(契約法第18条)。

　定年後の再雇用者について有期特措法に基づく特例の適用を希望する事業主は、継

138

続雇用の高齢者に関する「第二種計画認定・変更申請書」を、所轄労働基準監督署を経由し都道府県労働局長に提出し、認定を受けることができます。この認定により、有期雇用労働者（継続雇用の高齢者）については、その事業主に定年後引き続いて雇用される間は、無期転換申込権が発生しません。ただし、当初から有期契約労働者として雇用された者、他社を定年退職後有期契約により新採用された者等については、特例の適用はありませんので無期転換ルールが適用されます。

3 第1項では「会社を定年退職し再雇用された者を除く。」（無期転換ルールを適用しない）としていますが、この取扱いを可能とするためには、あらかじめ上記**2**の労働局長の認定を受けておくことが必要となります。

4 第2項で2か月以上前に無期転換申請書を提出することとしていますが、これは訓示規定として定めたものであり、この期日を守らなくても無期転換の申出は有効となりますので留意してください。

第3章　服務規律

（服務規律）
第9条　定時制乗務員の服務規律については、従業員就業規則第3章を準用する。

【第9条】

　　定時制乗務員の服務規律については、従業員就業規則第3章をすべて準用しています。

第4章　勤　務

（定時制乗務員の勤務時間等）
第10条　定時制乗務員の勤務形態は、隔日勤務又は日勤勤務とする。
2　隔日勤務に従事する定時制乗務員の勤務時間等は、次のとおりとする。

① 28日を変形期間とする変形労働時間制を採用し、1勤務の所定勤務時間は14時間30分、週の所定労働時間は28日間を平均して30時間未満とする。

② 変形労働時間制の変形期間の起算日は○年○月○日とする。

③ 定時制乗務員の変形期間における所定勤務日数は、原則として通常の乗務員の勤務日数の4分の3未満とし、各人ごとに定める。

④ 隔日勤務の各シフト別の始業・終業時刻及び休憩時間は次表のとおりとする。ただし、業務の都合その他やむを得ない事情により、始業・終業の時刻を繰り上げ又は繰り下げることがある。

[隔日勤務のシフト基準]

勤務シフト	始業時刻	終業時刻	所定勤務時間	休憩時間（合計3時間）
A	6時30分	0時00分	14時間30分	8時から12時までに○分 14時から20時までに○分 21時から23時までに○分
B	7時30分	1時00分		9時から13時までに○分 15時から21時までに○分 22時から24時までに○分
C	8時30分	2時00分		10時から14時までに○分 16時から22時までに○分 23時から1時までに○分
D	9時30分	3時00分		11時から15時までに○分 17時から23時までに○分 0時から2時までに○分
E	11時30分	5時00分		13時から17時までに○分 19時から1時までに○分 2時から4時までに○分

3 日勤勤務に従事する定時制乗務員の勤務時間等は次のとおりとする。

① 4週14勤14休制とし、1日の所定勤務時間は8時間とする。

② 日勤勤務の各シフト別の始業・終業時刻及び休憩時間は次表のとおりとする。ただし、業務の都合その他やむを得ない事情により、始業・終業の時刻を繰り上げ又は繰り下げることがある。

[日勤勤務のシフト基準]

	始業時刻	終業時刻	休憩時間（合計2時間）
昼日勤A	6時00分	16時00分	9時から11時までに○分 13時から15時までに○分
昼日勤B	7時00分	17時00分	10時から12時までに○分 14時から16時までに○分
昼日勤C	8時00分	18時00分	11時から13時までに○分 15時から17時までに○分
夜日勤A	17時00分	翌日3時00分	20時から22時までに○分 24時から2時までに○分
夜日勤B	18時00分	翌日4時00分	21時から23時までに○分 1時から3時までに○分
夜日勤C	19時00分	翌日5時00分	22時から24時までに○分 2時から4時までに○分
夜日勤D	20時00分	翌日6時00分	23時から1時までに○分 3時から5時までに○分

4 　定時制乗務員ごとの勤務日と勤務時間を定めた勤務交番表については、各人に勤務開始日の○日前までに案を示し、調整を行った上で△日前までに各人に通知するものとする。

5 　定時制乗務員の始業時刻は、出社後出庫するまでに行われる点呼、始業前点検等に要する時間を◇分と取り扱い、出庫時刻の◇分前とする。定時制乗務員の終業時刻は、帰庫後の納金、報告、洗車、点呼等に要する時間を△分と取り扱い、帰庫時刻の△分後とする。ただし、実際に当該時間を超えた場合であって、定時制乗務員が理由を明らかにして申し出、かつ、会社が認めたときは、その時間により始業・終業時刻を確定する。

6 　定時制乗務員の休憩時間は隔日勤務にあっては合計3時間、日勤勤務にあっては合計2時間とし、原則としてシフト基準で指定された時間帯に取得するようにしなければならない。なお、継続○分以上車両が停止していた場合であって、定時制乗務員から特段の申出がない時間については、その間、休憩を取得したものとして取り扱うものとする。

Ⅱ　職種・雇用形態に応じた就業規則

【第10条】

　　労働時間の取扱いについては、勤務回数を除き、フル勤務の乗務員とほぼ同様の規定としています。

（休　日）

第11条　定時制乗務員の休日は次のとおりとする。

　①　４週を通じ８日以上の休日を与える。

　②　各人ごとの休日は、勤務交番表により示すものとする。

２　業務の都合により会社が必要と認める場合は、あらかじめ前項の休日を他の日と振り替えることがある。

【第11条】

1　本規則では第10条で、隔日勤務については通常の乗務員の勤務日数の４分の３未満、日勤勤務については４週14勤14休制としていますが、本条の規定上は８日以上の休日を与えることとしています。

2　４週を通じ８日以上の休日を与えることとしていますので、定時制乗務員は４週４日与えなければならない法定休日に勤務することはないことになります。

（時間外労働）

第12条　定時制乗務員の時間外労働については、従業員就業規則第24条（法定休日に関する部分を除く。）を準用する。

【第12条】

　　前条の規定を受け、法定休日労働に関する部分は、準用していません。

（年次有給休暇、休業等）

第13条　定時制乗務員の年次有給休暇及び休業等については、従業員就業規則第４章第３節（第27条第９項を除く。）及び第４節を準用する。

| 1 | 定時制乗務員就業規則 |

> **2** 　年次有給休暇の期間は、各人の平均賃金により計算した額を支給する。

【第13条】

1 　従業員就業規則第4章の第1節（勤務時間、休憩及び休日）、第2節（出張）、第5節（休職）及び第27条第9項（年次有給休暇の賃金）の規定は準用していません。休職については、第14条で独自に規定しています。

2 　定時制従業員についても年次有給休暇の規定は当然適用されます。特に平成31年4月から施行された5日間の確実な取得については、適切に対応してください（P.59以下参照）。 改正

3 　第2項については、定時制乗務員の場合は健康保険法上の被保険者になっていない場合が多いことから、「標準報酬月額の30分の1に相当する額」を使用せず、平均賃金によることとしています。なお、健康保険法第40条第1項は「標準報酬月額は、被保険者の報酬月額に基づき、次の等級区分……によって定める。」（以下略）と規定しています。

4 　平均賃金については、労基法第12条に「これを算定すべき事由の発生した日以前3箇月間にその労働者に対し支払われた賃金の総額を、その期間の総日数で除した金額をいう。」とされています。

　さらに、①ここで「3箇月間」とは、暦日（休日を含みます。）によること、②「賃金の総額」には、時間外・休日・深夜労働手当、通勤手当、年次有給休暇の賃金などが含まれ、臨時に支払われた賃金等一定のものは算入しないこと、③賃金締切日がある場合には算定事由の発生した日の直前の賃金締切日から起算すること、④平均賃金の最低保障の規定（出来高払制その他の請負制の場合は、その部分の総額をその期間中に労働した日数で除した金額の100分の60）があること、など詳細に定められていますので、留意してください。

> **（休　職）**
> **第14条**　定時制乗務員が次の各号のいずれかに該当するときは、所定の期間休職とする。
> 　①　業務外の傷病による欠勤が2か月を経過し、なお療養のための休業を必要とするとき又は復職後6か月以内に再発して欠勤が引き続き1か月を超えたとき

Ⅱ　職種・雇用形態に応じた就業規則

> ②　刑事事件に関し身柄を勾留され、又は起訴されたとき
> ③　自動車運転免許証の失効（停止）等により乗務できないとき
> ④　正当な事由なく欠勤が 14 日以上に及んだとき
> ⑤　その他会社が前各号に準ずる事情があると認めたとき
> 2　前項の休職期間は、契約期間の残余期間の範囲内で、会社が適当と認めた期間とする。
> 3　休職期間中に休職事由が消滅したときは、元の職務に復職させる。
> 4　第 1 項第 1 号により休職を命ぜられた定時制乗務員が、傷病が治癒する等により就業が可能となった場合には、医師の診断書を添付し、復職願いを提出しなければならない。この場合、休職期間中であっても復職を命ずる。
> 5　休職期間中は賃金を支給しない。

【第 14 条】

1　休職とは、業務外での疾病等主に労働者側の個人的事情により相当長期間にわたり就労を期待し得ない場合に、労働者としての身分を保有したまま一定期間就労義務を免除する特別な扱いをいいます。

2　休職期間が満了し、なお休職事由が消滅しないときは、自動的に退職になる旨を本規則第 22 条第 1 項第 3 号に規定しています。

3　同一労働同一賃金ガイドラインでは、病気休職について、「短時間労働者（有期雇用労働者である場合を除く。）には、通常の労働者と同一の病気休職の取得を認めなければならない。また、有期雇用労働者にも、労働契約が終了するまでの期間を踏まえて、病気休職の取得を認めなければならない。」としています。短時間・有期雇用労働法については、中小企業では 2021（令和 3）年 4 月からの適用となっていますが、本規則ではこのガイドラインを踏まえ、定時制乗務員にも病気休職を含む休職制度を適用する規定例としています。

　なお、同ガイドラインでは、労働契約の期間が 1 年である有期雇用労働者については、病気休職の期間を労働契約の期間が終了する日までとすることは問題ないとしています。 改正

第5章　賃　金

（賃金通則）
第15条　定時制乗務員の賃金の支払等については、従業員就業規則第5章第1節を準用する。

（賃金の構成）
第16条　定時制乗務員の賃金の構成は次のとおりとする。

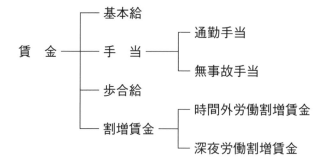

（基本給、歩合給等）
第17条　定時制乗務員の基本給、歩合給、割増賃金及び保障給等については、従業員就業規則第44条、第45条、第47条（法定休日労働に関する部分を除く。）及び第48条を準用する。

【第15条～第17条】

　賃金通則については、第15条で従業員就業規則（賃金支払等、賃金の支払と控除、非常時払い及び従業員の昇給）をすべて準用しています。第17条で基本給、歩合給、割増賃金（法定休日労働に関する部分を除きます。）及び保障給等についても準用しています。なお、諸手当については、次条で規定しているため、準用していません。

Ⅱ　職種・雇用形態に応じた就業規則

（定時制乗務員の手当）

第18条　定時制乗務員の手当は、通勤手当及び無事故手当とする。

２　通勤手当は、非課税限度内において、通勤に要する実費に相当する額を支給する。この場合、通勤経路は経済的かつ合理的な最短経路によるものとする。

３　無事故手当は、一賃金計算期間における所定勤務日数の○割以上出勤し、かつ、無事故・無違反であった乗務員に対し、月額△円を支給する。

（定時制乗務員の賞与）

第19条　定時制乗務員の賞与については、従業員就業規則第49条を準用する。

【第18条～第19条】

1　通勤手当については、同一労働同一賃金ガイドラインにおいて「短時間・有期雇用労働者にも、通常の労働者と同一の通勤手当……を支給しなければならない。」としていますので、支給する例としています。　改正

2　定時制乗務員には精皆勤手当は支給しない規定としています。同一労働同一賃金ガイドラインでは「通常の労働者と業務の内容が同一の短時間・有期雇用労働者には、通常の労働者と同一の精皆勤手当を支給しなければならない。」とされています。

　しかし、同ガイドラインでは、「A社においては、考課上、欠勤についてマイナス査定を行い、かつ、そのことを待遇に反映する通常の労働者であるXには、一定の日数以上出勤した場合に精皆勤手当を支給しているが、考課上、欠勤についてマイナス査定を行っていない有期雇用労働者であるYには、マイナス査定を行っていないこととの見合いの範囲内で、精皆勤手当を支給していない。」というケースについて、問題とならない例としています。　改正

3　定時制乗務員の賞与については、従業員就業規則を準用しています。

　これについて、同一労働同一賃金ガイドラインにおいては、「賞与であって、会社の業績等への労働者の貢献に応じて支給するものについて、通常の労働者と同一の貢献である短時間・有期雇用労働者には、貢献に応じた部分につき、通常の労働者と同一の賞与を支給しなければならない。また、貢献に一定の相違がある場合においては、その相違に応じた賞与を支給しなければならない。」とされています。　改正

（退職金制度の非適用）

第 20 条　定時制乗務員には退職金制度は適用しない。

【第 20 条】

　本モデルでは定時制乗務員は有期契約労働者（原則として 1 年）と捉えているため、退職金制度は適用しないこととしています。

　同一労働同一賃金ガイドラインにおいては、退職手当に関する個別の記述はありませんが、基本的な考え方の中で、各社の労使により個別具体の事情に応じて待遇の体系について議論していくことが望ましいとされています（退職手当のほか、住宅手当及び家族手当についても同様の考え方が示されています。）。 改正

第 6 章　安全衛生等

（安全衛生、教育、懲戒等）

第 21 条　定時制乗務員の安全衛生等、教育及び研修、福利厚生並びに表彰及び懲戒については、従業員就業規則第 6 章から第 9 章までを準用する。

【第 21 条】

1　定時制乗務員の①安全衛生等、②教育及び研修、③福利厚生、並びに④表彰及び懲戒については、従業員就業規則を準用しています。準用しない条文がある場合には適宜除外してください。ただし、契約法第 20 条（2020（令和 2）年 4 月以降は短時間・有期雇用労働法第 8 条）に留意してください。

2　定時制乗務員の健康診断については、従業員就業規則を準用しています。

　定期健康診断は、常勤でフルタイムの労働者だけでなく、勤務時間の短いパートタイム労働者等であっても 1 年以上継続勤務しており 1 週間の所定労働時間が通常の労働者の所定労働時間数の 4 分の 3 以上の者にも実施しなければなりません。また、1 週間の所定労働時間が 4 分の 3 未満であっても、通常の労働者の 1 週間の労働時間の 2 分の 1 以上である者に対しては健康診断を実施することが望ましいという厚生労働省の通達（平 19.10.1 基発第 1001016 号）があります。定時制乗務員については過労運転防止、安全運転の確保等の観点から健康診断を実施することが望まれます。

Ⅱ　職種・雇用形態に応じた就業規則

3 同一労働同一賃金ガイドラインでは、本章に関連するものとして、以下のとおり規定されています。 改正

(1)　短時間・有期雇用労働者にも、通常の労働者と同一の慶弔休暇の付与並びに健康診断に伴う勤務免除及び有給の保障を行わなければならない。

(2)　通常の労働者と同一の業務環境に置かれている短時間・有期雇用労働者には、通常の労働者と同一の安全管理に関する措置及び給付をしなければならない。

(3)　通常の労働者と同一の事業所で働く短時間・有期雇用労働者には、通常の労働者と同一の福利厚生施設の利用を認めなければならない。

(4)　教育訓練であって、現在の職務の遂行に必要な技能又は知識を習得するために実施するものについて、通常の労働者と職務の内容が同一である短時間・有期雇用労働者には、通常の労働者と同一の教育訓練を実施しなければならない。また、職務の内容に一定の相違がある場合においては、その相違に応じた教育訓練を実施しなければならない。

第7章　退職及び解雇

（退　職）
第22条　定時制乗務員は、次のいずれかに該当するときは、退職とする。

①　退職を願い出て会社から承認されたとき又は退職願を提出して14日を経過したとき

②　契約期間が満了したとき

③　第14条第2項に基づく休職期間が満了し、なお休職事由が消滅しないとき

④　死亡したとき

2　前項第2号の場合で1年を超えて継続勤務している定時制乗務員について契約を更新しないときは、契約期間満了日の30日前までに予告するものとする。

【第22条】

1 本モデルでは定時制乗務員は有期契約労働者と捉えているため、「契約期間の満了」も退職事由となります。

148

2 第1項第3号については、従業員就業規則第78条の解説**2**参照。

3 第2項は、「有期労働契約の締結、更新及び雇止めに関する基準」（平15.10.22厚生労働省告示第357号）に基づくものです。

第1条（雇止めの予告）

使用者は、期間の定めのある労働契約（当該契約を3回以上更新し、又は雇入れの日から起算して1年を超えて継続勤務している者に係るものに限り、あらかじめ当該契約を更新しない旨明示されているものを除く。）を更新しないこととしようとする場合には、少なくとも当該契約の期間の満了する日の30日前までに、その予告をしなければならない。

4 使用者は、雇止めの予告後に労働者が雇止めの理由について証明書を請求した場合は、遅滞なくこれを交付しなければなりません。雇止めの後に労働者から請求された場合も同様です（有期労働契約の締結、更新及び雇止めに関する基準第2条）。明示すべき「雇止めの理由」は、契約期間の満了とは別の理由とすることが必要です。次の例を参考にしてください。

> ① 前回の契約更新時に、本契約を更新しないことが合意されていたため
>
> ② 契約締結当初から、更新回数の上限を設けており、本契約はその上限に係るものであるため
>
> ③ 担当していた業務が終了・中止したため
>
> ④ 事業縮小のため
>
> ⑤ 業務を遂行する能力が十分ではないと認められるため
>
> ⑥ 職務命令に対する違反行為を行ったこと、無断欠勤をしたことなど勤務不良のため

5 期間の定めのある契約について、反復更新の実態などから、実質的に期間の定めのない契約と変わらないといえる場合や、雇用の継続を期待することが合理的であると考えられる場合、雇止め（契約期間が満了し、契約が更新されないこと）をすることが、客観的に合理的な理由を欠き、社会通念上相当であると認められないときは、当該雇止めが認められない場合があります。この場合には、従前と同一の労働条件で、有期労働契約が更新されることになります（契約法第19条）。

Ⅱ　職種・雇用形態に応じた就業規則

> （解　雇）
> 第23条　定時制乗務員の解雇については、従業員就業規則第79条を準用
> 　　　する。

【第23条】

1　定時制乗務員の解雇（普通解雇）については、従業員就業規則第79条を準用しています。なお、懲戒解雇については本規則第21条ですでに準用済みです。

2　期間の定めのある労働契約（有期労働契約）で働く労働者については、使用者はやむを得ない事由がある場合でなければ、契約期間の途中で労働者を解雇することはできないとされています（契約法第17条第1項）。期間の定めのない労働契約よりも、解雇の有効性は厳しく判断されます。

> （退職後の義務、退職時の証明等）
> 第24条　定時制乗務員の退職後の義務、退職時の証明等及び貸与金品の返
> 　　　還については、従業員就業規則第80条から第82条までを準用する。

【第24条】

　　定時制乗務員の退職後の義務、退職時の証明等及び貸与金品の返還については、いずれも定時制乗務員にも必要なことですので、従業員就業規則をすべて準用しています。

> # 附　則
>
> （施行期日）
> 　　本規則は、○年○月○日から施行する。
> 　　本規則の改正は、○年○月○日から施行する。

150

2　有期従業員就業規則

第1章　総　則

（目　的）
第1条　この有期従業員就業規則（以下「本規則」という。）は、従業員就業規則第1条第1項に基づき、○○タクシー株式会社（以下「会社」という。）の有期従業員の労働条件、服務規律その他の就業に関する事項を定めることを目的とする。

2　本規則及び本規則に付属する諸規程等に定めのない事項については、法令又は労働協約の定めるところによる。

（定　義）
第2条　本規則において「有期従業員」とは、有期労働契約を締結してフル勤務する従業員をいい、会社を定年退職後引き続き雇用された者（以下「再雇用従業員」という。）及び新たに採用された有期従業員（以下「新規有期従業員」という。）を総称する。

　また、従事する職務に応じ、有期従業員は有期乗務員、有期事務職員及び有期整備員に区分する。

（規則の遵守）
第3条　会社及び有期従業員は、本規則及び諸規程等を遵守し、各々その義務を履行し、相協力して社業の発展に努めなければならない。

【第1条～第3条】

1　この有期従業員就業規則は、準用規定はあるものの、有期従業員の労働条件全般について網羅的に規定しています。

2　第2条で有期従業員の定義を置いています。本規則では、

① 　会社を定年退職した後本人の希望に基づき有期労働契約を締結し勤務する者

② 　新規に有期労働契約を締結しフル勤務する者

151

Ⅱ　職種・雇用形態に応じた就業規則

を「有期従業員」とし、かつ、①を「再雇用従業員」、②を「新規有期従業員」と称することとしています。①と②に分けるのは、高年齢者雇用安定法上の取扱いや無期転換権の有無に関連することによります（本規則第４条第３項、第８条参照）。

　また、有期従業員を従事する職務に応じ、「有期乗務員」、「有期事務職員」及び「有期整備員」に区分することとしています。この区分は勤務時間や賃金の取扱いで重要となります。

　なお、①の再雇用従業員のことを「嘱託」と称する会社が多いようです。この場合「嘱託就業規則」としてもかまいませんが、②の新規有期従業員の扱いを明確にしておく必要があります。また再雇用従業員は、定年前からの勤務形態を継続しますので、フル勤務となることはいうまでもありません。ただし、仮にフル勤務の乗務員が定年を機に、又はその数年後に定時制乗務員に移行する場合には、定時制乗務員就業規則が適用されることになります。同様に乗務員以外の者がパート従業員に移行する場合には、パート従業員就業規則が適用になります。

3　短時間・有期雇用労働法については、定時制乗務員就業規則の第１条〜第３条解説参照。

第２章　採用等

（再雇用従業員）

第４条　会社を定年退職した従業員が引き続き勤務を希望する場合は、有期労働契約を締結し、再雇用従業員として再雇用する。この場合、退職の日の３か月前までに申し出るものとする。

　2　再雇用従業員の労働条件の明示、個人情報の利用目的及び異動については、従業員就業規則第５条、第７条、第９条及び第10条を準用する。

　3　65歳未満の再雇用従業員が継続雇用を希望する場合は、従業員就業規則第76条もしくは第79条に定める解雇事由又は第78条に定める退職事由に該当しない限り65歳まで契約を更新するものとする。

【第４条】

1　定年に達した従業員が引き続き勤務を希望する場合の取扱いを定めています。なお、従業員就業規則第77条第２項に同趣旨の規定を置いています。

152

2 第3項で高年齢者雇用安定法第9条第1項第2号に基づき、65歳までの継続雇用制度を定めています。定年年齢が65歳以上の場合には、この規定は不要になります。

3 再雇用従業員については、新規採用するわけではありませんので従業員就業規則の採用に関する規定はほとんど準用する必要はありません。ただし、労働条件の明示（第5条）と個人情報の利用目的（第7条）を準用しています。また、異動に関する第9条（人事異動）及び第10条（役職の任免）も準用しています。

（新規有期従業員の採用等）
第5条　新規有期従業員の採用等については、従業員就業規則第4条から第7条までを準用する。

【第5条】

　新規有期従業員は、新たに採用する者であることから、従業員就業規則の採用に関する規定（試用期間を除きます。）を準用しています。

（試用期間）
第6条　新たに採用した新規有期従業員の試用期間は、採用した日から14日間とする。なお、会社はこの期間を短縮し、又は設けないことがある。
　2　前項の期間中に新規有期従業員として不適格と認めた者は解雇するものとする。

【第6条】

1 新規有期従業員については、より短期の試用期間を定めています。14日は例示ですので、各社の実情に応じて定めてください。

2 14日以内（休日を含みます。）に解雇する場合には、労基法第20条の解雇予告又は解雇予告手当の支払の適用はありません（労基法第21条）。

153

Ⅱ　職種・雇用形態に応じた就業規則

（契約期間及び更新）

第7条　有期従業員の契約期間は、原則として1年とする。ただし、△歳以上の有期従業員については、6か月とする。

2　契約更新を希望する有期従業員は、契約期間が満了する2か月以上前までに会社に申し出るものとする。

3　有期乗務員が前項の申出をした場合であって、会社が次の基準により審査し適当と認めたときは、契約更新することがある。

① 安全に運行できる健康状態にあること

② 勤務成績・勤務態度が良好であること

③ 服務規律を始めとする本規則の遵守状況が良好であること

④ 車両稼働状況、乗務員数、会社の経営状況等

4　有期事務職員又は有期整備員（以下「有期事務職員等」という。）が第2項の申出をした場合であって、会社が次の基準により審査し適当と認めたときは、契約更新することがある。

① 会社が求める業務に十分対応できる能力があること

② 勤務成績・勤務態度が良好であること

③ 服務規律を始めとする本規則の遵守状況が良好であること

④ 業務の状況、会社の経営状況等

【第7条】

1　有期従業員（再雇用従業員にあっては65歳以上の者）については高年齢者雇用安定法第9条の適用がありませんので、契約更新の可否は個別に判断することになります。

2　安全運行の確保等の観点から、一定年齢以上の有期従業員については、契約期間を短くしています。6か月は例示ですから、各社の実情に即して決めてください。

3　第2項及び第3項で有期従業員の契約更新については、有期乗務員と有期事務職員等に分けて規定しています。基準については、会社の実情に応じ修正又は追加してください。

154

2　有期従業員就業規則

（無期転換）

第8条　有期従業員（再雇用従業員を除く。）のうち、通算契約期間が5年を超える者は労働契約法第18条に基づく申込みを会社に行うことにより、現在の契約期間満了の翌日から無期転換従業員に転換することができる。この場合の労働条件、服務規律その他の就業に関する事項は、無期転換従業員就業規則に定めるところによる。

2　前項に該当し無期転換を希望する有期従業員は、契約期間が満了する2か月以上前に無期転換申請書を会社に提出するものとする。

【第8条】

　有期労働契約（期間の定めのある労働契約）が反復更新されて通算5年を超えたときは、労働者の申込みにより、期間の定めのない労働契約（無期労働契約）に転換できる（会社は断ることができない。契約法第18条）という無期転換ルールがあります。このルールを再雇用従業員に適用しないようにするためには、有期特措法に基づく「第二種計画認定・変更申請書」を、所轄労働基準監督署を経由して労働局長に提出し、認定を受ける必要があります。この認定により、再雇用従業員については、その事業主に定年後引き続いて雇用される間は、無期転換申込権が発生しません。

　本規則では、この労働局長の認定を受けていることを前提に規定しています（定時制乗務員就業規則第8条の解説を参照）。

第3章　服務規律

（服務規律）

第9条　有期従業員の服務規律については、従業員就業規則第3章を準用する。

【第9条】

　有期従業員の服務規律については、従業員就業規則をすべて準用しています。

155

Ⅱ　職種・雇用形態に応じた就業規則

第4章　勤　務

（有期従業員の勤務）
第10条　有期従業員の勤務については、従業員就業規則第4章第1節から第4節までを準用する。

（休　職）
第11条　有期従業員が次の各号のいずれかに該当するときは、所定の期間休職とする。
　① 　業務外の傷病による欠勤が2か月を経過し、なお療養のための休業を必要とするとき又は復職後6か月以内に再発して欠勤が引き続き1か月を超えたとき
　② 　刑事事件に関し身柄を勾留され、又は起訴されたとき
　③ 　有期乗務員が自動車運転免許証の失効（停止）等により乗務できないとき
　④ 　正当な事由なく欠勤が14日以上に及んだとき
　⑤ 　その他会社が前各号に準ずる事情があると認めたとき
2 　前項の休職期間は、契約期間の残余期間の範囲内で、会社が適当と認めた期間とする。
3 　休職期間中に休職事由が消滅したときは、元の職務に復職させる。
4 　第1項第1号により休職を命ぜられた有期従業員が、傷病が治癒する等により就業が可能となった場合には、医師の診断書を添付し、復職願いを提出しなければならない。この場合、休職期間中であっても復職を命ずる。
5 　休職期間中は賃金を支給しない。

【第10条〜第11条】
1 　有期従業員の勤務については従業員就業規則第4章第1節（勤務時間、休憩及び休日）、第2節（出張）、第3節（年次有給休暇）及び第4節（休業等）を準用しています。ただし、第5節（休職）の規定は準用していません（第11条で規定しています。）。
2 　年次有給休暇の規定も準用しています。有期従業員は定年の前からの労働関係が実質的に継続していると認められる場合が多いため、勤続期間も継続しているものとして扱うケースが多いと考えられます。

3 第11条については、定時制乗務員就業規則第14条の解説参照。なお、第11条第1項第3号は有期乗務員に限定しています。

第5章　賃　金

（賃金通則）

第12条　有期従業員の賃金の支払については、従業員就業規則第5章第1節を準用する。

（有期乗務員の賃金）

第13条　有期乗務員の賃金については、従業員就業規則第5章第2節を準用する。

（有期事務職員等の賃金）

第14条　有期事務職員等の賃金については、従業員就業規則第5章第3節を準用する。

【第12条〜第14条】

1 賃金通則については、従業員就業規則を準用しています。賃金通則以外については、従業員就業規則と同様、有期乗務員と有期事務職員等に分けて準用しています。

2 本規則では、賞与の規定についても準用から除外していませんので、有期従業員にも賞与が支給される例としています。賞与のほか従業員に支給されている手当等を有期従業員には支給しないこととする場合には、契約法第20条（2020（令和2）年4月以降は短時間・有期雇用労働法第8条）に抵触しないように留意する必要があります。 改正

Ⅱ　職種・雇用形態に応じた就業規則

（退職金制度の非適用）

第15条　有期従業員には退職金制度は適用しない。

【第15条】

　　本モデルでは有期従業員は有期契約労働者（原則として１年）と捉えているため、退職金制度は適用しないこととしています。

第６章　安全衛生等

（安全衛生、教育、懲戒等）

第16条　有期従業員の安全衛生等、教育及び研修、福利厚生並びに表彰及び懲戒については、従業員就業規則第６章から第９章までを準用する。

【第16条】

　　有期従業員の①安全衛生等、②教育及び研修、③福利厚生、並びに④表彰及び懲戒については、従業員就業規則を準用しています。準用しない条文がある場合には適宜除外してください。ただし、契約法第20条（2020（令和２）年４月以降は短時間・有期雇用労働法第８条）に留意してください。

第７章　退職及び解雇

（退　　職）

第17条　有期従業員は、次のいずれかに該当するときは、退職とする。

　①　退職を願い出て会社から承認されたとき又は退職願を提出して14日を経過したとき

　②　契約期間が満了したとき

③ 第11条第2項に基づく休職期間が満了し、なお休職事由が消滅しないとき

④ 死亡したとき

2　前項第2号の場合において、1年を超えて継続勤務している有期従業員について契約を更新しないときは、契約期間満了日の30日前までに予告するものとする。

【第17条】

　本モデルでは有期従業員は有期契約労働者と捉えているため、「契約期間の満了」が退職事由となります。第2項については、定時制乗務員就業規則第22条の解説 **3** 参照。

（解　雇）

第18条　有期従業員の解雇については、従業員就業規則第79条を準用する。

（退職後の義務、退職時の証明等）

第19条　有期従業員の退職後の義務、退職時の証明等及び貸与金品の返還については、従業員就業規則第80条から第82条までを準用する。

【第18条～第19条】

　定時制乗務員就業規則第23条及び第24条の解説参照。

附　則

（施行期日）

　本規則は、○年○月○日から施行する。

　本規則の改正は、○年○月○日から施行する。

II　職種・雇用形態に応じた就業規則

3
パート従業員就業規則

第1章　総　則

（目　的）

第1条　このパート従業員就業規則（以下「本規則」という。）は、従業員就業規則第1条第1項に基づき、○○タクシー株式会社（以下「会社」という。）のパート従業員の労働条件、服務規律その他の就業に関する事項を定めることを目的とする。

2　本規則及び本規則に付属する諸規程等に定めのない事項については、法令又は労働協約の定めるところによる。

（定　義）

第2条　本規則において「パート従業員」とは、有期労働契約を締結し、1日、1週又は1か月の所定勤務時間数又は所定勤務日数が通常の事務職員又は整備員より短い事務職員又は整備員をいう。

（規則の遵守）

第3条　会社及びパート従業員は、本規則及び諸規程等を遵守し、各々その義務を履行し、相協力して社業の発展に努めなければならない。

【第1条〜第3条】

1　このパート従業員就業規則は、準用規定はあるものの、パート従業員の労働条件全般について網羅的に規定しています。

2　第2条でパート従業員の定義を置いています。本モデルでは、短時間勤務の乗務員は定時制乗務員としていますので、本規則の対象は事務職員及び整備員となります。また、パート従業員は有期契約労働者であることを前提にしていますが、期間の定めのない労働契約とすることも当然あり得ます。

3　期間の定めのない労働契約で、かつ、短時間労働で勤務する労働者については、本モデルでは就業規則の規定例を示していません。そのような労働者がいる場合には、

160

本モデルの従業員就業規則、パート従業員就業規則及び無期転換従業員就業規則等を参考に作成してください。

第2章　採用等

（採用等）
第4条　パート従業員の採用等については、従業員就業規則第4条から第7条までを準用する。

（試用期間）
第5条　新たに採用したパート従業員の試用期間は、採用した日から14日間とする。なお、会社はこの期間を短縮し、又は設けないことがある。
2　前項の期間中にパート従業員として不適格と認めた者は解雇することがある。

【第4条～第5条】

　パート従業員の採用等について、第4条で従業員就業規則の規定を準用しています。ただし、試用期間については準用せず、第5条で独自の規定を設けています。また、人事異動及び役職の任免に関する事項も準用していません。

（契約期間及び更新）
第6条　パート従業員の契約期間は原則として1年とする。
2　契約更新を希望するパート従業員は、契約期間が満了する2か月以上前までに会社に申し出るものとする。
3　前項の申出をしたパート従業員については、会社が次の基準により審査し適当と認めたときは、契約更新することがある。
　①　会社が求める業務に十分対応できる能力があること
　②　勤務成績・勤務態度が良好であること
　③　服務規律を始めとする本規則の遵守状況が良好であること

Ⅱ　職種・雇用形態に応じた就業規則

> ④　業務の状況、会社の経営状況等
> 4　前3項の規定にかかわらず、会社を定年退職し再雇用された65歳未満のパート従業員が継続雇用を希望する場合は、従業員就業規則第76条もしくは第79条に定める解雇事由又は第78条に定める退職事由に該当しない限り65歳まで継続雇用するものとする。

【第6条】
　　定時制乗務員就業規則第7条の解説を参照。

> （無期転換）
> 第7条　パート従業員（会社を定年退職し再雇用された者を除く。）のうち、通算契約期間が5年を超える者は労働契約法第18条に基づく申込みを会社に行うことにより、現在の契約期間満了の翌日から無期パートに転換することができる。この場合の労働条件、服務規律その他の就業に関する事項は、無期転換従業員就業規則に定めるところによる。
> 2　前項に該当し無期転換を希望するパート従業員は、契約期間が満了する2か月以上前に無期転換申請書を会社に提出するものとする。

【第7条】
　　定時制乗務員就業規則第8条の解説を参照。

> # 第3章　服務規律
>
> （服務規律）
> 第8条　パート従業員の服務規律については、従業員就業規則第3章（第13条及び第18条を除く。）を準用する。

【第8条】

　パート従業員の服務規律については、乗務員に関する規定である第13条（乗務員の基本心得）及び第18条（報告等）を除き従業員就業規則第3章を準用しています。

第4章　勤　務

（パート従業員の勤務時間等）

第9条　パート従業員の所定勤務時間は、原則として1日6時間以内、1週30時間未満とし、基本的な始業・終業時刻及び休憩時間は次のとおりとする。

　　なお、具体的な始業・終業時刻は、各人との労働契約書で定めるところによる。

始業時刻	終業時刻	休憩時間
午前9時00分	午後4時00分	正午から午後1時まで

2　前項の規定にかかわらず、業務の都合その他やむを得ない事情により、事前に予告の上、前項の始業・終業時刻及び休憩時間を変更することがある。

（休　日）

第10条　パート従業員の休日は週2日以上とし、具体的には、各人との労働契約書で定めるところによる。

2　前項の規定にかかわらず、業務の都合その他やむを得ない事情により事前に予告の上、前項の休日を他の日に振り替えることがある。この場合においても、休日は4週を通じ8日を下回らないものとする。

（時間外労働）

第11条　パート従業員の時間外労働については、従業員就業規則第24条（法定休日に関する部分を除く。）を準用する。

163

II　職種・雇用形態に応じた就業規則

【第9条～第11条】

1　パート従業員の勤務時間等、休日及び時間外労働については、パート従業員の実情に即し独自の規定を置いています。

2　例えば運行管理補助者等で1日8時間を超えて勤務するパート従業員がいる場合には、1か月単位の変形労働時間制に関する規定を設けておくとよいでしょう（従業員就業規則第20条の解説**2**及び**3**参照）。

3　第11条で時間外労働について従業員就業規則を準用していますが、法定休日に関する規定は、第10条を踏まえ、準用から除いています。

（年次有給休暇、休業等）

第12条　パート従業員の年次有給休暇及び休業等については、従業員就業規則第4章第3節及び第4節を準用する。

（休　職）

第13条　パート従業員について、業務外の傷病による欠勤が2か月を経過し、なお療養のための休業を必要とするとき又は復職後6か月以内に再発して欠勤が引き続き1か月を超えたときは、所定の期間休職とする。

2　パート従業員の休職については、有期従業員就業規則第11条第2項から第5項までを準用する。

【第12条～第13条】

1　従業員就業規則第4章の第2節（出張）及び第5節（休職）の規定は準用していません。ただし、休職については、第13条で独自に規定しています。

2　パート従業員についても年次有給休暇の規定は当然適用されます。特に平成31年4月から施行された5日間の確実な取得については、適切に対応してください（P.59以下参照）。 改正

3　パート従業員の年次有給休暇の賃金については、従業員就業規則第27条第9項を準用しています。これにより、年次有給休暇を取得した場合には通常の賃金（時間給の場合、その金額にその日の所定労働時間数を乗じた金額をいいます。労基則第25条第1項第1号）を支払うこととなります。

4　パート従業員の休職制度に関しては、同一労働同一賃金ガイドラインで特に言及されている病気休職についてのみ規定しています。なお、定時制乗務員就業規則第14

条の解説3を参照。 改正

第5章　賃　金

（賃金通則）
第14条　パート従業員の賃金の支払等については、従業員就業規則第5章第1節（第39条第2項及び第3項を除く。）を準用する。

（賃金の構成）
第15条　パート従業員の賃金の構成は次のとおりとする。

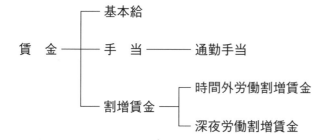

（基本給）
第16条　パート従業員の基本給は時間給とし、地域の同種事業における水準、従事する業務内容、経験、能力等を勘案して決定する。

【第14条～第16条】

　賃金通則については、従業員就業規則第39条第2項及び第3項（日割計算等）を除き、従業員就業規則第5章第1節（賃金の支払等、賃金の支払と控除、非常時払い及び従業員の昇給）を準用しています。これら以外についてはパート従業員の実情を踏まえ独自の規定を設けています。

Ⅱ　職種・雇用形態に応じた就業規則

（パート従業員の通勤手当及び割増賃金）

第17条　パート従業員には、非課税限度内において、通勤に要する実費に相当する額の通勤手当を支給する。この場合、通勤経路は経済的かつ合理的な最短経路によるものとする。

2　パート従業員が法定労働時間を超えて労働した場合には時間給の2割5分増しの時間外労働割増賃金を、午後10時から午前5時までの間に労働した場合には時間給の2割5分に相当する深夜労働割増賃金を、それぞれ支給する。

（パート従業員の奨励給）

第18条　パート従業員については、賞与は支給しない。ただし、職務内容、意欲、能力、経験、成果等のほか会社の経営状況を勘案して、奨励給を支給することがある。

（退職金制度の非適用）

第19条　パート従業員には退職金制度は適用しない。

【第17条〜第19条】

１　パート従業員の手当については、通勤手当のみを支給することとしています。

２　割増賃金については、パート従業員が時間給であるため、従業員就業規則を準用せず、独自の規定としています。なお、本規則では、パート従業員の所定勤務時間を原則として6時間としていますので、1日の法定労働時間の8時間までの差2時間については割増しして支払う必要はありません。

３　パート従業員については、補助的業務に従事し、業務全般の遂行について大きな責任を負っていないのが一般的であることから、賞与制度の対象としていません。ただし、他の従業員との均衡を図る観点から奨励給を支給することがあるとしています。

　同一労働同一賃金ガイドラインでは、「賞与であって、会社の業績等への労働者の貢献に応じて支給するものについて、通常の労働者と同一の貢献である短時間・有期雇用労働者には、貢献に応じた部分につき、通常の労働者と同一の賞与を支給しなければならない。また、貢献に一定の相違がある場合においては、その相違に応じた賞与を支給しなければならない。」とされています。

　また、同ガイドラインでは、「A社においては、通常の労働者であるXは、生産効率及び品質の目標値に対する責任を負っており、当該目標値を達成していない場合、

待遇上の不利益を課されている。その一方で、通常の労働者であるＹや、有期雇用労働者であるＺは、生産効率及び品質の目標値に対する責任を負っておらず、当該目標値を達成していない場合にも、待遇上の不利益を課されていない。Ａ社は、Ｘに対しては、賞与を支給しているが、ＹやＺに対しては、待遇上の不利益を課していないこととの見合いの範囲内で、賞与を支給していない。」というケースについて、問題とならない例としています。

　一方、「賞与について、会社の業績等への労働者の貢献に応じて支給しているＡ社においては、通常の労働者には職務の内容や会社の業績等への貢献等にかかわらず全員に何らかの賞与を支給しているが、短時間・有期雇用労働者には支給していない。」というケースについて、問題となる例としていますので、留意してください。 改正

4 第19条では、有期労働契約で勤務するパート従業員には退職金制度は適用しないこととし、そのことを明確にしています。定時制乗務員就業規則第20条の解説参照。

第6章　安全衛生等

（安全衛生、教育、懲戒等）
第20条　パート従業員の安全衛生等、教育及び研修、福利厚生並びに表彰
　　及び懲戒については、従業員就業規則第6章から第9章まで（第67条及
　　び第69条を除く。）を準用する。

【第20条】

1 パート従業員の安全衛生等については、従業員就業規則をほぼ準用していますが、第67条（乗務員の指導教育）及び第69条（乗務員養成）は準用から除いています。

2 パート従業員の健康診断についても、従業員就業規則を準用しています。

　定期健康診断は、常勤でフルタイムの労働者だけでなく、勤務時間の短いパートタイム労働者等であっても1年以上継続勤務しており1週間の所定労働時間が通常の労働者の所定労働時間数の4分の3以上の者にも実施しなければなりません。また、1週間の所定労働時間が4分の3未満であっても、通常の労働者の1週間の労働時間の2分の1以上である者に対しては健康診断を実施することが望ましいという厚生労働省の通達（平19.10.1基発第1001016号）があります。

3 定時制乗務員就業規則第21条の解説参照。

第7章　退職及び解雇

（退　職）
第21条　パート従業員は、次のいずれかに該当するときは、退職とする。
　①　退職を願い出て会社から承認されたとき又は退職願を提出して14日を経過したとき
　②　契約期間が満了したとき
　③　第13条第2項に基づく休職期間が満了し、なお休職事由が消滅しないとき
　④　死亡したとき
2　前項第2号の場合で1年を超えて継続勤務しているパート従業員について契約を更新しないときは、契約期間満了日の30日前までに予告するものとする。

（解　雇）
第22条　パート従業員の解雇については、従業員就業規則第79条を準用する。

（退職後の義務、退職時の証明等）
第23条　パート従業員の退職後の義務、退職時の証明等及び貸与金品の返還については、従業員就業規則第80条から第82条までを準用する。

【第21条～第23条】
　　定時制乗務員就業規則第22条から第24条までの解説参照。

附　則

（施行期日）
　本規則は、○年○月○日から施行する。
　本規則の改正は、○年○月○日から施行する。

4　無期転換従業員就業規則

第1章　総　則

（目　的）
第1条　この無期転換従業員就業規則（以下「本規則」という。）は、従業員就業規則第1条第1項に基づき、○○タクシー株式会社（以下「会社」という。）の無期転換従業員の労働条件、服務規律その他の就業に関する事項を定めることを目的とする。
2　本規則及び本規則に付属する諸規程等に定めのない事項については、法令又は労働協約の定めるところによる。

（定　義）
第2条　本規則において「無期転換従業員」とは、定時制乗務員就業規則第8条、有期従業員就業規則第8条又はパート従業員就業規則第7条の規定により無期転換した者をいい、転換前の雇用形態に応じ次のとおり称する。
　①　定時制乗務員であった者…無期定時制乗務員
　②　有期従業員であった者……無期乗務員、無期事務職員又は無期整備員
　③　パート従業員であった者…無期パート

（規則の遵守）
第3条　会社及び無期転換従業員は、本規則及び諸規程等を遵守し、各々その義務を履行し、相協力して社業の発展に努めなければならない。

【第1条～第3条】

1　この無期転換従業員就業規則は、準用規定はあるものの、無期転換従業員の労働条件全般について網羅的に規定しています。また、無期転換従業員については、無期転換を機に労働条件を変更することも考えられますが、本規則では、雇用期間が無期になるほかは従前の労働条件を引き継ぐことを前提としています。したがって準用規定を多用することになっています。

169

Ⅱ　職種・雇用形態に応じた就業規則

2　第2条で無期転換従業員の定義を定めています（無期転換ルールについては、定時制乗務員就業規則第8条の解説参照）。

　　無期転換従業員は、従前の職種・雇用形態により「無期定時制乗務員」、「無期乗務員」、「無期事務職員」、「無期整備員」及び「無期パート」の5種類に分けられます。

3　無期転換従業員は期間の定めのない労働契約で勤務しますので、その点を考慮した規定（定年、定年後の再雇用等）を設ける必要があります（P.174参照）。

第2章　服務規律等

（服務規律等）

第4条　無期転換従業員の労働条件の明示、服務規律等については、従業員就業規則第5条、第7条及び第3章を準用する。

【第4条】

　　無期転換従業員については、採用手続がないので、従業員就業規則の採用に関する規定はほとんど準用する必要がありませんが、労働条件の明示（第5条）は準用しています。また、個人情報の利用目的（第7条）及び服務規律（第3章）についても準用しています。

第3章　勤務及び賃金
第1節　無期転換従業員の共通事項

（休　職）

第5条　無期転換従業員の休職については、従業員就業規則第4章第5節を準用する。

170

4 無期転換従業員就業規則

（賃金通則）
第6条　無期転換従業員の賃金の支払等については、従業員就業規則第5章
　　　第1節を準用する。

（退職金制度の非適用）
第7条　無期転換従業員には退職金制度は適用しない。

【第5条～第7条】

1 無期転換従業員に共通する労働条件について、本節で従業員就業規則を準用しています。なお、異なる労働条件については、第2節で無期定時制乗務員、第3節で無期乗務員、第4節で無期事務職員等、第5節で無期パートについて、それぞれ規定しています。

2 無期従業員は期間の定めのない労働契約で勤務することになりますので、第5条で休職制度を適用することとしています。また、第7条で退職金制度の対象にしないことを明確にしています。

第2節　無期定時制乗務員

（無期定時制乗務員の勤務）
第8条　無期定時制乗務員の勤務については、定時制乗務員就業規則第4章
　　　（第14条を除く。）を準用する。

（無期定時制乗務員の賃金の構成）
第9条　無期定時制乗務員の賃金の構成は、定時制乗務員就業規則第16条
　　　を準用する。

（基本給、歩合給等）
第10条　無期定時制乗務員の基本給、歩合給、割増賃金、保障給等及び賞
　　　与については、従業員就業規則第44条、第45条及び第47条（法定休
　　　日労働に関する部分を除く。）から第49条までを準用する。

Ⅱ　職種・雇用形態に応じた就業規則

> **（無期定時制乗務員の手当）**
> **第11条**　無期定時制乗務員の手当については、定時制乗務員就業規則第18条を準用する。

【第8条～第11条】

1　無期定時制乗務員の勤務については定時制乗務員就業規則の第4章を準用していますが、第14条の休職制度（有期契約を前提とした休職制度）の規定は準用していません。本規則第5条で従業員就業規則第4章第5節を準用しています。

2　無期定時制乗務員の割増賃金については、法定休日労働に関する部分を除き従業員就業規則を準用しています。無期定時制乗務員の手当については、通勤手当及び無事故手当とし、定時制乗務員就業規則第18条を準用しています。

> ### 第3節　無期乗務員
>
> **（無期乗務員の勤務）**
> **第12条**　無期乗務員の勤務については、従業員就業規則第4章（第22条及び第5節を除く。）を準用する。
>
> **（無期乗務員の賃金の構成等）**
> **第13条**　無期乗務員の賃金の構成、基本給、歩合給、手当、割増賃金、保障給等及び賞与については、従業員就業規則第5章第2節を準用する。

【第12条～第13条】

1　無期乗務員の勤務については、第22条（事務職員等の勤務時間）及び第5節（休職）を除き従業員就業規則第4章を準用しています。本条で従業員就業規則第4章第5節を準用から外しているのは、本規則第5条で無期転換従業員全体として当該規定を準用済みであるためです。

2　無期乗務員の賃金については、従業員就業規則の乗務員に関する部分をすべて準用しています。

4 無期転換従業員就業規則

第4節　無期事務職員等

（無期事務職員等の勤務）
第14条　無期事務職員及び無期整備員（以下「無期事務職員等」という。）の勤務については、従業員就業規則第4章（第21条及び第5節を除く。）を準用する。

（無期事務職員等の賃金の構成等）
第15条　無期事務職員等の賃金の構成、基本給、手当、割増賃金及び賞与については、従業員就業規則第5章第3節を準用する。

【第14条～第15条】

　　無期事務職員等の勤務については、第21条（乗務員の勤務時間）及び第5節（休職）を除き従業員就業規則第4章を準用しています（本規則第12条～第13条の解説参照）。無期乗務員の賃金については、従業員就業規則の事務職員等に関する部分をすべて準用しています。

第5節　無期パート

（無期パートの勤務）
第16条　無期パートの勤務については、パート従業員就業規則第4章（第13条を除く。）を準用する。

（無期パートの賃金の構成等）
第17条　無期パートの賃金の構成、基本給、通勤手当、割増賃金及び奨励給については、パート従業員就業規則第15条から第18条までを準用する。

【第16条～第17条】

　　無期パートの勤務及び賃金については、第13条（休職）を除き、パート従業員就業規則の関係部分を準用しています。無期パートの休職については、本規則第5条で無期転換従業員全体として従業員就業規則第4章第5節（休職）を準用しています。

173

Ⅱ　職種・雇用形態に応じた就業規則

第4章　安全衛生等

（安全衛生、教育、懲戒等）
第18条　無期転換従業員の安全衛生等、教育及び研修、福利厚生並びに表
　　彰及び懲戒については、従業員就業規則第6章から第9章までを準用する。

【第18条】

　　無期転換従業員の安全衛生等については、従業員就業規則の関係規定をすべて準用
しています。準用しない条文がある場合には適宜除外してください。ただし、契約法
第20条（2020（令和2）年4月以降は短時間・有期雇用労働法第8条）に留意して
ください。

第5章　定年、退職及び解雇

（定　年）
第19条　満60歳未満で無期転換従業員となった者の定年は、満65歳、満
　　65歳以降に無期転換従業員となった者の定年は、満70歳とし、定年に
　　達した日の直後の賃金締切日をもって退職とする。
2　前項により定年退職となる無期定時制乗務員又は無期乗務員が退職日の
　　2か月前までに申し出た場合で、会社が次の基準により審査し適当と認め
　　たときは、定時制乗務員又は有期乗務員として再雇用することがある。
　　①　安全に運行できる健康状態にあること
　　②　勤務成績・勤務態度が良好であること
　　③　服務規律を始めとする本規則の遵守状況が良好であること
　　④　車両稼働状況、乗務員数、会社の経営状況等
3　第1項により定年退職となる無期事務職員等又は無期パートが退職日の
　　2か月前までに申し出た場合で、会社が次の基準により審査し適当と認め
　　たときは、有期従業員又はパート従業員として再雇用することがある。
　　①　会社が求める業務に十分対応できる能力があること

② 勤務成績・勤務態度が良好であること

③ 服務規律を始めとする本規則の遵守状況が良好であること

④ 業務の状況、会社の経営状況等

【第19条】

1 第1項では、理解しやすいよう具体的な年齢を示していますが、あくまでも例示ですので、各社で実情に即して決めてください。

2 第1項は、いわゆる第2定年制（会社にとっては複数の定年制があることになりますが、適用される労働者にとっては初めての定年制となります。）を定めたものですが、定年後再雇用し更新していけば定年5年後に再度無期転換権が発生することになります。ただし、都道府県労働局長に「第二種計画認定・変更申請書」を提出し認定を受けていれば、この権利は発生しません（定時制乗務員就業規則第8条の解説参照）。

（退　職）

第20条　無期転換従業員は、前条のほか、次のいずれかに該当するときは、退職とする。

　① 退職を願い出て会社から承認されたとき又は退職願を提出して14日を経過したとき

　② 第5条に基づく休職期間が満了し、なお休職事由が消滅しないとき

　③ 死亡したとき

（解　雇）

第21条　無期転換従業員の解雇については、従業員就業規則第79条を準用する。

（退職後の義務、退職時の証明等）

第22条　無期転換従業員の退職後の義務、退職時の証明等及び貸与金品の返還については、従業員就業規則第80条から第82条までを準用する。

附　則

（施行期日）

　本規則は、○年○月○日から施行する。

　本規則の改正は、○年○月○日から施行する。

Ⅲ 付属規則・規程等

1
育児・介護休業等規則

第1章　目　的

（目　的）

第1条　この育児・介護休業等規則（以下「本規則」という。）は、従業員就業規則第31条第6項に基づき、○○タクシー株式会社（以下「会社」という。）の従業員の育児・介護休業、子の看護休暇、介護休暇、育児・介護のための所定外勤務及び深夜業の制限並びに育児・介護短時間勤務等に関する事項を定めることを目的とする。

2　本規則に定めのない事項については、「育児休業、介護休業等育児又は家族介護を行う労働者の福祉に関する法律」（以下「育介法」という。）その他の関係法令又は労働協約の定めるところによる。

第2章　育児休業

（育児休業の対象者）

第2条　1歳に満たない子と同居し、養育する従業員は、本規則に定めるところにより育児休業を取得することができる。ただし、有期従業員、定時制乗務員又はパート従業員にあっては、申請時点において次のいずれにも該当する者に限り育児休業を取得することができる。

①　入社1年以上であること。

②　子が1歳6か月（本条第4項の申出にあっては2歳）に達する日までに労働契約期間が満了し、更新されないことが明らかでないこと。

2　従業員の配偶者が従業員と同じ日から又は従業員より先に育児休業をしている場合、従業員は子が1歳2か月に達するまでの間で、出生日以後の産前・産後休業期間と育児休業期間との合計が1年を限度として、育児休業を取得することができる。

3　次のいずれにも該当する従業員は、子が1歳6か月に達するまでの間で必要な日数について育児休業を取得することができる。なお、育児休業を開始しようとする日は、原則として子の1歳の誕生日に限るものとする。

①　従業員又はその配偶者が原則として子の1歳の誕生日の前日に育児休業

をしていること。

② 次のいずれかの事情があること。

　ⅰ 保育所等に入所を希望しているが、入所できない場合

　ⅱ 従業員の配偶者であって育児休業の対象となる子の親であり、１歳以降育児に当たる予定であった者が、死亡、負傷、疾病等の事情により子を養育することが困難になった場合

4 次のいずれにも該当する従業員は、子が２歳に達するまでの間で必要な日数について育児休業を取得することができる。なお、育児休業を開始しようとする日は、子の１歳６か月の誕生日応当日に限るものとする。

① 従業員又はその配偶者が原則として子の１歳６か月の誕生日応当日の前日に育児休業をしていること。

② 次のいずれかの事情があること。

　ⅰ 保育所等に入所を希望しているが、入所できない場合

　ⅱ 従業員の配偶者であって育児休業の対象となる子の親であり、１歳６か月以降育児に当たる予定であった者が、死亡、負傷、疾病等の事情により子を養育することが困難になった場合

（育児休業の申出の手続等）

第３条 育児休業の取得を希望する従業員は、原則として育児休業を開始しようとする日（以下「育児休業開始予定日」という。）の１か月前（前条第３項又は第４項に基づく休業の場合は、２週間前）までに育児休業申出書（様式１）を会社に提出するものとする。

2 申出は、次のいずれかに該当する場合を除き、一子につき１回限りとする。ただし、産後休業をしていない従業員が、子の出生日又は出産予定日のいずれか遅い方から８週間以内に取得した最初の育児休業については、１回の申出に数えないものとする。

① 第２条第１項に基づく休業をした者が同条第３項又は第４項に基づく休業の申出をしようとする場合

② 第２条第３項に基づく休業をした者が同条第４項に基づく休業の申出をしようとする場合

③ 従業員の配偶者の死亡等特別の事情がある場合

3 会社は、育児休業申出書を受け取るに当たり、必要最小限度の各種証明書の提出を求めることがある。

4 育児休業申出書が提出されたときは、会社は速やかに申出者に対し、育児

Ⅲ　付属規則・規程等

休業取扱通知書（様式２）を交付する。

5　申出の日後に申出に係る子が出生したときは、申出者は、出生後２週間以内に会社に育児休業対象児出生届（様式３）を提出しなければならない。

（育児休業の申出の撤回等）

第４条　前条の申出者は、育児休業開始予定日の前日までは、会社に対し育児休業の撤回を申し出ることができる。

（育児休業の期間等）

第５条　育児休業の期間は、原則として、子が１歳に達するまで（第２条第２項から第４項に基づく休業の場合は、それぞれ定められた時期まで）を限度として、育児休業申出書に記載された期間とする。

2　前項にかかわらず、会社は、育介法の定めるところにより育児休業開始予定日の指定を行うことができる。また、従業員は育介法の定めるところにより育児休業期間の変更を行うことができる。

3　育介法第９条第２項に掲げる事情が生じた場合には育児休業は終了する。

第3章　介護休業

（介護休業の対象者）

第６条　要介護状態にある家族を介護する従業員は、本規則の定めるところにより対象家族１人について、３回の介護休業を通算93日まで取得できる。ただし、有期従業員、定時制乗務員又はパート従業員にあっては、申請時点において次のいずれにも該当する者に限り介護休業を取得することができる。

①　入社１年以上であること。

②　介護休業を開始しようとする日（以下「介護休業開始予定日」という。）から93日経過日から６か月を経過する日までに労働契約期間が満了し、更新されないことが明らかでないこと。

2　第１項の要介護状態にある家族とは、負傷、疾病又は身体上もしくは精神上の障害により、２週間以上の期間にわたり常時介護を必要とする状態にある次の者をいう。

①　配偶者

②　父母

③　子

④　配偶者の父母

⑤　祖父母・兄弟姉妹又は孫

⑥　上記以外の家族で会社が認めた者

（介護休業の申出の手続等）

第7条　介護休業の取得を希望する従業員は、原則として介護休業開始予定日の2週間前までに、介護休業申出書（様式4）を会社に提出するものとする。

2　会社は、介護休業申出書を受け取るに当たり、必要最小限度の各種証明書の提出を求めることがある。

3　介護休業申出書が提出されたときは、会社は速やかに申出者に対し、介護休業取扱通知書（様式5）を交付する。

（介護休業の申出の撤回等）

第8条　前条の申出者は、介護休業開始予定日の前日までは、会社に対し介護休業の撤回を申し出ることができる。

2　介護休業開始予定日の前日までに、申出に係る家族の死亡等により、申出者が家族を介護しないことになった場合には、介護休業の申出はされなかったものとみなす。この場合において、申出者は、原則として当該事由が発生した日に、会社にその旨を報告しなければならない。

（介護休業の期間等）

第9条　介護休業の期間は、対象家族1人につき、原則として、3回まで通算93日の範囲内で、かつ、介護休業申出書（様式6）に記載された期間とする。

2　前項にかかわらず、会社は、育介法の定めるところにより介護休業開始予定日の指定を行うことができる。また、従業員は介護終了予定日の2週間前までに会社に申し出ることにより、通算93日の範囲内で介護終了予定日の繰り下げ変更を行うことができる。

3　育介法第15条第3項に掲げる事情が生じた場合には介護休業は終了する。

第4章　子の看護休暇

（子の看護休暇）

第10条　小学校就学の始期に達するまでの子を養育する従業員は、負傷し、もしくは疾病にかかった当該子の世話をするために、又は当該子に予防接種や

健康診断を受けさせるために、当該子が1人の場合は1年間につき5日、2人以上の場合は1年間につき10日を限度として、子の看護休暇を取得することができる。この場合の1年間とは、4月1日から翌年3月31日までの期間とする。

2　入社6か月未満の従業員又は1週間の所定勤務日数が2日未満の従業員を対象外とする労使協定を締結した場合には、当該従業員からの看護休暇の申出を拒むことができる。

3　子の看護休暇は、半日単位で取得することができる。

4　看護休暇を取得しようとする者は、原則として、事前に子の看護休暇申出書（様式7）を会社に提出するものとする。

第5章　介護休暇

（介護休暇）

第11条　要介護状態にある家族の介護その他の世話をする従業員は、当該家族が1人の場合は1年間につき5日、2人以上の場合は1年間につき10日を限度として、介護休暇を取得することができる。この場合の1年間とは、4月1日から翌年3月31日までの期間とする。

2　介護休暇の対象外の取扱いについては、前条第2項を準用する。

3　介護休暇は、半日単位で取得することができる。

4　介護休暇を取得しようとする者は、原則として、事前に介護休暇申出書（様式8）を会社に提出するものとする。

第6章　所定外勤務及び深夜業の制限

（所定外勤務の制限）

第12条　3歳に満たない子を養育する従業員又は要介護状態にある家族を介護する従業員が養育又は介護のために申し出た場合には、事業の正常な運営に支障がある場合を除き、所定勤務時間を超えて勤務させることはない。

2　入社1年未満の従業員又は1週間の所定勤務日数が2日未満の従業員を対象外とする労使協定を締結した場合には、当該従業員からの前項の申出を拒むことができる。

3　申出をしようとする者は、1回につき、1か月以上1年以内の期間について、制限を開始しようとする日及び制限を終了しようとする日を明らかにして、

原則として、1か月前までに、育児・介護のための所定外勤務制限申出書（様式9）を会社に提出するものとする。

4　会社は、所定外勤務制限申出書を受け取るに当たり、必要最小限度の各種証明書の提出を求めることがある。

（深夜業の制限）

第13条　小学校就学の始期に達するまでの子を養育する従業員が当該子を養育するため又は要介護状態にある家族を介護する従業員が当該家族を介護するために申し出た場合には、事業の正常な運営に支障がある場合を除き、午後10時から午前5時までの間に勤務させることはない。

第7章　所定勤務時間の短縮措置等

（育児短時間勤務）

第14条　3歳に満たない子を養育する従業員は、申し出ることにより、従業員就業規則第○条の所定勤務時間を6時間（1歳に満たない子を育てる女性従業員はさらに別途30分ずつ2回の育児時間を請求することができる。）に変更することができる。この場合の始業・終業時刻及び休憩時間は、従業員の希望を聴取の上、定めるものとする。

2　入社1年未満の従業員、1週間の所定勤務日数が2日未満の従業員もしくは業務の性質又は業務の実施体制に照らして短時間勤務の措置を講じることが困難と認められる業務に従事する者を対象外とする労使協定を締結した場合には、当該従業員からの育児に係る所定勤務時間短縮の申出を拒むことができる。

3　申出をしようとする者は、1回につき、1か月以上1年以内の期間について、短縮を開始しようとする日及び短縮を終了しようとする日を明らかにして、原則として、短縮開始予定日の1か月前までに、育児短時間勤務申出書（様式10）を会社に提出するものとする。

（介護短時間勤務）

第15条　要介護状態にある家族を介護する従業員は、申し出ることにより、当該家族1人当たり利用開始の日から3年の間で2回までの範囲内で、従業員就業規則第○条の所定勤務時間について、6時間に変更することができる。この場合の始業・終業時刻及び休憩時間は、従業員の希望を聴取の上、定め

III 付属規則・規程等

るものとする。

2　入社1年未満の従業員又は1週間の所定勤務日数が2日未満の従業員を対象外とする労使協定を締結した場合には、当該従業員からの介護に係る所定勤務時間短縮の申出を拒むことができる。

3　申出をしようとする者は、短縮を開始しようとする日及び短縮を終了しようとする日を明らかにして、原則として、短縮開始予定日の2週間前までに、介護短時間勤務申出書（様式11）を会社に提出するものとする。

第8章　その他の事項

（介護休業期間中の社会保険料の取扱い）

第16条　介護休業により給与が支給されない月における社会保険料の被保険者負担分は、各月に会社が納付した額を翌月10日までに従業員に請求するものとし、従業員は会社が指定する日までに支払うものとする。

（教育訓練）

第17条　育児・介護休業期間中の従業員の教育訓練は、必要がある場合に本人の同意を得て行うことがある。

（復職後の勤務）

第18条　育児・介護休業後の勤務は、原則として、休業直前の部署及び職務とする。

2　前項にかかわらず、本人の希望がある場合及び組織の変更等やむを得ない事情がある場合には、部署及び職務の変更を行うことがある。この場合は、育児休業終了予定日の1か月前又は介護休業終了予定日の2週間前までに正式に決定し通知する。

3　第2項の規定は乗務員には適用しない。

附　則

（施行期日）

　本規則は、○年○月○日から施行する。

（注　様式略。なお、厚生労働省ホームページの育児・介護休業等に関する規則の規定例・社内様式例を参照）

2 乗務員服務規律

2 乗務員服務規律

第1章 総則

（目的）

第1条 この規程は、旅客自動車運送事業運輸規則第41条及び従業員就業規則第13条第2項に基づき、○○タクシー株式会社（以下「会社」という。）の乗務員について、事業用自動車の安全及びお客様の利便を確保するため遵守すべき事項及び服務の規律を定めたものである。

（遵守義務）

第2条 乗務員は、関係法令、従業員就業規則及び会社諸規程によるほか、この規律を遵守するとともに、運行管理者及び補助者（以下「運行管理者等」という。）の指示命令に従わなければならない。

（服務の原則）

第3条 乗務員は、タクシー事業が公共交通機関の中で、ドア・ツー・ドアのサービスを提供するなど個別のニーズに応じた輸送手段として、また、高齢者や障がい者の方々などの外出機会を支えるなど社会的に重要な役割を担っていることを認識するとともに、「安全、安心、快適な輸送」と「良質なサービスの提供」を行うため、技術の向上に努め、誠実にその職務を遂行しなければならない。

（基礎知識の習得）

第4条 乗務員として必要な基礎知識、道路運送法、道路交通法など法令に関する知識、お客様を安全に輸送するための安全に関する知識、お客様が安心して乗車できるような接遇に関する知識、地理に関する知識などの基本的知識について、研修テキストを繰り返し読み、会社の実施する研修に参加することにより、確実に習得するように努めなければならない。

（接遇の基本）

第5条 乗務員は会社の代表であることを自覚し、お客様に対して、挨拶を励行し、丁寧な言葉遣いを心がけ、清潔できちんとした服装と身だしなみで対

185

Ⅲ　付属規則・規程等

応するなど、気持ちよく利用してもらえるサービスの提供に努めなければならない。

（出退勤）
第6条　乗務員は、別に定める乗務割当表（勤務交番表）に従って勤務しなければならない。休暇、欠勤、遅刻又は早退の場合は、事前に届け出なければならない。

（始業、終業時刻の遵守）
第7条　乗務員は、就業規則に定められた始業時刻、出庫時刻、帰庫時刻及び終業時刻を遵守しなければならない。また、就業規則に定められた時間の休憩をとらなければならない。
2　業務の都合により帰庫時刻に遅れる場合は、運行管理者等に連絡し、指示を受けなければならない。また、公休日に出勤する必要がある場合は、運行管理者等の指示により勤務しなければならない。

（乗務距離及び拘束時間の限度の遵守）
第8条　乗務員は、関東運輸局長が指定した地域における1乗務当たりの乗務距離の最高限度（隔日勤務 365 km・日勤勤務 270 km）を超えて乗務してはならない。ただし、高速自動車国道及び自動車専用道路（首都高速道路を除く。）を利用した場合には、その距離を除外することとする。なお、その場合には、高速自動車国道及び自動車専用道路の路線名、走行した区間、走行距離、走行した時間、料金を乗務記録に記録すること。
2　乗務員は、「自動車運転者の労働時間等の改善のための基準」に規定されている拘束時間（1日の最大拘束時間、1か月の総拘束時間及び休日出勤の限度）及び休息期間を遵守しなければならない。

第2章　点呼・点検整備等

（始業点呼）
第9条　乗務員は、始業時刻までに出勤し、運行管理者等から対面による始業点呼（アルコール検知器及び目視によるアルコールチェックを含む。）を受け、次の報告を行い、運行に関する指示及び安全運行上特に注意すべき事項について指示を受けなければならない。

① 車両の状況（日常点検の実施結果及び携行品の確認状況）

② 身体の状況（酒気を帯びた状態にあるとき、疾病、疲労、睡眠不足等の理由により安全な運転ができないおそれのあるときは申し出ること。）

（日常点検）

第10条 乗務員は、乗務する前にその日の安全運行を確保するため、担当車両の日常点検を自動車点検基準に従って確実に実施し、その結果を点検記録簿に記録しなければならない。

（携行品等の点検・確認）

第11条 乗務員は，営業中に携行を義務付けられているもの及び営業に必要な次のものについて点検確認し、前条の日常点検の結果報告とともに、運行管理者等に報告しなければならない。また、不備がある場合は直ちに申し出て、その処置を講じなければならない。

① 乗務に必要な携行品

運転免許証、自動車検査証、自賠責保険証、運転者証、乗務記録・運行記録紙（運転日報、タコメーター、ICカード）、定期点検整備記録簿、領収書、つり銭、各種カードシステムに必要な備品、防犯心得（カード）

② 乗務する車両に必要な備品及び表示の有無

地図（所定の規格等に適合したもの）、非常信号用具、応急用具、故障時の停止表示器、予備タイヤ、洗車用具類、車両内外の表示、車止めその他安全運行に必要なもの（冬季においてはタイヤチェーン）

（終業点呼・終業点検）

第12条 乗務員は、終業時に運行管理者等から対面による終業点呼（アルコール検知器及び目視によるアルコールチェックを含む。）を受けなければならない。

2 乗務員は、乗務記録紙（ICカード）、現金未収券、チケット、クーポン券、カード支払い等を照合検算の上、所定の手続に従って、納金を行うとともに、運転者証と運行記録紙（ICカード）を運行管理者等に提出しなければならない。

3 乗務員は、終業点検を実施し、終業点呼の際に次の事項を報告しなければならない。

① 車両の状況

② 道路、交通、気象状況等

Ⅲ 付属規則・規程等

③ 事故、違反の有無

④ 車内の忘れ物、苦情等

⑤ 乗務中の健康状態

⑥ その他必要事項

4 乗務員は、翌日の出庫に支障のないよう車両各部の点検と洗車を行い、また、交替する運転者に対する特別な申し送り事項がある場合は連絡書等により行わなければならない。なお深夜早朝に帰庫し、車両内外の洗車、点検等を行うときは、ドアの開閉等騒音防止に十分注意し、大声を出す等して近隣に迷惑をかけることのないようにしなければならない。

（車両整備・清掃）

第13条 車両の故障を未然に防ぎ、かつ、その機能を維持するために、乗務員は関係法規及び別に定める整備管理規程により、点検整備を確実に行わなければならない。

2 乗務員は、車両を常に清潔に保持するよう、清掃を行わなければならない。

3 車両の運行に際しては、安全保持、燃料の節約等に心がけなければならない。

4 車体の外装及びタクシーの看板灯は会社のシンボルであり、お客様への目印であることから常に手入れをするとともに、マット、シート、カバー等も清潔な状態を保つように努めなければならない。

（応急用具、非常信号用具の管理）

第14条 乗務員は車両に備付けの応急用具類及び非常信号用具の使用法に習熟するとともに、性能に有効期限のあるものについては期限切れに留意し、常時使用できるよう整備しなければならない。

第3章 乗務要領

（服 装）

第15条 乗務員は、運行中、会社が定めた制服を着用し、常に身なりを端正に整え、清潔かつ運転操作に支障のないものとすること。

（お客様に対する接遇）

第16条 接客サービスの基本動作として、乗車時は、「ご乗車ありがとうございます。○○タクシーの○○です。」、と挨拶をして、「どちらまでですか。」

と行き先を尋ね、行き先を聞いたら、「はい、かしこまりました。○○までですね。」と復唱し、「どのコースを通りましょうか。」と目的地とコースの確認を行うこと。

さらに、発進する前に、「お客様の安全のために、シートベルトの着用をお願いします。」などと声かけをして、お客様にシートベルトの着用を促すこと。降車時は、「お待たせいたしました。料金は○円です。」と料金を確認していただき、「はい、○円お預かりします。」、「△円のお返しです。」と領収書とともに、正確に釣銭を渡すこと。なお、領収書はお客様の請求の有無にかかわらず必ず渡すこと。「お忘れ物はございませんか。」と声をかけながら、乗務員も忘れ物の確認を行い、「ありがとうございました。」、「いってらっしゃいませ。お気をつけて。」等の言葉をかけ、気配りと感謝の意を込めた対応に心がけること。

2　乗務中におけるお客様との対話は言葉遣いに注意して、丁寧に話し、また、プライバシーに配慮し立ち入った話はしないなどお客様に不快な思いをさせることのないよう留意すること。

3　お客様がスーツケースなど大きな荷物を持っている場合は、降車し、荷物の積み下し（トランクサービスなど）に積極的に協力すること。

（バリアフリー対応に関する接遇）

第17条　タクシーは公共交通機関の役割を担っていることから、高齢又は障がいのあるお客様などが健常者と同様のサービスを受けられるように配慮し、「何かお手伝いできることはありますか。」など声かけを行うこと。また、車椅子での乗降に関して、乗降方法、固定方法等を習得し、適切に対応すること。

なお、障がい者割引について、「身体障がい者手帳」、「知的障がい者の療育手帳」（東京では「愛の手帳」）又は「精神障がい者保健福祉手帳」※を所持する方が手帳を提示した場合、本人であることを確認し、割引運賃を適用すること。

また、福祉タクシー券の支給により、タクシー料金を助成している自治体もあり、この場合の運賃は運賃メーター器表示額から記載額を減じること。

※　「精神障がい者保健福祉手帳」による割引については、許可申請をした事業者に限られています。

（運賃・料金の収受）

第18条　乗務員は、時間制運賃の場合を除き、運賃メーター器を使用しないで営業してはならない。運賃料金は現金、未収金を問わず運賃メーター器の表

示額によって収受しなければならない。

2　会社の指示又は許可を得て、時間制運賃の営業又は定額制運賃の営業を行う場合は、前者については時間制運賃を、後者については定額制運賃を収受しなければならない。

（領収書の発行）

第19条　お客様には、所定の領収書（レシート）を降車時に必ず手渡ししなければならない。

（運賃メーター器の故障）

第20条　乗務員は、営業中に運賃メーター器が故障した場合は、直ちに運行を中止し、会社に連絡するとともに必要な指示を受けなければならない。

（乗務記録の記入）

第21条　乗務するときは、乗務記録（運転日報・ICカード）を受領し、勤務中の必要事項及びお客様の乗降の都度、定められた必要事項を漏れなく記録し、終業点呼時に運行管理者等に提出しなければならない。また、乗務記録を改ざんしてはならない。

（運転者証の取扱い）

第22条　乗務するときは、運行管理者等から本人の運転者証を受け取り、運行中は必ず所定の位置に掲示しなければならない。裏表示、逆表示等による隠蔽等をしてはならない。

2　乗務を終了したときは、運転者証を直ちに運行管理者等に返納しなければならない。

3　運転免許証の有効期限等記載事項に変更があったとき、その他会社が必要と認めた事項に変更等があったときは、直ちに会社に届出をし、必要な手続をとらなければならない。

（運行記録計）

第23条　タクシー車両の、チャート式運行記録計、又はデジタル式運行記録計に用いる記録紙又はICカードの脱着は、運行管理者等の指示に従い乗務員自身が乗務開始時に取り付け、乗務終了時に取り外さなければならない。

（機器の操作、表示等）

第24条 運賃メーターの操作及び迎車、予約車表示の操作は次に示すところにより適正に行わなければならない。

① お客様の乗車があったときは、乗車後に、行き先確認後、運賃メーター器を操作して「実車」にし、到着後は「支払」に操作の上、表示された金額をお客様に告げた後に、当該金額の収受を行うこと。

② 迎車配車の場合は、運賃メーター器を「迎車」の位置に操作し、お客様の指示した場所へ進行すること。お客様の指示した場所に到着後、連絡が取れる場合は、お客様に到着した旨を伝え、その後、到着予定時刻から5分経過した場合は、運賃メーター器を「実車」に操作して、「予約車」表示にして待機すること。お客様が乗車したら、「予約車」表示を解除し、運送を開始すること。

③ 予約配車の場合は、「迎車」で走行し、お客様の指示した場所及び指定時刻に到着後、連絡が取れる場合は、お客様に到着した旨を伝え、その後、指定時刻から5分経過した場合は、運賃メーター器を「実車」に操作して、「予約車」表示にして待機すること。お客様が乗車したら、「予約車」表示を解除し、運送を開始すること。

④ 迎車、予約配車での場合、乗車前には必ずお客様のお名前を確認し、乗車時にはお客様に運賃メーター器に表示された料金を確認してもらうこと。

⑤ 運行の途中において、お客様の都合により待機する場合、「予約車」の表示をすること。

⑥ 「予約車」表示は「回送」表示と使用目的が違い、走行中は使用してはならない。

⑦ お客様選びを目的に、偽装手段として「予約車」表示及び「回送」表示をしてはならない。

2 時間制運賃及び定額制運賃の営業を行う場合は、次に示すところにより適正に行わなければならない。

① 時間制運賃を適用する場合は、「貸切車」表示とし、運賃メーター器はカバーをして運行し、乗務記録に掲出時間、掲出区域を記入すること。

② 定額運賃適用時（お客様の乗車時から運送の終了時までの間）には、「定額」表示として、運行中止等の場合の措置として、運賃メーター器を併用するため、「実車」に操作する。

また、ターミナル乗場以外で定額運賃を適用する場合は、運賃メーター器を、「予約車」又は「迎車」、「実車」ボタンの順で操作すること。

Ⅲ　付属規則・規程等

　　　なお、運送中にお客様の都合により運送の中断、目的地の変更、予定した経路以外の経路以外の経由などで定額運賃の目的地と大きく離れる場合は、運賃メーター器の表示どおりの運賃を収受すること。

※　第24条から第27条は、タクシーに関する「運賃実施通達」、「東京都内に配置するハイヤー・タクシー車両の表示に関する取扱い」、「運賃公示」により操作、表示方法が定められています。

（高速道路走行中の運賃メーターの操作）

第25条　高速自動車国道及び首都高速道路株式会社の管理する自動車専用道路（以下「高速道路」という。）を走行する場合の運賃料金メーターの操作は、実車の場合、次に示すところにより適正に行わなければならない。

　　　高速道路における運賃料金メーター器の取扱いについては、高速道路に入るときに、一般道との分岐点で「高速」に、高速道路等から一般道出口に出るときは、一般道との分岐点において、「高速」ボタンを再度押下して、「高速」表示を消すこと。

（回送の使用）

第26条　乗務員は、業務終了により帰庫する場合、及び食事、休憩、車両故障、給油、トイレ等のため、一時営業を中止し回送する場合は、「回送」を表示しなければならない。この場合、道路のセンターよりを走行して、回送するとともに、運転日報に時間、経路等を記入しておかなければならない。

2　乗務員は、前項の場合以外の場合には、「回送」を使用してはならない。

（無線営業の服務心得）

第27条　無線営業については、別に定める「○○無線運営規程」を遵守しなければならない。

（防犯心得）

第28条　会社及び業界団体の作成による「タクシー乗務員防犯心得」に十分留意し、タクシーに対する犯罪の未然防止と警察の行う犯罪捜査の協力に努めなければならない。

（環境への配慮）

第29条　乗務員は、大気汚染や地球温暖化を防止する観点から次の事項に留意し、適正運転の実施に努めること。

① 駐停車時のアイドリング・ストップ

② 休憩、仮眠、洗車時のエンジン停止

第4章　安全輸送の確保・事故処理

(安全輸送の確保)

第30条　乗務員は、交通安全関係法令の習熟に努め、法令を遵守して安全運転に徹し、事故及び違法行為を行わないよう努めなければならない。特に次の事項を守ること。

① 制限速度を厳守するとともに適正な車間距離を保持すること。

② 前方注意を怠らないこと。

③ 信号を厳守すること。

④ 一時停止を完全に履行すること。

⑤ 交差点、横断歩道の一時停止及び徐行を厳守すること。

⑥ 違法駐車をしないこと。

⑦ 無理な追い越しや、通行区分違反をしないこと。

⑧ 急発進、急ブレーキ、急な車線変更をしないこと。お客様の乗降のため、道路左側端へ車線変更するときは、後方の安全確認を確実に行うこと。また、カーブでは速度を落とし、急なハンドル操作をしないこと。

⑨ シートベルトを適切に着用すること。また、お客様にもシートベルトを確実に装着していただくこと。

⑩ 走行中に携帯電話等を使用しないこと。また、カーナビゲーション等の画像を注視しないこと。

⑪ 日没時より早めに点灯（ライトオン）し、夜間から明け方は速度を落とし、状況に応じ、前照灯の上向き、下向き切り替えを適切に行い、慎重に走行すること。

⑫ 降雨、霧等の場合には特に安全を確認して運行すること。

⑬ 坂道では、上りの車両に道を譲るよう心がけること。

⑭ 坂道で車両を離れるとき及び安全な運行に支障がある箇所を通過するときは、お客様に降車していただくこと。

⑮ 後退する際は、降車し、目視確認するなど、後方の安全確認を徹底すること。

⑯ 子供や高齢者などの歩行者の行動特性を理解した上で注意して運転すること。

Ⅲ　付属規則・規程等

⑰　乗降時は、安全な位置に停止し、ドアの開閉時は、側方、後方の安全確認を確実に行うとともに、お客様の被服、手足等を挟むことのないよう注意すること。

⑱　障害者や高齢者など移動が不自由なお客様に対しては、走行時、安全でなめらかな運転に心がけるとともに、乗降時、降車して乗降を介助するなどお客様の安全確保に配意すること。

⑲　運転席の座面や、ヘッドレストを適切な位置に設定し、適正な運転姿勢をとること。

⑳　常に節制、休養、睡眠の確保に努め、健康に留意し、運行の安全の確保に努めるとともに、運転中に視界がぼんやりしたり生あくびが出たときなどは、休憩、仮眠を取るなどにより居眠り運転の防止を図ること。

2　乗務員は乗務中に最高速度違反や駐車違反等の行為があった場合、乗務終了後に、違反行為の内容について所定の様式により運行管理者に報告しなければならない。

（踏切通過時の措置）

第31条　乗務員は踏切の通過に当たっては、列車との衝突事故の防止を図るために、次の基準に従って適切に行動しなければならない。

①　踏切を通過しようとするときは踏切直前で必ず一時停車し、左右前方の安全確認をすること。

②　踏切を通過するときは、変速装置を操作しないこと。

③　故障等により踏切内で運行不能となったときは、速やかにお客様を誘導し退避させるとともに、できるだけ早く、警報機に取り付けられている踏切支障報知装置のあるときはそのボタンを押す、又は踏切支障報知装置がないときは信号旗又は発煙筒を使用して列車に知らせるよう合図をすること。

（高速道路走行における留意事項）

第32条　乗務員は、高速道路の走行に当たっては、交通事故の発生は大事故につながるおそれがあることから、高速道路走行の基本ルールを守り、事故防止に努めなければならない。

特に次の事項を守ること。

①　シートベルトを適切に着用すること。また、お客様にもシートベルトを確実に装着していただくこと。

② 車間距離を十分に取ること。

③ 横風強風のときには、ハンドルが取られるので適切に減速すること。

④ 高速道路上で、事故や故障が発生したときは、ハザードランプを点灯させ、路肩に寄せ、又は可能な限り広い場所まで自走して停車し、お客様がいる場合は速やかに避難させ（ガードレールの外側）、安全確認の上、停止表示器材（三角板）や発煙筒などを車から50m以上後方に置き、後続車からの追突事故防止措置を講じてガードレールの外側に避難し、直ちに携帯電話か非常電話で救援を依頼すること。

（異常気象時等における措置）

第33条 乗務員は、異常気象時等における安全運行の確保を図るため、次の基準に従って適切に行動しなければならない。

① 大雨、降雪その他異常気象の発生により安全運行に支障を生じたときは、直ちに運行管理者等に連絡し指示を受けること。

② 異常気象時において、踏切、橋梁付近、港湾付近、河川付近、道路工事現場付近、山岳地帯等を通過するときは、降車して運行の安全を確かめる等、安全運行の確保に努めること。

③ 異常気象のため安全輸送の継続が不可能と判断したときは、必要によりお客様を待避させる等、お客様の安全確保に努めること。

④ 地震、火災等の災害あるいは鉄道事故、道路事故、暴動等による交通不能等により運行の中断を行う場合には、直ちに運行管理者等に連絡し、指示を受けること。

（運行の中止）

第34条 乗務員は、運行中に重大な故障を発見し、又は重大な事故が発生するおそれがあると認めたときは、運行を中止するとともに、直ちに会社に連絡し、その指示により次に示す事項について、適切な処置をしなければならない。

① お客様の運送を継続すること。

② お客様を出発点まで送還すること。

③ お客様を保護すること。

（事故発生時の対応）

第35条 乗務員は、お客様の輸送中に事故が発生した場合は、直ちに運転を停止し、被害状況を確認し、次に示す事項を実施しなければならない。

Ⅲ　付属規則・規程等

① 負傷者の救護処置を行うこと。
② 道路における危険の防止等交通の安全に必要な処置を講ずること。
③ お客様の安全を確保すること。
④ 警察署に通報するとともに会社に連絡し、指示を受け、その指示に従うこと。
⑤ 遺留品を保管すること。

（交通事故発生時の処置）
第36条　乗務員は、交通事故を起こしたときは、前条のほか、「交通事故処理規程」に基づき必要な処置を行うこと。

（乗務員の身体異常による処置）
第37条　乗務員は、運行中に身体の異常を感じた場合には、速やかに安全な位置に停止する等事故を回避するための処置を講じ、運行管理者等に報告し、指示を受けなければならない。

第5章　乗務員の禁止事項等

（乗務に係る禁止事項・遵守事項）
第38条　乗務員は、乗務等に関し次の行為をしてはならない。
① 車内に危険物を持ち込むこと。
② 覚醒剤等の服用や酒気を帯びて乗務すること。
③ 車内で喫煙すること。
2　乗務員は、乗務等に関し次の事項を遵守しなければならない。
① 疲労、疾病、飲酒、睡眠不足その他の理由により安全な運転ができないおそれがあるときは、乗務してはならないこと。
② 勤務時間外といえども、勤務時に影響が出るほどの飲酒をしてはならないこと。
③ 運転その他業務の遂行に影響を及ぼすような薬物を服用して勤務しないこと。
④ 勤務中はみだりに雑談、放歌し、その他体面を損なうような言動を慎むこと。
⑤ 勤務中知り得たお客様の話、会話内容、個人情報を他人に漏らしてはならず、また、私的に使用してはならないこと。

⑥　履物は、黒靴の着用を原則として、サンダル等の類は履かないこと。

⑦　勤務中は職場を離れないこと。ただし、やむを得ない事情で職場を離れるときは、責任者に届け出て承認を得ること。

⑧　無用の者を同乗させ、又は他人に運転させてはならないこと。

⑨　無断で、車両を貸与してはならないこと、また、無断で車両を放置してはならないこと。

（乗車拒否の禁止）

第39条　乗務員は、次の場合を除いては乗車拒否をしてはならない。なお、お客様の運送は申込み順序に従って公平に行い、距離の遠近、行先等の理由により差別してはならない。

①　運送の申込みが運送約款によらないものであるとき

　ⅰ　認可運賃以外の運賃によるもの

　ⅱ　運送の安全のための乗務員の指示に従わないもの等

②　運送に適する設備が無いとき

　ⅰ　トランクに入らないものの輸送

　ⅱ　バックミラーによる視認を妨げ、運転装置を操作できない等、運転に支障を来すようなとき

　ⅲ　定員を超えるとき

③　お客様から特別の負担を求められたとき

　ⅰ　高速道路の料金の支払を強制されたとき

　ⅱ　現金又は会社が定めた支払方法（チケット、カード、電子マネー等）以外による支払を求められたとき

　ⅲ　著しく離れた遠距離の運送を求められたとき

④　法令の規定又は公の秩序もしくは善良な風俗に反する行為であるとき

　ⅰ　道路交通法に反する乗車運転を強制されとき

　ⅱ　暴行、威嚇等の行為があったとき、又は中止するように求めても応じないとき

　ⅲ　賭博場、売春宿等への案内を求められたとき

　ⅳ　帰庫時刻、乗務距離の最高限度を超えることが明らかなとき（帰庫時刻が迫り、又は制限乗務距離が少なくなったときは回送表示にて帰庫すること）

⑤　天災やその他やむを得ない事由による運送上の支障があるとき

⑥　車内において明らかに公序良俗に反する行為があって、乗務員の制止に

従わないとき

⑦　車内で喫煙し、又は喫煙を中止するように求めても応じないとき

⑧　セクシャルハラスメント、モラルハラスメント等の行為があったとき、又は中止を求めても応じないとき

⑨　法令により定められた制限を超えた火薬類、揮発油、有毒ガス発生物質及び適切に梱包されていない刃物等の危険物を携行しているとき

⑩　行く先を明瞭に告げられないほど又は人の助けなくして歩行が困難なほど泥酔しているとき

⑪　車内が著しく汚染するおそれのある不潔な服装や、明らかに車内を著しく汚染する手荷物を所持しているとき

⑫　付添人を伴わない重病者であるとき

⑬　感染症法による第1類、第2類、新型インフルエンザもしくは指定感染症（入院を要する者）の患者など

⑭　法令の定めにより、食事、休憩、修理等のため、又は業務終了による帰庫のため、回送表示を行っているとき

（乗合類似行為の禁止）

第40条　乗務員は、乗合行為、呼込み行為等不正な営業行為をしてはならない。

（区域外営業の禁止）

第41条　乗務員は、営業区域以外の地域においてお客様の運送をしてはならない。

（乗車禁止地区営業の禁止）

第42条　乗務員は、銀座乗車禁止地区では、定められた曜日・時間においてはタクシー乗場以外で運送の引受けをしてはならない。

（喫煙ルールの遵守）

第43条　喫煙禁止区域において、喫煙しないこと。なお、喫煙可能な箇所であっても、吸い殻のポイ捨てはしないこと。

第6章　苦情処理・遺失物の取扱い

（苦情処理）

第44条 乗務員は、お客様から苦情を受けるような行為を行わないよう努めなければならない。もし、お客様から苦情の申出を受けたときは、誠意を持って丁寧に対応するとともに、直ちに運行管理者等に報告しなければならない。

（忘れ物の取扱い）

第45条 乗務員は、お客様が降車する際は「お忘れ物はございませんか。」と声をかけ、自らも確認に努めること。

2 忘れ物を発見した場合は、直ちに営業所に連絡し、その取扱いについて指示を受けること。

3 忘れ物が軽微と思われる品物であっても営業所に届け出ること。

（お客様の拾得した遺失物の取扱い）

第46条 お客様が車両内において、他のお客様の遺失物を拾得した場合は別に定める「遺失物取扱要領」により処理しなければならない。

第7章　実務教育

（乗務員の指導教育）

第47条 会社は、運行の安全の確保と旅客サービスの向上を図るため、別に定める「乗務員指導要領」により、乗務員に対して継続的かつ日常的に指導教育を行うものとし、乗務員はこれを受けなければならない。

　特に、新たに雇い入れた乗務員に対しては、少なくとも10日の所定の指導教育を行うものとし、当該乗務員は必ずこれを修了しなければならない。

（特定乗務員に対する特別指導及び適性診断の受診）

第48条 次に掲げる乗務員（特定乗務員という。）は、「乗務員指導要領」により会社が行う特別指導を受けるとともに、国土交通大臣が認定する適性診断を受けなければならない。

① 事故惹起乗務員

② 初任乗務員

③ 65歳以上の高齢乗務員

Ⅲ　付属規則・規程等

第8章　健康管理

（日常の健康管理）

第49条　乗務員は、運行の安全の確保を図る観点から、平素より自身の健康保持について自主管理に努めなければならない。特に高血圧・低血圧、貧血、心臓疾患等の症状を有する健康上の要注意者は、会社の実施する定期健康診断の外に適時医師の診断を受けるとともに、その診断結果に基づいて生活習慣の改善を図るなど適切な健康管理に努めなければならない。

　　なお、健康状態により乗務に支障があると思われる場合には、随時運行管理者等に報告すること。

（睡眠時無呼吸症候群に係る健康管理）

第50条　乗務員は、睡眠時無呼吸症候群（以下「SAS」という。）に起因する居眠り運転や漫然運転による事故の防止を図るため、家族等の協力も得てSAS の疑いの有無について自己判断を行い、その疑いがある場合には、直ちに運行管理者等に申告すること。合わせて産業医や健康診断医療機関等とも相談し、専門医による診断を受けること。

（健康診断）

第51条　乗務員は、従業員就業規則第60条第1項で定める健康診断を受けなければならない。ただし会社が指示する医師の診断を希望しない者は、会社の承認を得て他の医師の診断を受け、その結果を証明する書面を提出した場合はこの限りでない。

　　また、健康診断結果により、再検査、精密検査等が必要と判断された場合は、必ず受診し、その結果を提出しなければならない。

2　乗務員は、従業員就業規則第60条第3項で定める健康診断、医師による診断、面接指導、検査等を受けなければならない。

3　乗務員は、自動車の運転に支障を及ぼす病気等の所見があると診断を受けた場合等は会社に報告しなければならない。

4　第1項及び第2項の健康診断、従業員からの報告、又は面接指導の結果、必要と認められるときは、一定期間の就業の禁止、就業時間の短縮、業務内容の変更その他健康確保及び安全運転のため必要な措置を命ずることがある。

（休憩・仮眠施設の利用）

第52条　乗務員は、過労防止の観点から、勤務の途中における休憩又は仮眠を必要とする場合には、休憩施設又は仮眠施設を有効に利用し、健康の保持に努めなければならない。

（明番の休養）

第53条　隔日勤務の場合の2日目の明番は、一般の「休日」と異なり、労働義務のない非番の休養日であることから、十分な休養と睡眠の確保に努めなければならない。

（母性健康管理のための休暇等）

第54条　女性乗務員が、母子保健法に基づく保健指導又は健康診査を受ける場合には、通院に必要な時間について会社に申し出ること。

2　妊娠中又は出産後1年を経過していない女性乗務員が、保健指導又は健康診査に基づき勤務時間等について医師等の指導を受けた場合には会社に申し出ること。

附　　則

（施行期日）

　本乗務員服務規律は、〇年〇月〇日より施行する。

Ⅲ　付属規則・規程等

3
安全衛生管理規程

第1章　総　則

（目　的）

第1条　この規程は、従業員就業規則第57条第3項に基づき、労働安全衛生法等関係法令（以下「法令」という。）の定めるところにより、○○タクシー株式会社（以下「会社」という。）における安全衛生活動の充実を図り、労働災害を未然に防止するために必要な基本的事項を明確にし、従業員の安全と健康を確保するとともに快適な職場環境の形成を促進することを目的とする。

（会社の責務）

第2条　会社は、安全衛生管理体制を確立し、危険性又は有害性等の調査及びその結果に基づき講ずる措置、安全衛生計画の作成、実施、評価及び改善、健康診断の実施及び勤務時間等の状況その他を考慮して面接指導の対象となる従業員の面接指導の実施、精神的健康の保持増進対策等、労働災害を防止し、快適な職場環境の形成を促進するために、必要な措置を積極的に推進する。

（従業員の責務）

第3条　従業員は、会社が法令及び本規程に基づき講ずる措置に積極的に協力し、労働災害防止及び健康保持増進を図るため努めなければならない。

第2章　安全・衛生管理

（総括安全衛生管理者）（注：事業場の規模が労働者数100人以上の場合に選任する必要があります。）

第4条　会社は、総括安全衛生管理者を選任し、第6条により選任する安全管理者等を指揮させるとともに、次の業務を統括管理させる。

①　安全衛生に関する方針の表明に関すること。

②　従業員の危険又は健康障害を防止するための措置に関すること。

③　従業員の安全又は衛生のための教育に関すること。

④　健康診断の実施その他健康の保持増進のための措置に関すること。

202

⑤　労働災害の原因及び再発防止対策に関すること。

⑥　快適な職場環境の形成に関すること。

⑦　危険性又は有害性等の調査及びその結果に基づき講ずる措置に関すること。

⑧　安全衛生計画の作成、実施、評価及び改善に関すること。

⑨　その他労働災害防止に必要と認められる重要な事項に関すること。

【関係条文】安衛法第10条、安衛則第3条の2

（安全衛生管理体制）

第5条　会社は、安全管理者、衛生管理者、産業医及び安全衛生委員会を置き、法令に基づき必要な職務を行わせる。

（安全管理者）

第6条　会社は、法令の定めるところにより安全管理者を選任する。

2　安全管理者は、第4条の業務のうち安全に係る技術的事項を管理する。

3　安全管理者は、職場を巡視し、設備、作業方法等に危険のおそれがあるときには、直ちに、その危険を防止するため必要な措置を講じなければならない。

4　会社は、安全管理者が職務を遂行することができないときは、法令の定めるところにより代理者を選任し、これを代行させるものとする。

【関係条文】安衛法第11条、安衛則第4条〜第6条

（衛生管理者）

第7条　会社は、法令の定めるところにより、衛生管理者を選任する。

2　衛生管理者は、第4条の業務のうち労働衛生に係る技術的事項を管理する。

3　衛生管理者は、少なくとも毎週1回は職場を巡視し、設備、作業方法又は衛生状態に有害のおそれがあるときには、直ちに、従業員の健康障害を防止するため必要な措置を講じなければならない。

4　衛生管理者は、メンタルヘルス推進担当者を兼務し、産業医と協力し心の健康づくり活動を推進する。

5　会社は、衛生管理者が職務を遂行することができないときには、法令の定めるところにより代理者を選任し、これを代行させるものとする。

【関係条文】安衛法第12条、安衛則第7条〜第11条

Ⅲ 付属規則・規程等

（産業医）

第8条 会社は、法令の定めるところにより産業医を選任するとともに、当該産業医に対し従業員の健康管理等を行うために必要な権限を付与し、必要な情報を提供する。

2 産業医は、次の事項の医学的分野を中心に管理する。

① 健康診断の実施、勤務時間の状況その他の状況を考慮して面接指導の対象となる従業員の面接指導の実施、並びに心理的な負担の程度を把握するための検査の実施、その結果に基づく面接指導の実施及びその結果に基づく従業員の健康を保持するための措置に関すること。

② 作業環境の維持管理に関すること。

③ 作業の管理に関すること。

④ 前3号に掲げるもののほか従業員の健康管理に関すること。

⑤ 健康教育、健康相談その他従業員の健康の保持増進を図るための措置に関すること。

⑥ 衛生教育に関すること。

⑦ 従業員の健康障害の原因の調査及び再発防止のための措置に関すること。

3 産業医は、少なくとも毎月1回職場を巡視し、作業方法又は衛生状態に有害のおそれがあるときは、直ちに従業員の健康障害を防止するため必要な措置を講じなければならない。

4 会社は、産業医の巡視日に、産業医による健康相談を実施することがある。

【関係条文】 安衛法第13条～第13条の3、安衛則第13条～第15条の2、第23条第5項

（安全衛生委員会）

第9条 会社は、安全衛生委員会規程に定めるところにより安全衛生委員会を設ける。

【関係条文】 安衛法第17条～第19条、安衛則第21条～第23条

（各部署の責任者）

第10条 各部（課）の責任者は、会社の決定に基づき所轄部署の安全衛生管理方針を決定するとともに、職場管理者を指揮して、労働災害防止、快適な職場形成に向けた統括管理を行う。

（注：職場管理者は、それぞれの事業場の実情に応じて具体的に決定するように
（職場管理者） してください。）

第11条 各職場の管理者は、労働災害を防止し、快適な職場を形成するため次

の事項を管理しなければならない。

① 危険性・有害性等の調査及びその結果に基づき講ずる措置に関すること。

② 労働災害の防止及び健康障害の防止のため、作業方法を決定し、これに基づき部下の従業員を指導すること。

③ 所管する設備・機械の安全を確保すること。

④ 職場内の整理・整頓に努め、快適な職場環境を形成すること。

（作業主任者） （注：有機溶剤や特化物等の化学物質を使用している場合に規定してください。）

第12条 会社は、法令の定める資格を有する者の内から作業主任者を選任する。

2 作業主任者は、当該作業に従事する従業員の指揮その他法令で定める事項を行わなければならない。

【関係条文】安衛法第14条、安衛令第6条

第3章　就業に当たっての措置

（安全衛生教育）

第13条 会社は、従業員に対し、安全衛生に関する知識及び技能を習得させる。

① 雇入時教育、作業内容変更時教育

② 危険・有害業務従事者特別教育

③ 健康教育

2 従業員は、会社の行う安全衛生教育に積極的に参加しなければならない。

【関係条文】安衛法第59条、第60条、第60条の2、安衛則第35条、第36条、安衛令第19条、安衛則第40条、第69条、安衛法第61条第1項、安衛令第20条

（中高年齢者等）

第14条 会社は、中高年齢者その他労働災害防止上その就業に当たって特に配慮を必要とする者については、これらの者の心身の状態に応じて適正な配置及び管理を行うように努める。

【関係条文】安衛法第62条

第4章　健康の保持増進のための措置

（作業環境測定） （注：有機溶剤や特化物等の化学物質を使用している場合に規定してください。）

第15条 会社は、法令の定めるところにより、必要な作業環境測定を実施し、

Ⅲ　付属規則・規程等

その結果を記録することとする。

（作業環境測定の評価等）
　　　　　　　　　　　　　　　（注：有機溶剤や特化物等の化学物質を使用している場合に規定
　　　　　　　　　　　　　　　してください。）

第16条　会社は、前条の作業環境測定の結果の評価に基づいて、従業員の健康を保持するため必要があると認められるときは、法令の定めるところにより、施設又は設備の設置、健康診断の実施及びその他の適切な措置を講ずることとする。

【**関係条文**】安衛法第65条、第65条の2

（健康診断等）

第17条　会社は、従業員の健康管理を適切に行うため、従業員就業規則第60条（健康診断）及び第61条（ストレスチェック）に基づく措置を講ずるものとする。

2　会社は、前項の過程で取得した従業員の健康情報については、別に定める取扱規程により適正な取扱いの確保に努める。

【**関係条文等**】　安衛法第66条～第66条の10、第104条、平30.9.7労働者の心身の状態に関する情報の適正な取扱いのために事業者が講ずべき措置に関する指針（CD-ROMに収録されています。）

（受動喫煙の防止）

第18条　会社は、従業員の受動喫煙を防止するため、屋内は原則禁煙とし、屋内の喫煙専用室もしくは屋外の指定喫煙場所の設置など適切な措置を講ずるものとする。

【**関係条文**】安衛法第68条の2

（環境の整備）

第19条　会社は、社内における安全衛生の水準の向上を図るため、次の措置を継続的かつ計画的に講じ、快適な職場環境の形成に努める。

①　作業環境を快適な状態に維持管理するための措置

②　作業方法の改善

③　休憩施設の設置又は整備

④　その他快適な作業環境を形成するために必要な措置

【**関係条文**】安衛法第71条の2

206

（保護具、救急用具）

第20条　会社は、保護具及び救急用具の適正使用・維持管理について、従業員に対し指導、教育を行うとともに、その整備に努めることとする。

【関係条文】安衛則第593条〜598条、633条、634条

（機械・設備の点検整備）　（注：法令で点検を要する機械設備を使用している場合に規定してください。）

第21条　会社は、機械・設備等について、法令及び社内点検基準に定めるところにより点検整備を実施し、その結果を記録保存することとする。

（整理整頓）

第22条　会社は、常に職場の整理整頓について適正管理し、常に職場を安全で快適かつ機能的な状態に保持することとする。

附　　則

（施行期日）

　本規程は、○年○○月○○日から施行する。

IV 賃金・労働時間等に関するQ&A

Ⅳ　賃金・労働時間等に関する Q&A

〔賃　金〕

Q1　賃金支払いの5原則とは何ですか。

A1　賃金は労働者の生活にとって欠かすことのできない重要な原資ですから、確定された賃金は確実に支払われなければなりません。このため、労基法は、賃金の支払いについて次の5つの原則を定めています（労基法第24条）。

①通貨払いの原則…賃金は、通貨（強制通用力のある貨幣）で支払うこと。

※例外1…労働協約に別段の定めがある場合には実物給与が認められている。

※例外2…次の要件を満たせば、口座振込みによることが認められている。

　　ⅰ　労働者の同意があること

　　ⅱ　労働者が指定する本人名義の預貯金等の口座に振り込まれること。

　　ⅲ　振り込まれた賃金の全額が所定賃金支払日に引き出し得ること。

②直接払いの原則…賃金は、直接労働者に支払うこと。

③全額払いの原則…賃金は、全額支払うこと。

※例外1…法令に別段の定めがある場合（税金、社会労働保険料等）

※例外2…労使協定がある場合（購買代金、社宅費など事理明白なものに限る。）

④毎月払いの原則…賃金は、毎月1回以上支払うこと。

※例外…臨時に支払われる賃金、賞与等

⑤一定期日払いの原則…賃金は、一定の期日を定めて支払うこと。

Q2　賃金計算に際し、円未満などの端数が生じた場合はどのように処理すればよいでしょうか。

A2　就業規則などに定めをした上で、次のように端数処理をすることは、常に労働者の不利となるものではなく、事務簡便を目的としたものと認められますので、労基法違反とはなりません（昭63.3.14基発第150号）。

①1時間当たりの割増賃金額に円未満の端数が生じた場合

→50銭未満は切り捨て、50銭以上1円未満は切り上げて処理

②1か月の時間外・休日・深夜労働時間数に1時間未満の端数が生じた場合

→30分未満を切り捨て、30分以上1時間未満を切り上げて処理（あくまでも1か月単位の端数処理ですから、1日単位での切り捨てはできません。）

③1か月の賃金支払額に100円未満の端数が生じた場合

→50円未満を切り捨て、50円以上100円未満を切り上げて処理

④1か月の賃金支払額に1,000円未満の端数が生じた場合

→翌月の賃金支払日に支払う

210

Q3 本社は都内にありますが、営業所はA県とB県にもあります。適用される最低賃金はどのようになりますか。

A3 最低賃金は、企業単位ではなく事業場単位に適用されます。したがって、本社には東京都最低賃金が、A県の営業所にはA県最低賃金が、B県の営業所にはB県最低賃金が、それぞれ適用されます。

Q4 乗務員の賃金が最低賃金に違反していないかどうかは、どのように比較すればよいでしょうか。

A4 「オール歩合給制」の場合と「固定給＋歩合給制」の場合で異なりますが、いずれの場合も比較する賃金を1時間当たりの金額（A）に換算して比較することになります（最低賃金法施行規則第2条）。

 (1) オール歩合給制の場合

  A＝歩合給で支払った賃金÷月間総労働時間（所定＋時間外）

  Aが東京都最低賃金（1時間958円＊）と同じか、それ以上であれば適法。

  〔具体例〕

   総支給額215,280円 月間総労働時間200時間

   所定労働時間173時間 時間外労働時間27時間 深夜労働時間70時間

   歩合給…192,000円

   時間外割増賃金…6,480円（192,000円÷200時間×0.25×27時間）

   深夜割増賃金…16,800円（192,000円÷200時間×0.25×70時間）

  〔計算例〕

   A＝192,000円÷200時間＝<u>960円</u>（≧最低賃金958円）…適法

   ※ 本例では時間外と深夜の割増賃金が支払われていますが、最低賃金との比較に当たっては算入されません。

 (2) 固定給＋歩合給制の場合

  A＝1時間当たりの固定給（B）＋1時間当たりの歩合給（C）

  B＝固定給として支払った賃金÷月間所定労働時間

  ※ 月により月間所定労働時間が異なる場合は、年間の平均月間所定労働時間

  C＝歩合給で支払った賃金÷月間総労働時間（所定＋時間外）

  A＝B＋Cが東京都最低賃金（1時間958円＊）と同じか、それ以上であれば適法。

＊ 平成29年10月1日発効

Ⅳ　賃金・労働時間等に関する Q&A

〔具体例〕

　　　総支給額 215,280 円　月間総労働時間 200 時間

　　　所定労働時間 173 時間　時間外労働時間 27 時間　深夜労働時間 70 時間

　　　固定給…（精皆勤、通勤及び家族手当などの除外賃金を除く。）117,640 円

　　　歩合給…56,000 円

　　　固定給に対する時間外割増賃金…22,950 円（117,640 円÷ 173 時間× 1.25 × 27 時間）

　　　固定給に対する深夜割増賃金……11,900 円（117,640 円÷ 173 時間× 0.25 × 70 時間）

　　　歩合給に対する時間外割増賃金…1,890 円（56,000 円÷ 200 時間× 0.25 × 27 時間）

　　　歩合給に対する深夜割増賃金……4,900 円（56,000 円÷ 200 時間× 0.25 × 70 時間）

〔計算例〕

　　　B ＝ 117,640 円÷ 173 時間＝ 680 円

　　　C ＝ 56,000 円÷ 200 時間＝ 280 円

　　　A ＝ B ＋ C ＝ 680 円＋ 280 円＝ <u>960 円</u>（≧最低賃金 958 円）…適法

　　　※　本例では時間外と深夜の割増賃金が支払われていますが、最低賃金との比較に当たっては算入されません。

Q5 最低賃金との比較を行ったところ、次のとおり違反となってしまいました。差額はいくら支払えばいいでしょうか。

〔具体例〕

　　　総支給額 201,825 円　　月間総労働時間 200 時間

　　　所定労働時間 173 時間　時間外労働時間 27 時間　深夜労働時間 70 時間

　　　固定給…（精皆勤、通勤及び家族手当などの除外賃金を除く。）107,260 円

　　　歩合給…56,000 円

　　　固定給に対する時間外割増賃金…20,925 円（107,260 円÷ 173 時間× 1.25 × 27 時間）

　　　固定給に対する深夜割増賃金……10,850 円（107,260 円÷ 173 時間× 0.25 × 70 時間）

　　　歩合給に対する時間外割増賃金…1,890 円（56,000 円÷ 200 時間× 0.25 × 27 時間）

　　　歩合給に対する深夜割増賃金……4,900 円（56,000 円÷ 200 時間× 0.25 × 70 時間）

〔計算例〕

　　　B ＝ 107,260 円÷ 173 時間＝ 620 円

　　　C ＝ 56,000 円÷ 200 時間＝ 280 円

　　　A ＝ B ＋ C ＝ 620 円＋ 280 円＝ <u>900 円</u>（＜最低賃金 958 円*）…違反

　　　　　　　　　　　　　　　　　　　　　　　*　平成 29 年 10 月 1 日発効の東京都最低賃金

A5 ご質問の場合には、時間単価で 58 円、賃金が最低賃金を下回っていることになります。また、最低賃金との差額を支払うだけでなく、割増賃金にも不払いが生じ

ますので、その差額も支払う必要があります。

さて、最低賃金額958円*で本例の支払うべき賃金額を計算すると次のとおりです。

月間総労働時間が200時間なので、

958円 × 200時間 = 191,600円

時間外労働時間が27時間なので、

958円 × 0.25 × 27時間 = 6,466.5円

深夜労働時間が70時間なので、

958円 × 0.25 × 70時間 = 16,765円

以上の和は、191,600 + 6,466.5 + 16,765 = <u>214,831.5円</u>

差額は、214,831.5 − 201,825 = 13,006.5 ≒ 13,007円

したがって、本例では13,007円の差額を支払わなければなりません。

* 平成29年10月1日発効の東京都最低賃金

なお、以上の計算では、固定給と歩合給がそれぞれいくらで計算したのか明らかになっていません。実は固定給と歩合給の1時間当たり単価の和が958円ということがわかれば、その内訳に関係なく、支払うべき賃金額（割増賃金を含みます。）は常に同じ額になります。すなわち、固定給の単価をB円とします。そうすると歩合給の単価は958 − B円で表せます。

固定給 = B × 173時間 = 173B

歩合給 = （958 − B）× 200時間 = 191,600 − 200B

固定給時間外割増 = B × 1.25 × 27時間 = 33.75B

固定給深夜割増 = B × 0.25 × 70時間 = 17.5B

歩合給時間外割増 = （958 − B）× 0.25 × 27時間 = 6466.5 − 6.75B

歩合給深夜割増 = （958 − B）× 0.25 × 70時間 = 16,765 − 17.5B

以上の和は、

173B + 191,600 − 200B + 33.75B + 17.5B + 6466.5 − 6.75B + 16,765 − 17.5B

= 191,600 + 6466.5 + 16,765 + B（173 − 200 + 33.75 + 17.5 − 6.75 − 17.5）

= 191,600 + 6466.5 + 16,765 + B × 0

= <u>214,831.5円</u>

Q6 最低賃金との比較の際の「除外賃金」とは何を指しますか。

A6 賃金が最低賃金違反となっていないかどうかを比較する際には、支払っているすべての賃金で比較するのではなく、一定の範囲の賃金は対象から除いて比較することになっています。この一定の範囲の賃金を「除外賃金」といい、以下のとおりです（最低賃金法第4条第3項、最低賃金法施行規則第1条）。

①臨時に支払われる賃金（結婚手当など）

②1か月を超える期間ごとに支払われる賃金（賞与など）

③所定労働時間を超える時間の労働に対して支払われる賃金（時間外割増賃金など）

④所定労働日以外の日の労働に対して支払われる賃金（休日割増賃金など）

⑤午後10時から午前5時までの間の労働に対して支払われる賃金のうち、通常の労働時間の賃金の計算額を超える部分（深夜割増賃金など）

⑥精皆勤手当、通勤手当、家族手当

　上記に列挙した手当に該当するか否かは、その名称ではなく、実態で判断されます。

　「精皆勤手当」とは、労働者の出勤奨励を目的として無遅刻・無欠勤など一定の基準を満たした場合に支給される手当です。この実態にある精皆勤手当（皆勤手当・精勤手当等の名称でも同じ。）であれば除外賃金に該当します。ただし、精皆勤手当のうち欠勤しても減額されない部分がある場合には、その部分は除外賃金ではありません。

　「通勤手当とは、労働者の通勤距離又は通勤に要する実際費用に応じて算定される手当と解されるから、通勤手当は原則として実際距離に応じて算定するが、一定額までは距離にかかわらず一律に支給する場合には、実際距離によらない一定額の部分は本条の通勤手当ではない」（昭23.2.20基発第297号）とされています。

　「家族手当」とは、物価手当、生活手当、扶養手当等名称の如何にかかわらず、「扶養家族数又はこれを基礎とする家族手当額を基準として算出した手当」をいいます。ただし、家族手当と称していても、扶養家族数に関係なく一律に支給される手当や一家を扶養する者に対し基本給に応じて支払われる手当は、本条（労基法37条）でいう家族手当ではありません。扶養家族ある者に対し、本人分何円、扶養家族一人につき何円という条件で支払われるとともに、均衡上独身者に対しても一定額の手当が支払われている場合にはこれらの手当のうち「独身者に対して支払われている部分及び扶養家族のある者にして本人に対して支給されている部分は家族手当ではない」（昭22.12.26基発第572号）とされています。

　※　上記「通勤手当」及び「家族手当」の解釈例規は割増賃金に関するものですが、最低賃金の除外賃金においても同様に解されます。

参考【最低賃金の対象となる賃金】

最低賃金の対象となる賃金は、毎月支払われる基本的な賃金です。

具体的には、実際に支払われる賃金から次の賃金を除外したものが最低賃金の対象となります。

(1) 臨時に支払われる賃金（結婚手当など）

(2) 1箇月を超える期間ごとに支払われる賃金（賞与など）

(3) 所定労働時間を超える時間の労働に対して支払われる賃金（時間外割増賃金など）

(4) 所定労働日以外の日の労働に対して支払われる賃金（休日割増賃金など）

(5) 午後10時から午前5時までの間の労働に対して支払われる賃金のうち、通常の労働時間の賃金の計算額を超える部分（深夜割増賃金など）

(6) 精皆勤手当、通勤手当及び家族手当

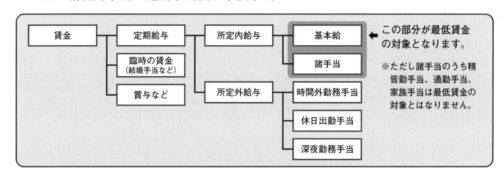

※ **【割増賃金の算定基礎賃金の除外賃金を確認しましょう】**

割増賃金の算定基礎賃金は、所定労働時間に対して支払われる「1時間当たりの賃金額」です。例えば、月給制の場合、各種手当を含めた月給を、1か月の所定労働時間で割って、1時間当たりの賃金額を算出します。この時、以下の(1)から(7)は労働と直接的な関係が薄く、個人的事情に基づいて支給されていることなどにより、基礎となる賃金から除外することができます。次の名称の手当であれば、すべて基礎となる賃金から除外できるというわけではありませんので、**次ページの表**をご覧ください。

(1) 家族手当

(2) 通勤手当

(3) 別居手当

(4) 子女別居手当

(5) 住宅手当

(6) 臨時に支払われる賃金（結婚手当など）

(7) 1箇月を超える期間ごとに支払われる賃金（賞与など）

Ⅳ　賃金・労働時間等に関する Q&A

◎主な手当について
【除外できる手当の具体的範囲についての割増賃金と最低賃金の比較】
除外賃金として列挙された賃金に該当するか否かは、名称ではなく、実態で判断します。

手　当			最低賃金	割増賃金
精皆勤手当	考え方	そのすべてが精皆勤手当（一定期間の所定労働日において、遅刻、早退、欠勤等が一定回数以下の労働者に支給される手当。皆勤手当、精勤手当などの名称でも同じ。ただし、精皆勤手当のうち、欠勤しても減額されない部分がある場合、その部分は除外賃金ではない。		
	例1	1か月間の所定乗務回数のうち、皆勤の場合には1万円、1日欠勤は8千円、2日以上の欠勤には支給しない。	除外する	算入
	例2	1乗務当たり、500円を支給するもの。	算入	算入
家族手当	考え方	家族手当とは、扶養手当、生活手当等の名称の如何にかかわらず、扶養家族の人数又はこれを基礎とする家族手当額を基準として算出した手当をいう。		
	例1	扶養家族のある労働者に対し、家族の人数に応じて支給するもので、扶養義務のある家族1人につき、1か月当たり配偶者1万円、その他の家族1か月5千円を支給するもの。	除外する	除外できる
	例2	扶養家族の有無、家族の人数に関係なく一律支給するもの。扶養家族の人数に関係なく一律1万5千円支給する場合	算入	算入
	例3	扶養家族のある者に、本人分何円、扶養家族1人につき何円という条件で支払われるともに、均衡上独身者に対しても、一定額の手当が支払われている場合の、扶養家族のある者に対して本人に対して支給されている部分	算入	算入
通勤手当	考え方	通勤の距離または通勤に要する実際費用に応じて算定される手当をいう。		
	例1	通勤に要した費用に応じて支給するもの。定期代の金額に応じた費用を支給する場合	除外する	除外できる
	例2	通勤に要した費用や距離に関係なく一律に支給するもの。実際の通勤距離にかかわらず1日300円を支給する場合	算入	算入
住宅手当	考え方	住宅に要する費用に応じて算定される手当をいうもので、手当の名称の如何を問わず、実質により取り扱う。住宅に要する費用とは、賃貸住宅については、住居に必要な住宅の賃貸に必要な費用、持ち家については、住居に必要な住宅の購入、管理に必要な費用をいい、費用に応じた算定とは費用に定率を乗じた額とすることや、費用を段階的に区分し、費用が増えるに従って、額を多くすることである。		
	例1	住宅に要する費用に定率を乗じた額を支給するもの。賃貸住宅居住者には家賃の一定割合を、持ち家居住者にはローン月額の一定割合を支給する場合金額に応じた費用を支給する場合	算入	除外できる
	例2	住宅に要する費用を段階的に区分し、費用が増えるに従って、額を多くして支給するもの。家賃5～10万円の者には2万円、家賃10万円を超える者には3万円を支給するとされているもの。	算入	除外できる
	例3	住宅の形態ごとに一律に定額で支給するもの。賃貸住宅居住者には2万円、持ち家居住者には1万円を支給する場合	算入	算入

Q7 保障給とは、どのようなものですか。

A7 労基法第27条は「出来高払制その他の請負制で使用する労働者については、使用者は、労働時間に応じ一定額の賃金の保障をしなければならない。」と規定しています。この趣旨は、労働者の最低生活を保障することにありますが、同法には保障給の額については規定がありません。「自動車運転者の労働時間等の改善のための基準について」（平元.3.1基発第93号。以下「93号通達」といいます。）では、この趣旨を踏まえ、労働者の通常の賃金の6割以上の保障給を定めなければならないとしています。

「労働時間に応じ一定額の賃金の保障」ということですので1時間につきいくらと定める時間給であることが原則です。近年、最低賃金が上昇してきていますので、保障給を定める場合、その額が最低賃金とイコールということも多いと思われます。

Q8 累進歩合制とはどのような賃金制度ですか。

A8 累進歩合制とは、累進歩合給制より、広い概念であって、累進歩合給制的な効果を生ずる一切の賃金制度をいいます。

累進歩合制の代表的賃金制度である累進歩合給制とは、運賃収入等をその高低に応じて数階級に区分し、階級区分の上昇に応じ逓増する歩率を運賃収入等に乗じて歩合給を算定する方式です。この賃金制度では、運賃収入に応じて階級区分を移動するごとに歩合給の額が非連続的に増減します。

〔具体例〕

運賃収入等が30万円未満の場合は、歩率がa%、以後10万円増えるごとにb%、c%、d%……と逓増する（a<b<c<d……）累進歩合給制の場合

①運賃収入等が28万円のとき

歩合給 = 28万円 × a%

②運賃収入等が45万円のとき

歩合給 = 45万円 × c%

②運賃収入等が58万円のとき

歩合給 = 58万円 × d%

足切り額のある累進歩合給制の例

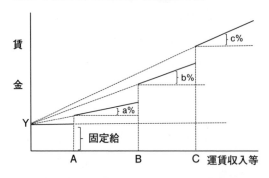

次に、累進歩合給制ではありませんが、その効果として累進歩合制に含まれるものとして、「トップ賞」があります。「トップ賞」とは、運賃収入等の最も高い者又はごく一部の労働者しか達成できない高い運賃収入等を達成した者に褒賞的に支給するもので、歩合給の増減に非連続性がみられます。

また、運賃収入等を数区分し、その運賃収入等の区分に達するごとに、一定額の奨励加給等の名称の手当を支給するものも累進歩合制に該当します。

Q9 累進歩合制は法違反になるのですか。

A9 本来、各社の賃金制度は、最低賃金法や公序良俗に反しない限り、労使で協議の上、自主的に決定されるべきものです。このことから累進歩合制の賃金制度を採用することについて法律上これを禁止する特段の規定はありません。したがって、法違反ということにはなりません。

ただし、累進歩合制は、歩率の変動する運賃収入等（階級区分）の直前の労働者に、上位のステップに到達するため長時間労働やスピード違反等をさせる結果になりやすく、交通事故の発生も懸念されるので、93号通達で廃止するものとすることとされています。

また、平成25年11月の改正タクシー特措法の国会附帯決議において、「一般乗用旅客自動車運送事業者は……累進歩合制の廃止……等賃金制度の改善等に努める」とされるとともに「国土交通省及び厚生労働省は、累進歩合制の廃止について改善指導に努めること」とされています。

以上のことから、タクシー事業者には累進歩合制廃止に向けた取組が求められているといえます。

Q10 積算歩合給制とは、どのような賃金制度ですか。

A10 積算歩合給制とは、運賃収入等を数区分し、区分ごとの歩率が変動（一般には逓増する。）し、歩合給は各区分の運賃収入等にその対応する歩率を乗じた金額を順次合計（積算）する方式です。この賃金制度は、運賃収入等と賃金の関係を示すカーブに非連続点は生じません。

〔具体例〕

運賃収入等が30万円までは固定給y円、以後10万円増えるごとに歩率がa%、b%、c%、d%……と逓増する（a<b<c<d……）積算歩合給制の場合

①運賃収入等が29万円のとき

歩合給＝y

②運賃収入等が38万円のとき

歩合給＝y＋<u>8万円×a%</u>

③運賃収入等が47万円のとき

歩合給＝y＋<u>10万円×a%</u>＋<u>7万円×b%</u>

④運賃収入等が65万円のとき

歩合給＝y＋<u>10万円×a%</u>＋<u>10万円×b%</u>＋<u>10万円×c%</u>＋<u>5万円×d%</u>

足切り額のある積算歩合給制の例

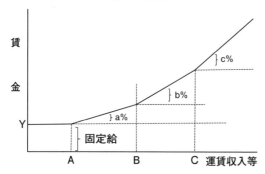

Q11 労基法上、賃金台帳に記載すべき項目は何ですか。

A11 賃金台帳に記載すべき事項は、次のとおりです（労基法第108条、労基則第54条）。

特に⑤⑥⑦の項目は、労働時間把握の適正化の観点から確実に記載してください。

①労働者の氏名

②性別

③賃金計算期間

④労働日数

⑤労働時間数

IV 賃金・労働時間等に関する Q&A

⑥時間外労働時間数・休日労働時間数・深夜労働時間数

⑦基本給、手当その他賃金の種類ごとにその額

⑧賃金の一部を控除した場合はその額

Q12 具体的な割増賃金の割増率を場合分けして教えてください。

A12 労基法上の割増賃金の割増率を場合分けすると、以下のとおりです。

①法定労働時間（8時間・40時間）を超えて労働…25％以上

※　1か月について60時間を超える時間外労働の割増率は50％以上が原則ですが、中小企業（資本金3億円以下又は労働者300人以下の企業）については、当分の間適用が猶予されています。

（注：平成30年6月の労基法の改正により、2023（令和5）年4月からこの猶予措置は廃止となります。）

②法定休日（1週間に1日）に労働…35％以上

③深夜の時間帯（午後10時から午前5時まで）に労働…25％以上

④①と③が重なる場合…50％以上

⑤②の休日労働が8時間を超える場合…35％以上

⑥②と③が重なる場合…60％以上

なお、変形労働時間制を採用している場合の時間外労働については、上記を踏まえ、次の取扱いとなりますので留意してください。

⑦変形労働時間制で1日8時間を超えて労働させることになっている日（例えば14.5時間）にその時間まで労働…割増なし

⑧変形労働時間制で1日8時間を超えて労働させることになっている日（例えば14.5時間）に、その時間を超えて労働…25％以上

⑨変形労働時間制で1日8時間以下の労働をさせることになっている日（例えば7時間）にその時間を超えて労働

a　1日8時間以下の労働…割増なし

b　1日8時間超えの労働…25％以上

c　1週40時間超えの労働（bを除く。）…25％以上

d　1変形期間の法定時間超えの労働（b,cを除く。）…25％以上

Q13 割増賃金はどのように計算すればよいのですか。

A13 割増賃金の計算方法は賃金形態により異なります。以下、賃金形態別にみていきます。なお、これらの計算方法は労基法で定められているものですが、これによって算出された額と常に同じか上回る場合には、他の計算方法を採用しても差し支え

220

ありません。

①時間給制の場合

割増賃金＝時間額×割増率×時間数

②日給制の場合

割増賃金＝時間単価（日給÷所定労働時間）×割増率×時間数

③月給制の場合

割増賃金＝時間単価（月給÷月間所定労働時間）×割増率×時間数

※　月給には、家族手当、通勤手当などの除外賃金（**Q14** 参照）は含まれません。

※　月間所定労働時間が月により異なる場合には年間の月平均労働時間を用います。

④歩合給制の場合

割増賃金＝時間単価（歩合給÷総労働時間）×割増率×時間数

※　総労働時間にはその月の時間外労働時間が含まれます。

※　時間外労働については、歩合給の中に 1.0 が含まれていますので、割増率は 0.25 になります。

⑤月給制＋歩合給制の場合

割増賃金＝上記③＋④

〔具体例〕

①歩合給制の割増賃金の場合

歩合給 320,000 円、総労働時間 200 時間、所定労働時間 170 時間、時間外労働時間 30 時間、深夜労働時間 70 時間の場合

ア　時間外割増 ＝（320,000 ÷ 200）× 0.25 × 30 ＝ 12,000

イ　深夜割増 ＝（320,000 ÷ 200）× 0.25 × 70 ＝ 28,000

②月給制＋歩合給制の割増賃金の場合

基本給 150,000 円、乗務手当 20,000 円、精皆勤手当 11,000 円、家族手当 5,000 円、通勤手当 8,000 円、住宅手当 12,000 円、無事故手当 9,000 円

歩合給 85,000 円

総労働時間 200 時間、所定労働時間 170 時間、時間外労働時間 30 時間、深夜労働時間 70 時間の場合

ア　月給制時間外割増 ＝ ｛(150,000 ＋ 20,000 ＋ 11,000 ＋ 9,000) ÷ 170｝× 1.25

× 30 ＝ 41,912

イ　月給制深夜割増 ＝ ｛(150,000 ＋ 20,000 ＋ 11,000 ＋ 9,000) ÷ 170｝× 0.25

Ⅳ　賃金・労働時間等に関する Q&A

$$\times 70 = 19,559$$

ウ　歩合給制時間外割増 ＝（85,000 ÷ 200）× 0.25 × 30 = 3,188

エ　歩合給制深夜割増 ＝（85,000 ÷ 200）× 0.25 × 70 = 7,438

Q14　割増賃金の算定基礎から除外される賃金とは何ですか。

A14　割増賃金の額を求める場合に基礎となる賃金は、通常の労働日又は労働時間の賃金とされており、以下の賃金を除いたものが算定基礎となります。

①家族手当

②通勤手当

③別居手当

④子女教育手当

⑤住宅手当

⑥臨時に支払われた賃金（結婚手当など）

⑦1か月を超える期間ごとに支払われる賃金（賞与など）

なお、これらの賃金に該当するかどうかは名称ではなく、実質で判断されます（**Q6** 参照）。

Q15　除外賃金の「住宅手当」について詳しく教えてください。

A15　割増賃金の基礎から除外される「住宅手当」とは、<u>住宅に要する費用に応じて算定される手当</u>をいい、手当の名称にかかわらず、実質によって判断されます。「費用に応じた算定」とは、費用に定率を乗じた額とすることや、費用を段階的に区分し費用が増えるに従って額を多くすることをいい、住宅に要する費用にかかわらず、一律に定額で支給される手当は該当しません（この場合には、割増賃金の基礎に入れる必要があります。）。（平 11.3.31 基発第 170 号）

〔具体例〕

1　本条の住宅手当に当たる例

（1）住宅に要する費用に定率を乗じた額を支給することとされているもの。例えば、賃貸住宅居住者には家賃の一定割合、持家居住者にはローン金額の一定割合を支給することとされているもの。

（2）住宅に要する費用を段階的に区分し、費用が増えるに従って額を多くして支給することとされているもの。例えば、家賃総額 5 ～ 10 万円の者には 2 万円、家賃総額 10 万円を超える者には 3 万円を支給することとされているようなもの。

2　本条の住宅手当に当たらない例

(1)　住宅の形態ごとに一律に定額で支給することとされているもの。例えば、賃貸住宅居住者には2万円、持家居住者には1万円支給することとされているようなもの。

(2)　住宅以外の要素に応じて定率又は定額で支給することとされているもの。例えば、扶養家族がある者には2万円、扶養家族がない者には1万円を支給することとされているようなもの。

(3)　全員に一律に定額で支給することとされているもの。

Q16　経営が苦しいので、労使合意の上で当分の間、割増賃金を支払わないことにすることは可能ですか。

A16　労基法の規定は、強行法規といって労使の合意によってもその適用を回避することはできません。したがって、労働者が合意したとしても法定の割増賃金を支払わなければ法に違反し無効です。

Q17　遅刻した者がその日に残業した場合も、残業時間に対する割増賃金の支払いは必要ですか。

A17　労基法上、時間外労働の割増賃金の支払いが義務付けられているのは、実労働で法定労働時間（8時間）を超える労働です。したがって、遅れて勤務に就いた場合は、その日の業務開始以降の実労働時間で8時間を超えた部分についてのみ割増賃金を支払えば足ります。

Q18　歩合給の中に割増賃金が含まれていると取り扱うことはできないのですか。

A18　判例ではこのような取扱いは認められないとされています。

すなわち、高知県観光事件判決（平6.6.13最高裁第二小法廷判決）では、会社側はオール歩合給制のもとで、時間外・深夜の割増賃金を含め、労働者に応じ月間水揚高の42%、45%、46%の歩率で計算した賃金を支給しているので割増賃金は支払い済みと主張しましたが、判決は「〔乗務員に支給される〕歩合給の額が、乗務員が時間外及び深夜の労働を行った場合においても増額されるものではなく、通常の労働時間の賃金に当たる部分と時間外及び深夜に当たる部分とを判別することもできないものであったことからして、この歩合給の支給によって、乗務員に対して〔労働基準〕法37条の規定する時間外及び深夜の割増賃金が支払われたとすることは困難なものというべきであり、会社は乗務員に対し、本件請求期間における時間外及び深夜の労働について、法37条及び労働基準法施行規則19条1項6号の規定

Ⅳ　賃金・労働時間等に関する Q&A

に従って計算した額の割増賃金を支払う義務があることとなる。」として、使用者側敗訴とし、割増賃金及び付加金の支払いを命じています。

Q19 割増賃金を固定額で支払うことは違法ですか。

A19 割増賃金を固定額で支払うことは一定の条件の下、認められています。その条件とは、次のとおりです。

　①給与明細等において、固定額部分とそれ以外の賃金が明確に区分されていること

　②就業規則等において、固定額部分は何時間分の時間外労働、深夜労働等に対する割増賃金か明確に定められていること

　③実際の時間外労働等が②で定めた時間を超えた場合は、別途差額を支払うこと

　なお、③の条件を満たすためには、大前提として労働者ごとに各日の労働時間を把握しておくことが必要となります。また、差額の支払いは月ごとに行う必要があります。

Q20 割増賃金を営収の一定率と定めて支払うことは違法ですか。

A20 割増賃金を営収の一定率で支払うこと自体は直ちに違法とはなりません。しかし、労働者に支払われた割増賃金が、法で定められた計算方法で算定した実際の割増賃金の額を下回らないようにしなければなりません。また、下回っている場合にはその差額分を支払うことを就業規則に明確に規定し、実際に差額を追加支給することが必要です。

　また、固定残業代と同様に、大前提として労働者ごとに各日の労働時間を把握すること及び差額の支払いは月ごとに行うことが必要です。

　なお、オール歩合制の場合の就業規則の規定例を以下に示しますので参考にしてください。

（規定例）

　第A条　歩合給は、月間売上高の○％とする。ただし、この額が最低賃金額を下回る場合には、最低賃金額で計算して支払う。

　2　時間外手当は、月間売上高の△％とする。ただし、法定計算を下回る場合は法定計算による。

　3　深夜手当は、月間売上高の□％とする。ただし、法定計算を下回る場合は法定計算による。

　　※　歩合給と時間外・深夜手当の率は、使用者が、労働契約や労使協議により決めるものですが、それぞれの会社の勤務ダイヤや時間外・休日労働、

深夜労働の実態を踏まえ、また、最低賃金の引上げ動向などを考慮して率を決めることがよいでしょう。

Q21 適法な賃金控除協定があれば、カード手数料などの乗務員負担分を控除することは可能ですか。

A21 税金、社会保険料など法律で定められているもの以外は、適法な賃金控除協定がなければ確定賃金から控除することはできません。また、賃金控除協定があっても、その控除項目が事理明白なものでなければ控除できないという通達※があります。事理明白でないものを控除すると賃金の全額払いの原則に反し、労基法違反となります。

> ※ （労基法第24条）第1項ただし書き後段は、購買代金、社宅、寮その他の福利、厚生施設の費用、社内預金、組合費等、事理明白なものについてのみ、法第36条第1項の時間外労働と同様の労使の協定によって賃金から控除することを認める趣旨であること。
>
> （昭27.9.20基発第675号、平11.3.31基発第168号）

これと異なり確定賃金からの控除ではなく、賃金額算定の過程で乗務員負担分を考慮し、計算式に組み込むことは、労基法違反にはなりません。ただし、乗務員負担制度があるかどうかといえば、あるということになります。

Q22 乗務員負担制度はなぜ廃止しなければならないのですか。

A22 乗務員負担制度とは、カード手数料、チケット手数料、無線・GPS手数料、黒塗り車両乗務料、専用乗り場入構料などについて、その経費の一部を乗務員が負担することにより、車両、設備等の充実や営収の確保を図るとともに、歩合給制で勤務する乗務員間の公平性を確保することなどを目的に導入されてきたタクシー業界特有の慣行です。本来、他産業では、これらの経費は労務の提供を受ける事業者側が当然負担すべきものであり、これらの慣行は外部からみて理解しづらいだけでなく、今後人材確保の面からも廃止すべきものといえます。

こうした観点から、平成25年11月の改正タクシー特措法の国会附帯決議において、「一般乗用旅客自動車運送事業者は……事業に要する経費を運転者に負担させる慣行の見直し等賃金制度の改善等に努める」とされました。

したがって、乗務員負担制度は法違反というようなものではありませんが、附帯決議を踏まえ、廃止に向けて取り組むべき課題といえます。

Ⅳ　賃金・労働時間等に関する Q&A

〔年次有給休暇〕

Q23　年次有給休暇について基本的なことを教えてください。

A23　使用者は、その雇入れの日から起算して6か月間継続勤務し全労働日の8割以上出勤した労働者に対して、継続し、又は分割した10労働日の有給休暇を与えなければなりません（労基法第39条第1項）。さらに1年間、8割以上継続出勤するごとに有給休暇は10労働日に加えて勤続2年6か月目まで1労働日ずつ加算して付与され、勤続3年6か月目からは2労働日ずつ加算して付与されます。勤続6年6か月経過時には20労働日に達し、以降は1年間の継続勤務ごとに20日を付与すれば足ります（労基法第39条第2項）。「8割出勤」を条件としているのは、労働者の勤怠の状況を勘案して、特に出勤率の低い者を除外する立法趣旨です（平25.7.10基発0710第3号）。

　付与日数は、具体的には、以下のとおりです。この日数はあくまで法定の最低基準（労基法第1条）であり、これを減ずることはできません。

　　※　継続勤務とは…事業場における在籍期間を意味し、勤務の実態に即し実質的に判断されます。例えば、定年退職者を嘱託社員として再雇用した場合などは、継続勤務として扱う必要があります。

　　※　出勤率算定に当たっての留意点

　　・業務上の怪我や病気で休んでいる期間、法律上の育児休業や介護休業を取得した期間、年次有給休暇を取得した期間などは、出勤したものとみなして取り扱う必要があります。

　　・会社都合の休業期間などは、原則として、全労働日から除外する必要があります。

継続勤務期間	6か月	1年6か月	2年6か月	3年6か月	4年6か月	5年6か月	6年6か月以上
付与日数	10日	11日	12日	14日	16日	18日	20日

Q24　年次有給休暇の比例付与とはどのようなものですか。

A24　昭和62年の労基法の改正により、所定労働日数の少ない労働者にもその所定労働日数に比例して年次有給休暇を付与する（例えばフル勤務の者が10日ならその半分の勤務の者は5日付与する）制度が導入されました。このため、週所定労働時間が30時間未満であって、週所定労働日数が4日以下又は年間所定労働日数が216日以下の者に対しては、次表のとおり継続勤務期間に応じた日数の年次有給休暇を与える必要があります（労基法第39条第3項）。

週所定労働日数	1年間の所定労働日数	継続勤務期間						
		6か月	1年6か月	2年6か月	3年6か月	4年6か月	5年6か月	6年6か月以上
4日	169～216日	7日	8日	9日	10日	12日	13日	15日
3日	121～168日	5日	6日	6日	8日	9日	10日	11日
2日	73～120日	3日	4日	4日	5日	6日	6日	7日
1日	48～72日	1日	2日	2日	2日	3日	3日	3日

Q25 年次有給休暇の計画的付与とはどのようなものですか。

A25 労働者ごとに年次有給休暇の付与日数のうち5日を超える部分については、労使協定（労働基準監督署に届け出る必要なし）を結べば、計画的に休暇取得日を割り振ることができます（労基法第39条第6項）。

Q26 年次有給休暇の時間単位付与とはどのようなものですか。

A26 年次有給休暇は、1日単位で与えることが原則ですが、労使協定（労働基準監督署に届け出る必要なし）を結べば、1時間単位で与えることができます（上限は1年で5日分まで）（労基法第39条第4項）。

Q27 年次有給休暇の時効は何年ですか。

A27 年次有給休暇は、発生の日から2年間で時効により消滅します（労基法第115条）。したがって、発生年度に行使されなかった年次有給休暇は次年度に限り繰り越されることになります。

Q28 年次有給休暇を買い取ることは可能ですか。

A28 年次有給休暇の本来の趣旨である「休むこと」を妨げることとなるため、買取りは法律違反となります。ただし、退職時に結果的に残ってしまった年次有給休暇や消滅時効にかかった年次有給休暇について、日数に応じた金銭を給付することは差し支えありません。

Q29 年次有給休暇に対して支払うべき賃金は決まっていますか。

A29 年次有給休暇に対しては、原則として、

①平均賃金

②所定労働時間労働した場合に支払われる通常の賃金

③健康保険法に定める標準報酬日額に相当する金額

Ⅳ　賃金・労働時間等に関する Q&A

（注：標準報酬月額の 30 分の 1 に相当する額に改正されています。）

のいずれかを支払う必要があり、いずれを選択するかについては、就業規則などに明確に規定しておく必要があります。なお、③による場合は、労使協定（労働基準監督署に届け出る必要なし）を締結する必要があります（第 39 条第 9 項）。

Q30 当社では有休をとると精勤手当を支給しない扱いになっていますが、問題ないでしょうか。

A30 使用者は、労働者が年次有給休暇を取得したことを理由として、その労働者に不利益な取扱いをしないようにしなければなりません（労基法附則第 136 条）。不利益な取扱いとは、賃金の減額のほか、精皆勤手当や賞与の算定に際して年次有給休暇を取得した日を欠勤又は欠勤に準じて取り扱うなど、年次有給休暇の取得を抑制するようなすべての取扱いが含まれます。したがって、貴社の取扱いは改める必要があります。

Q31 「うちの会社に有休はない」といっている事業者がいるようですが、問題ないでしょうか。

A31 年次有給休暇は、法所定の要件を満たせば必ず発生します。会社がそのような主張をしたとしても、労基法は強行法規ですから、要件を満たした労働者の年次有給休暇を拒否するようなことがあれば法違反となります。

Q32 年次有給休暇の利用目的で拒否することはできますか。

A32 年次有給休暇の利用目的は労基法の関知するところではなく労働者の自由です。したがって、労働者は年次有給休暇を取得する旨を事前に使用者に伝える必要はあっても、その理由までを使用者に伝える義務はありません。ただし、ストライキのために年次有給休暇を利用するようなことは年次有給休暇とは性格上相容れないものというべきですから、拒否しても差し支えありません。

Q33 年次有給休暇は当年分と繰越分のどちらから消化されるのですか。

A33 年次有給休暇の取得の順序については、労基法に特段の規定はありません。したがってどちらを先に取得したこととしても直ちに違法にはなりませんが、通常は労働者の時季指定権は繰越分からなされていくと推定すべきです（菅野和夫『労働法第 11 版補正版』P.544 参照）。いずれにしても就業規則等で明確にしておくことが望ましいでしょう。なお、従来、繰越分を先に取得することとしていたものを当年分に変更するのであれば、変更は一種の不利益変更となりますので、その際は労働

228

者の同意を得ておくことが必要です。

〔制　裁〕

Q34 乗務員の故意又は重大な過失により会社が損害を被った場合も損害賠償請求はできないのでしょうか。

A34 労基法は「労働契約の不履行について違約金を定め、損害賠償額を予定する契約をしてはならない。」（第16条）と定めていますが、損害額の如何にかかわらず、あらかじめ賠償額を定めるのではなく、労働者が会社に与えた実際の損害額に応じて賠償を求めることは禁止されていません。

　なお、労働者が、例えば業務上横領等によって会社に損害を与えた場合、これに対して会社が就業規則違反として懲戒処分を行うことと、損害賠償をすることとは別個の問題です。したがって、懲戒処分を行うとともに損害賠償の全部又は一部を請求することも可能です。

Q35 減給の制裁について教えてください。

A35 減給の制裁とは、職場規律に違反した労働者に対する制裁として、本来ならばその労働者が受けるべき賃金の中から一定額を差し引くことをいいます。この額が大きくなりすぎると労働者の生活を脅かすことになるため労基法では、次のとおり限度を定めています（第91条）。

　なお、減給の制裁を適法に行うためには、あらかじめ就業規則に規定を設けておく必要があります。

　　①1回の額が平均賃金の1日分の半額を超えないこと

　　②複数回の減給が行われる場合に、その総額が一賃金支払期における賃金総額の10分の1を超えないこと

Q36 賞与から減給することはできますか。

A36 就業規則において、減給は賞与から行うことを明確にしている場合には、賞与から差し引くことは問題ありません。

Q37 出勤停止の場合、減給の制裁との関係はどうなりますか。

A37 出勤停止期間中に賃金が支払われないのは、「制裁としての出勤停止の当然の結果であって、通常の額以下の賃金を支給することを定める減給の制裁に関する法第91条の規定には関係はない。」（昭23.7.3基収第2177号）とされています。なお、出勤停止の期間については制裁の対象となる事犯の情状の程度等により自ずから制

IV　賃金・労働時間等に関する Q&A

限があることは当然です。

〔退職金〕

Q38 退職金は支払わなければなりませんか。

A38 退職手当制度は必ず設けなければならないものではありません。現に退職金制度がない会社もあります。

　ただし、制度がある場合には、就業規則に必ず、①適用される労働者の範囲、②退職手当の決定、計算及び支払いの方法、③支払いの時期について規定しておく必要があります（労基法第89条第3号の2）。

〔労働時間〕

Q39 労働時間とは。

A39 労基法上の労働時間とは、労働者が使用者の指揮命令下に置かれている時間をいいます。必ずしも現実に精神又は肉体を活動させていることを要件としていません。「使用者の指揮命令下」にあるか否かは、明示的なものである必要はなく、黙示の指示により行われている場合も労働時間です（平29.1.20「労働時間の適正な把握のために使用者が講ずべき措置に関するガイドライン」）。

　ガイドラインでは、次のような時間は、労働時間に該当すると例示されています。

　①使用者の指示により、就業を命じられた業務に必要な<u>準備行為</u>（着用を義務付けられた所定の服装への着替え等）や業務終了後の業務に関連した後始末（清掃等）を事業場内で行った時間

　②使用者の指示があった場合には即時に業務に従事することを求められており、労働から離れることが保障されていない状態で<u>待機している時間</u>（いわゆる「手待時間」）

　③<u>参加</u>することが業務上<u>義務付け</u>られている研修・教育訓練の受講や、使用者の指示により業務に必要な学習等を行っていた時間

　※　着替えについては **Q53** 参照。

Q40 休憩時間とは。

A40 休憩時間とは、単に作業に従事しない手待時間は含まず、労働者が権利として労働から離れることを保障されている時間をいいます。

　手待時間は使用者の明示又は黙示の指示があれば直ちに作業に従事しなければならない点で労働から離れることを保障されている時間とはいえず、休憩時間には該当しません。

Q41 法定労働時間・法定休日とは。

A41 労基法では、「休憩時間を除き1週間について40時間を超えて、……1日について8時間を超えて、労働させてはならない。」（第32条）と労働時間の原則を定めており、この「週40時間及び1日8時間」を法定労働時間といいます。法定労働時間を超えて適法に労働させる（「時間外労働」といいます。）ためには、事前の労使協定（36協定とも呼ばれます。）の締結及び行政官庁（労働基準監督署長）への届出と割増賃金の支払いが必要です（第36条・第37条）。

また、同法では「毎週1回の休日を与えなければならない。」（第35条第1項）として週休制の原則を定めています。この「毎週1回の休日」が法定休日です。ただし、「前項の規定は、4週間を通じ4日以上の休日を与える使用者については適用しない。」という例外が定められています（第35条第2項）。法定休日に適法に労働させるためには、事前の労使協定の締結及び行政官庁（労働基準監督署長）への届出と割増賃金の支払いが必要です（第36条・第37条）。

Q42 法定労働時間が週に40時間というときの「週」とは。

A42 事業場の就業規則等で定めれば「日曜から土曜まで」又は「月曜から日曜まで」など選ぶことができます。なお、就業規則等に別段の定めがない場合は、「日曜から土曜まで」の暦週をいうものと解されます（昭63.1.1基発第1号）。

Q43 36協定とは。

A43 法定労働時間を超え、又は法定休日に労働させる場合に「当該事業場に、労働者の過半数で組織する労働組合がある場合においてはその労働組合、労働者の過半数で組織する労働組合がない場合においては労働者の過半数を代表するものとの書面による協定を締結し、これを行政官庁に届け出」る（労基法第36条）必要があります。

Q44 36協定の締結に当たり「労働者の過半数を代表する者」として、総務部長を指名してもよいでしょうか。

A44 36協定の締結当事者となり得る過半数代表者については、次のいずれにも該当する者でなければならないとされていますので、適正に選出する必要があります（労基則第6条の2）。

①労基法第41条第2号に規定する監督又は管理の地位にある者でないこと。

②法に規定する協定等をする者を選出することを明らかにして実施される投票、挙手等の方法による手続により選出された者であること。

231

Ⅳ 賃金・労働時間等に関する Q&A

> （注：②の要件には、平成 31 年 4 月から「使用者の意向に基づき選出されたもの
> でないこと」が追加されています。）

なお、「投票、挙手等」の「等」には、労働者の話合い、持ち回り決議等労働者の過半数が当該者の選任を支持していることが明確になる民主的な手続が含まれます。

Q45 事業場に複数の労働組合がありますが、いずれも労働者の過半数を組織していません。36 協定はどのように締結すればよいでしょうか。

A45 別途、労働者の過半数を代表する者を選出して、その者と協定を締結することになります。なお、複数の組合の組合員を合計すれば過半数となる場合であって、それぞれの組合代表の連署があれば有効な協定と認められると解されています（昭 28.1.30 基収第 398 号、平 11.3.31 基発第 168 号等）。

Q46 1 か月単位の変形労働時間制とは。

A46 変形労働時間制とは、原則的な労働時間制の例外として、一定期間内の法定労働時間の総枠の範囲内で労働時間の配分を可能とするもので、これにより特定の日又は特定の週に法定労働時間を超えて労働させても時間外労働として扱う必要がないものをいいます。変形期間が 1 か月以内のものが 1 か月単位の変形労働時間制ですが、このほかに変形期間が、1 年のもの、1 週間のもの（小売業等業種の限定あり）もあります。

　1 か月単位の変形労働時間制は、就業規則その他これに準ずるものにおいて定めることにより、採用することができます。1 か月以内であれば、4 週間単位等でもかまいません。

　変形期間における法定労働時間の総枠は、次のとおりです。

　　①31 日の月　…177.1 時間

　　②30 日の月　…171.4 時間　　※　総枠＝（変形期間の日数÷7）×40

　　③28 日の場合…160 時間

　1 か月単位の変形労働時間制を採用する場合には、通達により「就業規則においてできる限り具体的に特定すべきものであるが、業務の実態から月ごとに勤務割を作成する必要がある場合には、就業規則において各直勤務の始業終業時刻、各直勤務の組合せの考え方、勤務割表の作成手続及びその周知方法等を定めておき、それにしたがって各日ごとの勤務割は変形期間の開始前までに具体的に特定することで足りる」（昭 63.3.14 基発第 150 号）とされています。

Q47 改善基準とは。

A47 自動車運転者の労働時間等の規制については、昭和41年までは他産業の労働者の労働条件と同様、主として労基法に基づき行われていましたが、昭和42年に自動車運転者の労働条件を改善するとともに、交通事故の激増に対処するため、労基法に加えて労働省労働基準局長の通達「自動車運転者の労働時間等の改善基準」（昭42.2.9基発第139号「2・9通達」）が策定され監督指導が行われることとなりました。

しかしながら、2・9通達は、実作業時間規制を中心とするものであり、実作業時間以外の労働時間を比較的多く含む自動車運転者については、十分な効果を上げ得なかった感がありました。

昭和54年、2・9通達の実施から10余年が経過し、輸送量の変化、自動車運転者の長時間労働の実態、ILO条約「路面運送における労働時間及び休息期間に関する条約」（第153号）の採択等により、新たに拘束時間規制を中心とする「自動車運転者の労働時間等の改善基準について」（昭54.12.27基発第642号「27通達」）が策定されました。

27通達からさらに10余年経過後、改善基準の法制化の是非を含む規制の在り方について中央労働基準審議会自動車運転者労働時間問題小委員会で検討され、「自動車運転者の労働時間等の改善のための基準」（平元.2.9労働省告示第7号）が策定されました。

その後、改善基準は、法定労働時間の短縮に伴い平成3年、平成4年、平成9年に大きな改正がなされるとともに、国土交通省においても、同基準を運輸規則の体系に取り入れるべく、平成13年に国土交通省告示（第1675号）を定め、平成14年2月1日より施行されています。

Q48 拘束時間とは。

A48 拘束時間とは、基本的には労働時間と休憩時間（仮眠時間を含みます。）の合計時間をいいます。

拘束時間は労基法には規定のない概念であり、改善基準で長時間労働を改善するための基準として用いられています。例えば、タクシーの隔日勤務の拘束時間は2暦日で21時間、1か月で262時間（地域的事情その他の特別な事情がある場合において、労使協定があるときは、1年のうち6か月において、当該6か月の各月について270時間）を超えてはならないものとされています。

拘束時間は、始業時刻から終業時刻までの時間であり、労働時間としての所定労働時間と時間外労働時間、休憩時間が含まれていますから、所定労働時間と休憩時間が決まれば、時間外労働時間の上限も決まる関係にあります。

Ⅳ　賃金・労働時間等に関するQ&A

Q49　昼日勤、夜日勤、隔日勤務のそれぞれに対する改善基準の規制を教えてください。

A49　昼日勤と夜日勤は、どちらも日勤勤務ですので、１日の拘束時間は原則13時間、最大で16時間です。また、１か月の拘束時間は299時間です。さらに継続８時間以上の休息期間（勤務と勤務の間のインターバルの時間）を置くことが必要です。

　　隔日勤務の拘束時間は２暦日で21時間、１か月で262時間（地域的事情その他の特別な事情がある場合において、労使協定があるときは、１年のうち６か月において、当該６か月の各月について270時間）です。また、継続20時間以上の休息期間を置くことが必要です。

　　日勤勤務及び隔日勤務には、このほかに「車庫待ち等の特例」があります。

　　※　車庫待ち等の特例

　　　「車庫待ち等」とは、顧客の需要に応ずるため常態として車庫等において待機する就労形態をいいます。

　　　このような形態の乗務員については、日勤勤務の場合、労使協定があれば１か月の拘束時間は322時間まで延長可。また、１日の拘束時間は、次の条件を満たせば24時間まで延長可です。

　　　・休息期間を継続20時間以上付与

　　　・拘束時間16時間超えは１か月７回以内

　　　・拘束時間18時間超えの場合は、夜間に４時間以上の仮眠時間付与

　　　車庫待ち等の隔日勤務の場合は、労使協定があれば、１か月の拘束時間は、原則の拘束時間（262時間又は270時間）に20時間を加えた時間まで延長可。また、次の条件を満たせば、２暦日で24時間まで延長可です。

　　　・夜間に４時間以上の仮眠時間付与

　　　・１か月に21時間を超える回数は労使協定で定める回数（７回が限度）以内

Q50　タクシー乗務員の業務は事業場外労働には該当しないのですか。

A50　確かに労基法は、「労働者が労働時間の全部又は一部について事業場外で業務に従事した場合において、労働時間を算定し難いときは、所定労働時間労働したものとみなす。」（第38条の２）と事業場外労働のみなし労働時間制を規定しています。

　　タクシー乗務員の業務は事業場外で行われていることはそのとおりですが、通常はデジタル式運行記録計などから労働時間を算定できるため、「労働時間を算定し難いとき」には該当せず、労基法上の事業場外労働には該当しません。

　　したがって、使用者は個々の乗務員について、一律に所定労働時間労働したとみなすことはできず、実際の労働時間を把握しなければなりません。

Q51 乗務員の始業時刻とは。

A51 拘束時間の起点となる乗務員の始業時刻は、一般的には、出庫に先立って行う、アルコールチェック、対面点呼、車両の始業前点検などを開始した時刻になります。出庫時刻及びアルコールチェック時刻は乗務員ごとに客観的な記録が残りますから、これらの時刻そのもの又はこれらを参考にして始業時刻を把握・記録することになります。

Q52 乗務員の終業時刻とは。

A52 拘束時間の終点となる乗務員の終業時刻は、一般的には帰庫後、運転日報作成、アルコールチェック、納金業務、洗車などを終了した時刻になります。帰庫時刻及びアルコールチェック時刻は乗務員ごとに客観的な記録が残りますから、これらの時刻そのもの又はこれらを参考にして終業時刻を把握・記録することになります。

Q53 制服への着替え時間は労働時間ですか。

A53 有害環境下での作業など着替えそのものが使用者の厳重な管理下に行われるような場合を除き、一般には着替えは使用者の指揮命令下の労働とは解されず、労働時間には該当しません。

　参考になる判例として、「入門後職場までの歩行や着替え履替えは、それが作業開始に不可欠のものであるとしても、労働力提供のための準備行為であって、労働力の提供そのものではないのみならず、特段の事情のない限り使用者の直接の支配下においてなされるわけではないから、これを一率に労働時間に含めることは使用者に不当の犠牲を強いることになって相当とはいい難く、結局これをも労働時間に含めるか否かは、就業規則にその定めがあればこれに従い、その定めがない場合には職場慣行によってこれを決するのが最も妥当である」（昭59.10.18最高裁第一小法廷判決）があります。

Q54 洗車機の順番待ちは労働時間ですか。

A54 洗車機による洗車を義務付けているような場合には、使用者の指揮命令下にある時間として労働時間に該当します。

Q55 乗務員が会社の指定した場所以外で客待ち待機を行った場合、これを労働時間と認めず、賃金カットすることはできますか。

A55 懲戒の対象にはなり得ますが、労働時間と認めないことは困難と思われます。詳しくは次の裁判例を参考にしてください。

235

Ⅳ　賃金・労働時間等に関する Q&A

※　「中央タクシー事件」（平 23.11.30 大分地裁判決）

〈事実の概要〉

　Y社〔被告〕は、指定した場所以外での客待ち待機は非効率なため、労働組合とも協議を重ね、組合員にも周知徹底の上、30分を超える指定場所以外での客待ち待機時間は労働時間に該当しないとして賃金カットしていた。

〈判決の要旨〉

①　労基法にいう労働時間とは、労働者が使用者の明示又は黙示の指揮命令ないし指揮監督の下に置かれている時間をいうが、Xら〔原告〕の客待ち待機をしている時間は、30分を超えるものであっても、Y社の具体的な指揮命令があれば、直ちにその命令に従わなければならず、また、Xらは労働の提供ができる状態にあったのであるから、Y社の明示又は黙示の指揮命令ないし指揮監督の下に置かれている時間であったことは明らかである。

②　仮に、Y社が30分を超えるY社の指定場所以外での客待ち待機をしないように命じていたとしても、その命令に反した場合に、労基法上の労働時間でなくなるということにはならない（命令に従わないことについて適正な手続で懲戒処分ができるとしても、この命令に従わないことで労働時間に該当しないということはできない）。

③　ある時間が労基法上の労働時間に該当するか否かは、当事者の（労働協約等の）約定にかかわらず、客観的に判断するべきであるから、労働協約の規定があったとしても、労基法上の労働時間に該当しなくなるわけでもない（ただし、労働協約にその旨の明文の基準規定はなかったとされている）。

④　Y社は、Xらの大分駅構内等における30分を超える客待ち待機時間につき、信義則に反し債務の本旨に従った労働と評価されないと主張するが、労働時間として否定されるほど、あるいは、およそ労働とは認められないほどの信義則違反とは認められない。

Q56　乗務員の休憩時間はどのように把握すればよいですか。

A56　通達において「事業場外における休憩時間については、就業規則等に定めた所定の休憩時間を休憩したものとして取り扱うこととしたが、休憩時間が不当に長い場合は歩合給等の賃金体系との関連から休憩時間中も働く可能性があるので、事業場外での休憩時間は、仮眠時間を除き、原則として3時間を超えてはならないものとしたこと。」（93号通達）との記述がみられます。

　この前段部分については、改善基準の解説書において「事業場外における休憩時

間については、一人ひとりの自動車運転者が何時間の休憩をしたかを細かく使用者に把握させることは困難な面もあるので、原則として『所定の休憩時間』休憩したものとして取り扱うこととされた。……（中略）……しかしながら、右のような取扱いを妥当なものとするためには、使用者は自動車運転者に対し、所定の休憩時間をとるよう明確に指示する等、右のような取扱いと実際の休憩時間とのギャップを生じないようにする必要がある。」（労働調査会出版局編『改訂5版 自動車運転者労務改善基準の解説』p.157）とされています。

これらを踏まえると、通達で認められた取扱いをするためには、まず乗務員に1回の勤務につき必ず所定の休憩時間を取得するよう明確に指示した上で、取得した休憩時間を乗務記録に記載することを周知徹底するほか、実際の休憩時間とギャップが生じていないか必要に応じチェックする体制をとっておくことが求められます。

ただし、デジタル式運行記録計が備え付けられている車両については、個々の乗務員ごとに客観的な休憩時間の管理が可能ですから、それによることなりますが、乗務記録の作成義務上、車両備え付けの休憩ボタンを休憩の都度確実に押すよう乗務員に徹底することは必要です。

Q57 乗務員の勤務時間等についてより適正に把握するため、就業規則の見直しを考えていますが、参考になる規定例はありませんか。

A57 始業・終業時刻については、2とおりの把握方法が想定されます。それぞれについて規定例を示しますので参考にしてください。

ケース1（出庫・帰庫時刻を基点に始業・終業時刻を把握する方法）

（点呼及び休憩時間の記録）

第A条 乗務員は、始業時及び終業時に所定の点呼（アルコールチェックを含む。）を受けなければならない。

2 乗務員は、休憩時間の取得に当たっては、車両備え付けの休憩ボタンによりデジタル式運行記録計に記録を残さなければならない。

（乗務員の勤務時間等）

第B条 乗務員の勤務形態は、隔日勤務及び日勤勤務とする。

2 隔日勤務に従事する乗務員の勤務時間等は、次のとおりとする。

① 28日を変形期間とする変形労働時間制を採用し、週の所定労働時間は28日間を平均して40時間以内とする。

② 隔日勤務の勤務ダイヤは1サイクル28日の「3H3W3H2W制（数字は連続

237

勤務数（勤務後の明番を含む。）、H は公休、W は 2 連続公休を示す。11 勤
6 休制）」とする。この場合の 1 勤務の所定労働時間は 14 時間 30 分とする。

③　変形期間の起算日は平成〇年〇月〇日とする。

④　隔日勤務の各シフト別の始業・終業時刻及び休憩時間は次表のとおりとす
る。ただし、乗務員ごとの勤務日と勤務時間を定めた勤務交番表を 1 か月ご
とに作成し、毎月〇日前までに各人に通知するものとする。

⑤　乗務員の始業時刻は、出社後出庫するまでに行われる点呼、始業前点検等
に要する時間を〇分と取り扱い、出庫時刻の〇分前とする。乗務員の終業時
刻は、帰庫後の納金、報告、洗車、点呼等に要する時間を△分と取り扱い、
帰庫時刻の△分後とする。

　　ただし、実際に当該時間を超えた場合であって、乗務員が理由を明らかに
して申し出、かつ、会社が認めたときは、その時間により始業・終業時刻を
確定する。

3　休憩時間は合計 3 時間とし、乗務員は、原則として指定された時間帯に取得
するようにしなければならない。なお、継続〇分以上車両が停止していた場合
であって、乗務員から特段の申出がない時間については、その間、休憩を取得
したものとして取り扱うものとする。

[隔日勤務のシフト基準]

勤務シフト	始業時刻	終業時刻	所定労働時間	休憩時間
A	6 時 30 分	0 時 00 分		8 時から 12 時までに〇分 14 時から 20 時までに〇分 21 時から 23 時までに〇分
B	7 時 30 分	1 時 00 分		9 時から 13 時までに〇分 15 時から 21 時までに〇分 22 時から 24 時までに〇分
C	8 時 30 分	2 時 00 分	14 時間 30 分	10 時から 14 時までに〇分 16 時から 22 時までに〇分 23 時から 1 時までに〇分
D	9 時 30 分	3 時 00 分		11 時から 15 時までに〇分 17 時から 23 時までに〇分 0 時から 2 時までに〇分
E	11 時 30 分	5 時 00 分		13 時から 17 時までに〇分 19 時から 1 時までに〇分 2 時から 4 時までに〇分

（以下略）

ケース2 （アルコールチェック時刻により始業・終業時刻を把握する方法）

（点呼及び休憩時間の記録）

第Ａ条 乗務員は、始業時及び終業時に所定の点呼（アルコールチェックを含む。）を受けなければならない。

2 乗務員は、休憩時間の取得に当たっては、車両備え付けの休憩ボタンによりデジタル式運行記録計に記録を残さなければならない。

（乗務員の勤務時間等）

第Ｂ条 乗務員の勤務形態は、隔日勤務及び日勤勤務とする。

2 隔日勤務に従事する乗務員の勤務時間等は、次のとおりとする

　①～④は**ケース1**に同じ。

　⑤ 実際の始業時刻は出庫前の点呼開始時刻（アルコールチェック時刻）とし、終業時刻は帰庫後の納金、報告、洗車等を終了した後の点呼終了時刻（アルコールチェック時刻）とする。

3は**ケース1**に同じ。

Q58 ハイヤー乗務員に、改善基準告示は適用がないと聞いたのですが。

A58 「27通達」ではハイヤー乗務員についてもタクシー乗務員と同様、拘束時間等の規制の対象になっていましたが、改善基準告示ではハイヤー乗務員の勤務の実態に鑑み、これら規制は適用しないこととされました（同告示第2条第5項）。ただし、改善基準告示が全く適用されないわけではなく、ハイヤー乗務員については、

　1か月…50時間

　3か月…140時間

　1年間…450時間

の時間外労働の目安時間（特別条項付き協定がある場合はそれによる。）が定められています（同告示第3条）。

Q59 運行管理請負業の乗務員には、改善基準告示のどの規制が適用になるのですか。

A59 運行管理請負業の乗務員は、「旅客自動車運送事業及び貨物自動車運送事業以外の事業に従事する自動車運転者であって、主として人を運送することを目的とする自動車の運転の業務に従事するもの」（改善基準告示第5条）に該当するため、いわゆるバスの改善基準が適用されます。

編　纂：(一社)東京ハイヤー・タクシー協会　労務委員会
平成 30 年 3 月作成

労務委員長　清　水　　　始

労務委員会賃金部会
部会長　山田能成　盈進自動車株式会社
部会長代理　中澤睦雄　互助交通有限会社
委　員　廣瀬則郎　京王自動車株式会社
委　員　菊地武成　三陽自動車交通株式会社

労務委員会労働時間部会
部会長　三田　茂　株式会社グリーンキャブ
部会長代理　安原隆行　国際自動車株式会社
委　員　鈴木繁之　帝都自動車交通株式会社
委　員　椿　啓彰　明治自動車株式会社

事務局
常務理事　加藤敏彦
業務部長　恒田美代子
業務課長　杉山泰之

巻末資料

タクシー運転者の労働時間等の改善基準のポイント
〈厚生労働省パンフレット〉

※ 編集により一部修正しています。

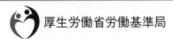

タクシー運転者の労働時間等の

改善基準のポイント

厚生労働省労働基準局

はじめに

タクシー・ハイヤー運転者の労働条件の改善を図るため、労働大臣告示「自動車運転者の労働時間等の改善のための基準」（改善基準告示）が策定されています。以下はそのポイントです。

ポイント 1　拘束時間・休息期間

改善基準告示は、自動車運転者の労働の実態を考慮し、拘束時間、休息期間等について基準を定めています。

(1) **拘束時間は以下のとおりです**

始業時刻から終業時刻までの時間で、労働時間と休憩時間（仮眠時間を含む）の合計時間をいいます。

(2) **休息期間は以下のとおりです**

勤務と次の勤務の間の時間で、睡眠時間を含む労働者の生活時間として、労働者にとって全く自由な時間をいいます。

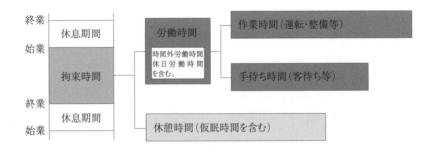

※ 労働時間には、時間外労働時間と休日労働時間が含まれますので、その時間数・日数をできるだけ少なくして、改善基準告示に定める拘束時間内の運行、休息期間の確保に努めて下さい。

ポイント 2 タクシーの日勤勤務者の拘束時間及び休息期間

（1）1箇月の拘束時間は以下のとおりです

1箇月の拘束時間は**299時間**が限度です。

なお、車庫待ち等の運転者の拘束時間は（3）のとおり。

（2）1日の拘束時間と休息期間は以下のとおりです

① 1日（始業時刻から起算して24時間をいいます。以下同じ）の拘束時間は**13時間以内を基本**とし、これを延長する場合であっても**16時間**が限度です。

② 1日の休息期間は**継続8時間以上**必要です。

③ 拘束時間と休息期間は表裏一体のものであり、1日とは始業時刻から起算して24時間をいいますので、結局、**1日（24時間）＝拘束時間（16時間以内）＋休息期間（8時間以上）**ということです（図1参照）。

（図1）この図は、車庫待ち等の運転者の特例がないときのものです。

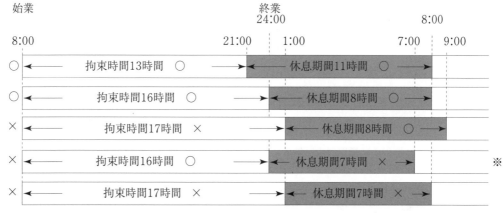

※この場合、翌日の始業時刻が7:00とすると拘束時間が16時間＋1時間＝17時間となり、改善基準告示違反となりますのでご留意ください。

（3）車庫待ち等の運転者に係る特例は以下のとおりです

① 車庫待ち等の運転者（顧客の需要に応ずるため常態として車庫等において待機する就労形態のタクシー運転者）については、書面による**労使協定**（P.248参照）を結ぶことにより、1箇月の拘束時間を**322時間**まで延長することができます。

（労使協定で定める事項）
・ 協定の適用対象者
・ 1箇月についての拘束時間の限度
・ 協定の有効期間等

② 車庫待ち等の運転者については、以下の要件の下に1日の拘束時間を**24時間**まで延長することができます。

ア 勤務終了後、**継続20時間以上**の休息期間を与えること。

イ 1日の拘束時間が16時間を超える回数が**1箇月について7回以内**であること。

ウ 1日の拘束時間が**18時間**を超える場合には、夜間4時間以上の仮眠時間を与えること。

(4) 拘束時間・休息期間の計算方法は以下のとおりです

（図2）

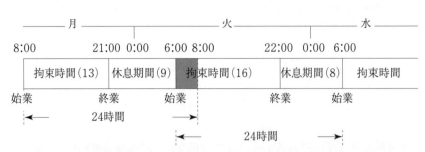

色をつけた部分は月曜日に始まる勤務の拘束時間と火曜日に始まる勤務の拘束時間が重なる時間帯

① 1箇月の拘束時間が改善基準告示を満たしているかどうかは、1箇月間の**各勤務の拘束時間（始業時刻から終業時刻まで）**をそのまま合計してチェックしてください。

　図2に沿って具体的に示すと次のようになります。
ア　1箇月の拘束時間
　1箇月間の各勤務の拘束時間（始業時刻から終業時刻まで）をそのまま合計
　・月曜日　始業8:00〜終業21:00　　　13時間
　・火曜日　始業6:00〜終業22:00　　　16時間
　　　⋮　　　　　　　　　　　　　　　　⋮
　　　合計　　　　　　　　　　 A 　時間

※　1箇月間の各勤務の拘束時間の合計 A 時間≦1箇月の拘束時間の限度であれば、改善基準告示を満たしています。

② 1日の拘束時間が改善基準告示を満たしているかどうかは、**始業時刻から起算した24時間以内の拘束時間**によりチェックしてください。

　図2に沿って具体的に示すと次のとおりになります。
ア　月曜日（始業時刻8:00からの24時間）の拘束時間・休息期間
　・月曜日　始業　8:00〜終業21:00　　　13時間　｝拘束時間　15時間
　　火曜日　始業　6:00〜8:00　　　　　　2時間
　・月曜日　終業　21:00〜翌6:00　　　　　9時間　　休息期間　　9時間

イ　火曜日（始業時刻6:00からの24時間）の拘束時間・休息期間
　・火曜日　　6:00〜22:00　　　　　　　16時間　　拘束時間　16時間
　・火曜日　22:00〜翌6:00　　　　　　　　8時間　　休息期間　　8時間

※　上記ア、イについては、共に改善基準告示を満たしていますが、アのように、翌日の始業時刻が早まっている場合（月曜日は始業時刻8:00だが、火曜日は始業時刻6:00）は、月曜日の始業時刻から24時間以内に、火曜日の6:00〜8:00の2時間も入れてカウントされますので、1日の拘束時間は、改善基準告示に定める原則13時間ではなく、15時間になることに注意してください。一方、火曜日は始業時刻が6:00ですので、始業時刻から24時間内には（当然のことながら）6:00〜8:00の2時間はカウントされます。

ポイント 3 タクシーの隔日勤務者の拘束時間及び休息期間

(1) 1箇月の拘束時間は以下のとおりです

1箇月の拘束時間は**262時間**が限度です。ただし、地域的事情その他の特別な事情（例えば顧客需要の状況等）がある場合において、書面による**労使協定**（P.249参照）があるときは、1年のうち6箇月までは、1箇月の拘束時間の限度を**270時間**まで延長することができます（図3参照）。なお、車庫待ち等の運転者の拘束時間は（3）のとおり。

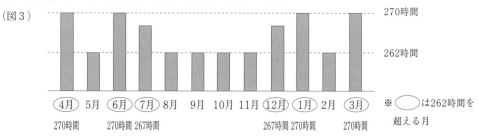

（図3）

※ ○は262時間を超える月

（労使協定で定める事項）
- 協定の適用対象者
- 1年間についての拘束時間が1箇月262時間を超える月及びその月の拘束時間
- 当該協定の有効期間
- 協定変更の手続等

(2) 2暦日の拘束時間と休息期間は以下のとおりです

2暦日の拘束時間は**21時間以内**とされています。また、勤務終了後、**継続20時間以上**の休息期間が必要です（図4参照）。なお、車庫待ち等の運転者の拘束時間は（3）のとおり。

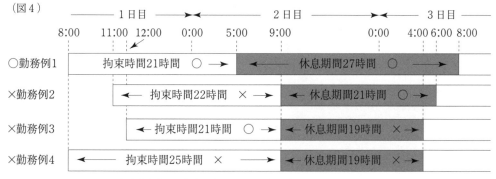

（図4）

＊この図は車庫待ち等の運転者の特例がないときのものです。

(3) 車庫待ち等の運転者に係る特例は以下のとおりです

① 2暦日の拘束時間の限度は、**夜間4時間以上の仮眠時間を与えることにより、24時間**まで延長することができます。ただし、**労使協定**（P.250参照）により回数等を定める必要があります（**1箇月について7回以内**）。

（労使協定で定める事項）
- 協定の適用対象者
- 1箇月について2暦日の拘束時間が21時間を超える勤務の回数
- 当該協定の有効期間等

② ①の場合に、1箇月の拘束時間の限度を262時間又は労使協定により262時間を超え270時間以内で定めた時間に**20時間を加えた時間**まで延長することができます（図5参照）。

（図5）

ポイント 4 時間外労働及び休日労働の限度

（1）時間外労働及び休日労働の拘束時間の限度は以下のとおりです

　　時間外労働及び休日労働は1日又は2暦日の拘束時間及び1箇月の拘束時間（日勤勤務者：原則、1日16時間、1箇月299時間、隔日勤務者：原則2暦日21時間、1箇月262時間（書面による労使協定がある場合は270時間））が限度です（図6参照）。

　　なお、時間外労働及び休日労働を行う場合には、労働基準法第36条第1項に基づく時間外労働及び休日労働に関する協定届（P10参照）を労働基準監督署へ届け出てください。

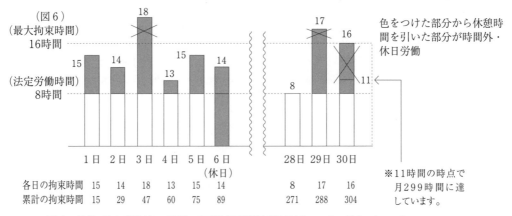

※この図は、1箇月の拘束時間が299時間で変形労働時間制が採用されていない場合のものです。

（2）休日労働の限度は以下のとおりです

　　休日労働は1箇月の拘束時間の限度内で2週間に1回が限度です。

ポイント 5 ハイヤーの運転者の時間外労働

　　ハイヤーについては拘束時間や休息期間等の規制は適用されませんが、時間外労働に関しては、**1箇月50時間**又は**3箇月140時間**及び**1年間450時間**の**目安時間**の範囲内で労使で協定を締結する必要があります。

ポイント 6 　賃金制度等に関する基準

自動車運転者の賃金制度等の取扱いについては、次のとおりとすることとされています。

（1）保障給は以下のとおりです

歩合給制度が採用されている場合には、出来高がいつもより少なくても、労働時間に応じ一定の賃金が得られるよう保障給を定めなければなりません。保障給は、各労働者が標準的能率で通常の労働時間勤務した場合に得られると想定される賃金（通常の賃金）の6割以上とされています。

$$1時間当たりの保障給 = \frac{通常の賃金}{算定期間における通常の労働時間} \times 0.6$$

（2）累進歩合制度は廃止してください

累進歩合制度（トップ賞、奨励加給を含む）については、長時間労働やスピード違反を極端に誘発するおそれがあり、交通事故の発生も懸念されることから、**廃止**してください。

（3）年次有給休暇の不利益取扱いは禁止されています

労働基準法附則第136条の規定に従い、年次有給休暇を取得したとき、不当に賃金額を減少させてはいけません。

（4）労働時間の適正管理を行って下さい

運行記録計の活用等により、運転者個人ごとに労働時間を把握し、適正な労働時間管理を行ってください。

（5）休日の取扱いは以下のとおりです

休日は、**休息期間＋24時間の連続した時間**をいいます。

すなわち、タクシーの日勤勤務者の休息期間は8時間以上確保されなければならないので、休日は、**「休息期間8時間＋24時間＝32時間」以上の連続した時間**となります。隔日勤務者の場合は、20時間以上の休息期間が確保されなければならないので、休日は、**「休息期間20時間＋24時間＝44時間」以上の連続した時間**となります。よって、これらの時間数に達しないものは休日として取り扱われません（図7参照）。

（図7）

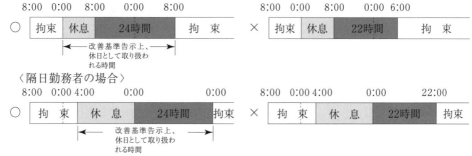

なお、2日続けて休日を与える場合は、2日目は、連続24時間以上あれば差し支えありません。

> 改善基準告示の詳細及び不明な点については、最寄りの都道府県労働局、労働基準監督署にお問い合わせください。

車庫待ち等の形態で日勤勤務を行う自動車運転者に係る1箇月についての拘束時間に関する協定書（例）

　　○○タクシー株式会社代表取締役○○○○と○○タクシー労働組合執行委員長○○○○（○○タクシー株式会社労働者代表○○○○）は、「自動車運転者の労働時間等の改善のための基準」第2条第1項第1号の規定に基づき、拘束時間に関し、下記のとおり協定する。

記

1　本協定の適用対象者は、日勤勤務に就くタクシー運転者であって、かつ、顧客の需要に応ずるため常態として営業所（又は○○駅）において待機する就労形態のものとする。

2　上記1に該当する自動車運転者に係る1箇月についての拘束時間は、315時間以内とする。

3　この協定の有効期間は○○○年4月1日から○○○年3月31日までとする。

　　○○○年3月28日

　　　　　　　　　　　　　　　○○タクシー労働組合執行委員長　○○○○　印

　　　　　　　　　　　　　　（○○タクシー株式会社労働者代表　○○○○　印）

　　　　　　　　　　　　　　　○○タクシー株式会社代表取締役　○○○○　印

巻末資料

隔日勤務を行う自動車運転者に係る1箇月についての拘束時間の延長に関する協定書（例）

　　○○タクシー株式会社代表取締役○○○○と○○タクシー労働組合執行委員長○○○○（○○タクシー株式会社労働者代表○○○○）は、「自動車運転者の労働時間等の改善のための基準」第2条第2項第1号の規定に基づき、拘束時間に関し、下記のとおり協定する。

記

1　本協定の適用対象者は、隔日勤務に就くタクシー運転者とする。

2　本協定により拘束時間を延長する月は、4月（該当月1日から1箇月間をいう。以下同じ。）、6月、7月、12月、1月及び3月とし、その1箇月の拘束時間は4月は270時間、6月は270時間、7月は267時間、12月は267時間、1月は270時間、3月270時間とするものとする。

3　本協定の有効期間は○○○年4月1日から○○○年3年31日までとする。

4　本協定に定める事項について変更する必要が生じた場合は、14日前までに協議を行い、変更を行うものとする。

　　○○○年3月28日

　　　　　　　　　　　　　　　　○○タクシー労働組合執行委員長　　○○○○　　印

　　　　　　　　　　　　　　　（○○タクシー株式会社労働者代表　　○○○○　　印）

　　　　　　　　　　　　　　　　○○タクシー株式会社代表取締役　　○○○○　　印

車庫待ち等の形態で隔日勤務を行う自動車運転者に係る拘束時間が21時間を超える勤務の回数に関する協定書（例）

　　○○タクシー株式会社代表取締役○○○○と○○タクシー労働組合執行委員長○○○○（○○タクシー株式会社労働者代表○○○○）は、「自動車運転者の労働時間等の改善のための基準」第2条第2項ただし書きの規定に基づき、拘束時間21時間を超える勤務の回数に関し、下記のとおり協定する。

記

1　本協定の適用対象者は、隔日勤務に就くタクシー運転者であって、かつ、顧客の需要に応ずるため常態として営業所（又は○○駅）において待機する就労形態のものとする。

2　上記1に該当する自動車運転者に2暦日についての拘束時間が21時間を超える勤務の回数は、1箇月について5回以内とする。

3　この協定の有効期間は○○○年4月1日から○○○年3月31日までとする。

　　○○○年3月28日

　　　　　　　　　　　　○○タクシー労働組合執行委員長　　○○○○　　印

　　　　　　　　　　　（○○タクシー株式会社労働者代表　　○○○○　　印）

　　　　　　　　　　　　○○タクシー株式会社代表取締役　　○○○○　　印

巻末資料

様式第9号の4（第70条関係）

時間外労働　　　　に関する協定届（例）
休日労働

事業の種類	事業の名称	事業の所在地（電話番号）
一般乗用旅客自動車運送事業	○○タクシー株式会社	○市○町○丁目○○番地（00-0000-0000）

時間外労働

	時間外労働をさせる必要のある具体的事由	業務の種類	労働者数（満18歳以上の者）	所定労働時間	延長することができる時間数（1日）	延長することができる時間数（1日を超える一定の期間（起算日））	期間
① 下記②に該当しない労働者	季節的繁忙及び顧客の需要に応ずるため（詳細は別添協定書記載のとおり）	別添協定書記載のとおり	別添協定書記載のとおり	1週40時間 1日8時間	別添協定書記載のとおり		○○○年4月1日から○○○年3月31日まで
② 1年単位の変形労働時間制により労働する労働者	同上	同上	同上	1週40時間 1日8時間	同上		同上

休日労働

休日労働をさせる必要のある具体的事由	業務の種類	労働者数（満18歳以上の者）	所定休日	労働させることができる休日並びに始業及び終業の時刻	期間
季節的繁忙及び顧客の需要に応ずるため（詳細は別添協定書記載のとおり）	別添協定書記載のとおり	別添協定書記載のとおり	毎週2日 国民の祝日	別添協定書記載のとおり	○○○年4月1日から○○○年3月31日まで

協定の成立年月日　○○○　年　3　月　28　日

協定の当事者である労働組合（事業場の労働者の過半数で組織する労働組合）の名称又は労働者の過半数を代表する者の　職名　○○タクシー労働組合　氏名　〔○○課　○○係　○○　○　○　○　○〕

協定の当事者（労働者の過半数を代表する者の場合）の選出方法（　**投票による選挙**　）　※　協定の当事者が労働者の過半数で組織する労働組合である場合は記入不要

○○○　年　3　月　31　日

使用者　職名　代表取締役　氏名　○　○　○　○　印

○　○　労働基準監督署長殿

（別　添）

時間外労働及び休日労働に関する協定書（例）

　○○タクシー株式会社代表取締役○○○○（以下「甲」という。）と○○タクシー労働組合執行委員長○○○○（○○タクシー株式会社労働者代表○○○）は、労働基準法第36条第１項の規定に基づき、労働基準法に定める法定労働時間（１週40時間、１日８時間）並びに変形労働時間制の定めによる所定労働時間を超えた労働時間で、かつ１日８時間、１週40時間の法定労働時間又は変形期間の法定労働時間の総枠を超える労働（以下「時間外労働」という。）及び労働基準法に定める休日（毎週１日又は４週４日）における労働（以下「休日労働」という。）に関し、次のとおり協定する。

第１条　甲は、時間外労働及び休日労働を可能な限り行わせないよう努める。

第２条　甲は、就業規則第○○条の規定に基づき、必要がある場合には、次により時間外労働を行わせることができる。

	時間外労働をさせる必要のある具体的事由	業務の種類	従事する労働者数（満18歳以上の者）	延長することができる時間			期　間
				１　日	1日を超える一定の期間（起算日）		
					1箇月（4月1日）	1　年（4月1日）	
①　下記②に該当しない労働者	季節的繁忙及び顧客の需要に応ずるため	自動車運転者	３０	５	５０	４５０	○○○年４月１日から○○○年３月31日まで
		自動車整備士	６	４	４５	３６０	
	事故その他業務上の必要に応ずるため	運行管理者	６	４	４５	３６０	
	毎月の精算事務のため	経理事務員	６	４	４５	３００	
②　1年単位の変形労働時間制により労働する労働者	季節的繁忙及び顧客の需要に応ずるため	自動車運転者	１０	５	４８	４００	○○○年４月１日から○○○年３月31日まで
		自動車整備士	６	３	４２	３２０	
	事故その他業務上の必要に応ずるため	運行管理者	６	３	４２	３２０	
	毎月の精算事務のため	経理事務員	６	３	４０	２８０	

　2　自動車運転者については、前項の規定により時間外労働を行わせることによって「自動車運転者の労働時間等の改善のための基準」（以下「改善基準告示」という。）に定める１箇月についての拘束時間及び１日についての最大拘束時間の限度を超えることとなる場合においては、当該拘束時間の限度をもって、前項の時間外労働時間の限度とする。

第3条　甲は、就業規則第〇〇条の規定に基づき、必要のある場合には、次により休日労働を行わせることができる。

休日労働をさせる必要のある具体的事由	業務の種類	従事する労働者数（満18歳以上の者）	労働させることができる休日並びに始業及び終業の時刻	期間
季節的繁忙及び顧客の需要に応ずるため	自動車運転者	42	・法定休日のうち、2週を通じ1回 ・始業及び終業時刻は、あらかじめ勤務割表で定められた始業及び終業の時刻とする。	〇〇〇年4月1日から〇〇〇年3月31日まで
	自動車整備士	14	・法定休日のうち、4週を通じ2回 ・始業時刻　午前8時 ・終業時刻　午後5時	〇〇〇年4月1日から〇〇〇年3月31日まで
事故その他業務上の必要に応ずるため	運行管理者	14		
毎月の精算事務のため	経理事務員	14		

2　自動車運転者については、前項の規定により休日労働を行わせることによって、改善基準告示に定める1箇月についての拘束時間及び1日についての最大拘束時間の限度を超えることとなる場合においては、当該拘束時間の限度をもって、前項の休日労働の限度とする。

第4条　甲は、時間外労働を行わせる場合は、原則として、前日の終業時刻までに該当労働者に通知する。また、休日労働を行わせる場合は、原則として、2日前の終業時刻までに該当労働者に通知する。

第5条　第2条の表における1箇月及び1年の起算日並びに第3条の表における2週及び4週の起算日はいずれも〇〇〇年4月1日とする。

2　本協定の有効期間は、〇〇〇年4月1日から〇〇〇年3月31日までとする。

　　　　〇〇〇年3月28日

　　　　　　　　　　　　　　　　　　　　　　　　〇〇タクシー労働組合
　　　　　　　　　　　　　　　　　　　　　　　　執行委員長　〇〇〇〇　印
　　　　　　　　　　　　　　　　　　　　　　　〔〇〇タクシー株式会社
　　　　　　　　　　　　　　　　　　　　　　　　労働者代表　〇〇〇〇　印〕
　　　　　　　　　　　　　　　　　　　　　　　　〇〇タクシー株式会社
　　　　　　　　　　　　　　　　　　　　　　　　代表取締役　〇〇〇〇　印

時間外労働・休日労働に関する協定届（36協定届）の様式

様式第9号（第16条第1項関係）

〈様式第9号〉
乗務員以外の従業員について限度時間を超えない場合

時間外労働　に関する協定届
休日労働

労働保険番号　□□□□□ □□ □□□□ □□□□□□ □□□（都道府県／所掌／管轄／基幹番号／枝番号／被一括事業場番号）
法人番号　□□□□□□□□□□□□□

事業の種類	事業の名称	事業の所在地（電話番号）	協定の有効期間
一般乗用旅客自動車運送事業	○○タクシー株式会社　○○営業所	（〒○○○－○○○○）○○区○○町1-2-3（電話番号：○○○－○○○○－○○○○）	○○○○年4月1日から1年間

	時間外労働をさせる必要のある具体的事由	業務の種類	労働者数（満18歳以上の者）	所定労働時間（1日）（任意）	延長することができる時間数 1日 法定労働時間を超える時間数	延長することができる時間数 1日 所定労働時間を超える時間数（任意）	1箇月（①については45時間まで、②については42時間まで）法定労働時間を超える時間数	1箇月 所定労働時間を超える時間数（任意）	1年（①については360時間まで、②については320時間まで）起算日（年月日）○○○○年4月1日 法定労働時間を超える時間数	1年 所定労働時間を超える時間数（任意）
時間外労働 ① 下記②に該当しない労働者	業務の集中（詳細は別添協定書記載のとおり）	運行管理	10人	7.5時間	3時間	3.5時間	30時間	40時間	250時間	370時間
		整備	20人	7.5時間	2時間	2.5時間	15時間	25時間	150時間	270時間
		経理	10人	7.5時間	2時間	2.5時間	15時間	25時間	150時間	270時間
② 1年単位の変形労働時間制により労働する労働者										

	休日労働をさせる必要のある具体的事由	業務の種類	労働者数（満18歳以上の者）	所定休日（任意）	労働させることができる法定休日の日数	労働させることができる法定休日における始業及び終業の時刻
休日労働	業務の集中（詳細は別添協定書記載のとおり）	運行管理	10人	土日祝日	1か月に1日	8:30～17:30
	協定書記載のとおり	整備	20人	土日祝日	1か月に1日	8:30～17:30

上記で定める時間数にかかわらず、時間外労働及び休日労働を合算した時間数は、1箇月について100時間未満でなければならず、かつ2箇月から6箇月までを平均して80時間を超過しないこと。☑（チェックボックスに要チェック）

協定の成立年月日　○○○○年　3月　12日

協定の当事者である労働組合（事業場の労働者の過半数で組織する労働組合）の名称又は労働者の過半数を代表する者の　職名　経理課主任　氏名　山田花子

協定の当事者（労働者の過半数を代表する者の場合）の選出方法（　投票による選挙　）

○○○○年　3月　15日

使用者　職名　営業所長　氏名　田中太郎　㊞

○○　労働基準監督署長殿

巻末資料

様式第９号（第16条第１項関係）（裏面）

（記載心得）

1　「業務の種類」の欄には、時間外労働又は休日労働をさせる必要のある業務の種類を具体的に記入し、労働基準法第36条第6項第1号の健康上特に有害な業務について協定をした場合には、当該業務の種類を他の業務と区別して記入すること。なお、業務の種類を細分化することにより当該必要のある業務の範囲を明確にしなければならないことに留意すること。

2　「労働者数」の欄には、時間外労働又は休日労働（満18歳以上の者）の欄には、時間外労働又は休日労働をさせることができる労働者の数を記入すること。

3　「延長することができる時間数」の欄の記入に当たっては、次のとおりとすること。時間数は労働基準法第32条から第32条の5まで又は第40条の規定により労働させることができる最長の労働時間（以下「法定労働時間」という。）を超える時間数を記入すること。なお、本欄に記入する時間数にかかわらず、時間外労働及び休日労働を合算した時間数が1箇月について100時間以上となった場合、及び2箇月から6箇月までを平均して80時間を超えた場合には労働基準法違反（同法第119条の規定により6箇月以下の懲役又は30万円以下の罰金）となることに留意すること。

（1）「1日」の欄には、法定労働時間を超えて延長することができる時間数を記入すること。なお、所定労働時間を超える時間数を併せて記入することもできる。

（2）「1箇月」の欄には、法定労働時間を超えて延長することができる時間数を記入すること。なお、所定労働時間を超える時間数を併せて記入することができる。

（3）「1年」の欄には、「起算日」において定める日から1年について延長することができる時間数を記入すること。「1年」の欄における延長することができる時間数の限度は360時間（対象期間が3箇月を超える1年単位の変形労働時間制により労働する者については、320時間）、所定労働時間を超える時間数について協定する場合においては、所定労働時間数を併せて記入することができる。

　②の欄は、労働基準法第32条の4の規定による労働時間により労働する者について記入すること。なお、延長することができる時間の上限は①の欄の労働者よりも短い（1箇月42時間、1年320時間）ことに留意すること。

4　「労働させることができる法定休日の日数」の欄には、労働基準法第35条の規定による休日（1週1休又は4週4休）であって労働させることができる日数を記入すること。

5　「労働させることができる法定休日における始業及び終業の時刻」の欄には、労働基準法第35条の規定による休日であって労働させる日の始業及び終業の時刻を記入すること。

6　「労働させることができる法定休日における始業及び終業の時刻」の欄には、労働基準法第35条の規定による休日であって労働させる日の始業及び終業の時刻を記入すること。

7　チェックボックスは労働基準法第36条第6項第2号及び第3号の要件を遵守する趣旨のものであり、「2箇月から6箇月まで」を、それぞれの当該期間における労働時間を平均し1箇月当たり80時間を超えないこと、及び1箇月の時間外労働と休日労働の合計時間数が100時間未満であることを、それぞれチェックボックスにチェックが入れられていない場合には有効な協定とはならないことに留意すること。

8　協定については、労働者の過半数で組織する労働組合がある場合はその労働組合と、労働者の過半数で組織する労働組合がない場合は労働者の過半数を代表する者と協定すること。なお、労働者の過半数を代表する者は、労働基準法施行規則第6条の2第1項の規定により、労働基準法第41条第2号に規定する監督又は管理の地位にある者でなく、かつ、同法に規定する協定等をする者を選出することを明らかにして実施される投票、挙手等の方法による手続により選出された者であって、使用者の意向に基づき選出された者でないこと。これらの要件を満たさない場合には、有効な協定とはならないことに留意すること。

9　本様式で記入部分が足りない場合は同一様式を使用すること。この場合、必要のある事項のみ記入することで差し支えない。

（備考）

1　労働基準法施行規則第24条の2第4項の規定により、労働基準法第38条の2第2項の協定（事業場外で従事する業務の遂行に通常必要とされる時間を協定する場合にあっては当該協定）の内容を本様式に付記して届け出る場合においては、事業場外労働の対象業務を本様式中「所定労働時間」の欄には当該業務の遂行に通常必要とされる時間を括弧書きすること。また、「協定の有効期間」の欄には事業場外労働に関する協定の有効期間を括弧書きすること。

2　労働基準法第38条の4第5項の規定により、労使委員会が設置されている事業場において、本様式を労使委員会の決議として届け出る場合においては、委員の5分の4以上の多数による議決により行われたものである旨、委員会の委員数、委員の氏名を記入した用紙を別途提出すること。本様式中「協定の当事者である労働組合」とあるのは「委員会の委員の半数について任期を定めて指名した労働者」と、「協定の当事者（労働者の過半数を代表する者の場合）」とあるのは「委員会の委員の半数について任期を定めて指名された者」と、「協定の当事者である労働組合」の「選出方法」とあるのは「委員会の委員の過半数について任期を定めて指名するに当たっての選出方法」と読み替えるものとする。なお、委員の氏名を記入するに当たっては、任期を定めて指名された委員とその他の委員とを区別することとし、任期を定めて指名された委員の氏名を記入するに当たっては、その者の過半数の推薦に基づき指名された者である場合においては、労働者の過半数で組織する労働組合がある場合においてはその労働組合、労働者の過半数で組織する労働組合がない場合においては労働者の過半数を代表する者の推薦に基づき指名された委員である旨を記入すること。

3　労働時間等の設定の改善に関する特別措置法第7条の規定により、労働時間等設定改善委員会が設置されている事業場において、本様式を労働時間等設定改善委員会の決議として届け出る場合においては、委員の5分の4以上の多数による議決により行われたものである旨、委員会の委員数、委員の氏名を記入した用紙を別途提出すること。本様式中「協定の当事者である労働組合」とあるのは「委員会の委員の半数について任期を定めて指名した労働者」と、「協定の当事者（労働者の過半数を代表する者の場合）」とあるのは「委員会の委員の半数について任期を定めて指名された者」と、「協定の当事者である労働組合」の「選出方法」とあるのは「委員会の委員の過半数について任期を定めて指名するに当たっての選出方法」と読み替えるものとする。なお、委員の氏名を記入するに当たっては、推薦に基づき指名された委員とその他の委員とを区別することとし、推薦に基づき指名された委員の氏名を記入するに当たっては、労働者の過半数で組織する労働組合がある場合においてはその労働組合、労働者の過半数で組織する労働組合がない場合においては労働者の過半数を代表する者の推薦に基づき指名された委員である旨を記入すること。

〈様式第9号の2（1枚目）〉乗務員以外の従業員について限度時間を超える場合

様式第9号の2（第16条第1項関係）

時間外労働
休日労働 に関する協定届

| 労働保険番号 | | 都道府県 | 所掌 | 管轄 | 基幹番号 | 枝番号 | 被一括事業場番号 |
| 法人番号 | | | | | | | |

事業の種類	事業の名称	事業の所在地（電話番号）	協定の有効期間
一般乗用旅客自動車運送事業	○○タクシー株式会社　○○営業所	（〒○○○ー○○○○） ○○区○○町1-2-3 （電話番号：○○○ー○○○○ー○○○○）	○○○○年4月1日から1年間

時間外労働

	時間外労働をさせる必要のある具体的事由	業務の種類	労働者数（満18歳以上の者）	所定労働時間（1日）（任意）	1日 法定労働時間を超える時間数	1日 所定労働時間を超える時間数（任意）	1箇月（①については45時間まで、②については42時間まで）法定労働時間を超える時間数	1箇月 所定労働時間を超える時間数（任意）	1年（①については360時間まで、②については320時間まで）起算日（年月日）○○○○年4月1日 法定労働時間を超える時間数	1年 所定労働時間を超える時間数（任意）
① 下記②に該当しない労働者	業務の集中（詳細は別添協定書記載のとおり）	運行管理	10人	7.5時間	3時間	3.5時間	30時間	40時間	250時間	370時間
		整備	20人	7.5時間	2時間	2.5時間	15時間	25時間	150時間	270時間
		経理	10人	7.5時間	2時間	2.5時間	15時間	25時間	150時間	270時間
② 1年単位の変形労働時間制により労働する労働者										

休日労働

休日労働をさせる必要のある具体的事由	業務の種類	労働者数（満18歳以上の者）	所定休日（任意）	労働させることができる法定休日の日数	労働させることができる法定休日における始業及び終業の時刻
業務の集中（詳細は別添協定書記載のとおり）	運行管理	10人	土日祝日	1か月に1日	8:30～17:30
	整備	20人	土日祝日	1か月に1日	8:30～17:30

上記で定める時間数にかかわらず、時間外労働及び休日労働を合算した時間数は、1箇月について100時間未満でなければならず、かつ2箇月から6箇月までを平均して80時間を超過しないこと。　☑
（チェックボックスに要チェック）

様式第9号の2（第16条第1項関係）（裏面）

（記載心得）

1 「業務の種類」の欄には、時間外又は休日労働をさせる必要のある業務を具体的に記入し、労働基準法第36条第6項第1号の健康上特に有害な業務について協定をする場合には、当該業務を他の業務と区別して記入すること。なお、業務の種類を記入するに当たっては、業務の区分を細分化することにより当該業務の範囲を明確にしなければならないことに留意すること。

2 「労働者数（満18歳以上の者）」の欄には、時間外労働又は休日労働をさせることができる労働者の数を記入すること。

3 「延長することができる時間数」の欄の記入に当たっては、次のとおりとすること。時間数は労働基準法第32条から第32条の5まで又は第40条の労働時間（以下「法定労働時間」という。）を超える時間数を記入すること。なお、本欄に記入する時間数にかかわらず、時間外労働及び休日労働を合算した時間数が1箇月について100時間以上となった場合、及び2箇月から6箇月までを平均して80時間を超えた場合には労働基準法違反（同法第119条の罰則）となることに留意すること。

（1）「1日」の欄には、法定労働時間を超えて延長することができる時間数であって、1日についての延長することができる限度となる時間数を記入すること。なお、所定労働時間を超える時間数についても任意に記入することができる。

（2）「1箇月」の欄には、法定労働時間を超えて延長することができる時間数であって、「1年」の欄に記入する「起算日」において定める日から1箇月ごとについての延長することができる限度となる時間数を45時間（対象期間が3箇月を超える1年単位の変形労働時間制により労働する者については42時間）の範囲内で記入すること。なお、所定労働時間を超える時間数についても任意に記入することができる。

（3）「1年」の欄には、法定労働時間を超えて延長することができる時間数であって、「起算日」において定める日から1年についての延長することができる限度となる時間数を360時間（対象期間が3箇月を超える1年単位の変形労働時間制により労働する者については320時間）の範囲内で記入すること。なお、所定労働時間を超える時間数についても任意に記入することができる。

4 「②」の欄は、労働基準法第32条の4の規定による労働時間により労働する労働者（対象期間が3箇月を超える1年単位の変形労働時間制により労働する者に限る。）について記入すること。なお、延長することができる時間数の上限は①の欄の労働者よりも短い（1箇月42時間、1年320時間）ことに留意すること。

5 「労働させることができる法定休日の日数」の欄には、労働基準法第35条の規定による休日（1週1休又は4週4休であることに留意すること。）に労働させることができる日数を記入すること。

6 「労働させることができる法定休日における始業及び終業の時刻」の欄には、労働基準法第35条の規定による休日であって労働させることができる日の始業及び終業の時刻を記入すること。

7 チェックボックスは労働基準法第36条第6項第2号及び第3号の要件を遵守する趣旨のものであり、「2箇月から6箇月まで」とは、起算日をまたいだケースも含め、連続した2箇月から6箇月までの期間を指すことに留意すること。また、チェックボックスにチェックがない場合には有効な協定とはならないことに留意すること。

8 協定については、労働者の過半数で組織する労働組合がある場合はその労働組合と、労働者の過半数で組織する労働組合がない場合は労働者の過半数を代表する者と協定すること。なお、労働者の過半数を代表する者は、労働基準法第41条第2号に規定する監督又は管理の地位にある者でなく、かつ同法に規定する協定等をする者を選出することを明らかにして実施される投票、挙手等の方法による手続により選出された者であって、使用者の意向に基づき選出されたものでないこと。これらの要件を満たさない場合には、有効な協定とはならないことに留意すること。

9 本様式で記入部分が足りない場合は同一様式を使用することも差し支えない。

（備考）

労働基準法施行規則第24条の2第2項第4号の規定により、労働基準法第38条の2第2項の協定（事業場外で従事する業務の遂行に通常必要とされる時間を協定する場合の当該協定）の内容を本様式に付記して届け出る場合においては、事業場外労働の対象業務については他の業務とは区別し、事業場外労働の対象業務である旨を括弧書きした上で、「所定労働時間」の欄には当該業務の遂行に通常必要とされる時間を括弧書きすること。また、「協定の有効期間」の欄には事業場外労働に関する協定の有効期間のみ記入すること。

〈様式第９号の２（２枚目＝特別条項）〉乗務員以外の従業員について限度時間を超える場合

様式第９号の２（第16条第１項関係）

時間外労働 に関する協定届（特別条項）
休日労働

臨時的に限度時間を超えて労働させることができる場合	業務の種類	労働者数（満18歳以上の者）	1日（任意）		1箇月（時間外労働及び休日労働を合算した時間数。100時間未満に限る。）				1年（時間外労働のみの時間数。720時間以内に限る。）起算日（年月日）〇〇〇〇年4月1日		
			延長することができる時間数		限度時間を超えて労働させることができる回数（6回以内に限る。）	延長することができる時間数及び休日労働の時間数		限度時間を超えた労働に係る割増賃金率	延長することができる時間数		限度時間を超えた労働に係る割増賃金率
			法定労働時間を超える時間数	所定労働時間を超える時間数（任意）		法定労働時間を超える時間数と休日労働の時間数を合算した時間数	所定労働時間を超える時間数と休日労働の時間数を合算した時間数（任意）		法定労働時間を超える時間数	所定労働時間を超える時間数（任意）	
予見しがたい〇〇〇等の	運行管理	10人	6時間	6.5時間	6回	90時間	100時間	35%	700時間	820時間	35%
業務の集中（詳細は別添	整備	20人	6時間	6.5時間	6回	90時間	100時間	35%	600時間	720時間	35%
協定書記載のとおり）	経理	10人	6時間	6.5時間	4回	80時間	90時間	35%	500時間	620時間	35%

限度時間を超えて労働させる場合における手続	労働者代表者に対する事前申し入れ	
限度時間を超えて労働させる労働者に対する健康及び福祉を確保するための措置	（該当する番号）①、③、⑩	（具体的内容）対象労働者への医師による面接指導の実施、対象労働者に11時間の勤務間インターバルを設定、職場での時短対策会議の開催

上記で定める時間数にかかわらず、時間外労働及び休日労働を合算した時間数は、1箇月について100時間未満でなければならず、かつ2箇月から6箇月までを平均して80時間を超過しないこと。☑（チェックボックスに要チェック）

協定の成立年月日 〇〇〇〇 年 ３ 月 12 日

協定の当事者である労働組合（事業場の労働者の過半数で組織する労働組合）の名称又は労働者の過半数を代表する者の 職名 経理課主任 氏名 山田花子

協定の当事者（労働者の過半数を代表する者の場合）の選出方法（ 投票による選挙 ）

使用者 職名 営業所長 氏名 田中太郎 ㊞

〇〇〇〇 年 ３ 月 15 日

〇 〇 労働基準監督署長殿

様式第9号の2（第16条第1項関係）（裏面）

（記載心得）

1 労働基準法第36条第1項の協定において同条第5項に規定する事項に関する定めを締結した場合における本様式の記入に当たっては、次のとおりとすること。

(1)「臨時的に限度時間を超えて労働させることができる場合」の欄には、当該事業場における通常予見することのできない業務量の大幅な増加等に伴い臨時的に限度時間を超えて労働させる必要がある場合をできる限り具体的に記入すること。なお、業務の都合上必要な場合、業務上やむを得ない場合等恒常的な長時間労働を招くおそれがあるものについては記入しないことに留意すること。

(2)「業務の種類」の欄には、時間外労働又は休日労働をさせる必要のある業務を具体的に記入し、労働基準法第36条第6項第1号の健康上特に有害な業務について協定をした場合には、当該業務を他の業務と区別して記入すること。なお、業務の区分を細分化することにより当該業務の範囲を明確にしなければならないことに留意すること。

(3)「労働者数（満18歳以上の者）」の欄には、時間外労働又は休日労働をさせることができる労働者の数を記入すること。

(4)「起算日」の欄には、本様式における「時間外労働・休日労働に関する協定届」の起算日と同じ年月日を記入すること。

(5)「延長することができる時間数並びに休日労働の時間数」の欄には、労働基準法第32条から第32条の5まで又は第40条の規定により労働させることができる最長の労働時間（以下「法定労働時間」という。）を超える時間数及び休日における労働の時間数であって、「起算日」において定める日から1箇月ごとについての延長することができる限度となる時間数又は休日労働の時間数を協定する場合においては、所定労働時間を超える時間数を併せて記入することができる。

なお、これらの欄に記入する時間数にかかわらず、時間外労働及び休日労働を合算した時間数が1箇月について100時間以上となった場合、及び2箇月から6箇月までを平均して80時間を超えた場合には労働基準法違反（同法第119条の規定により6箇月以下の懲役又は30万円以下の罰金）となることに留意すること。

(6)「限度時間を超えて労働させることができる回数」の欄には、限度時間（1箇月45時間（対象期間が3箇月を超える1年単位の変形労働時間制により労働する者については、42時間））を超えて労働させることができる回数を6回の範囲内で記入すること。

(7)「限度時間を超えた労働に係る割増賃金率」の欄には、法定割増賃金率を超える率とするよう努めること。

(8)「限度時間を超えて労働させる場合における手続」の欄には、協定の締結当事者間の手続として、「協議」、「通告」等具体的な内容を記入すること。

(9)「限度時間を超えて労働させる労働者に対する健康及び福祉を確保するための措置」の欄には、以下の番号を「（該当する番号）」に選択して記入し、その具体的内容を「（具体的内容）」に記入すること。
① 労働時間が一定時間を超えた労働者に医師による面接指導を実施すること。
② 労働基準法第37条第4項に規定する時刻の間において労働させる回数を1箇月について一定回数以内とすること。
③ 終業から始業までに一定時間以上の継続した休息時間を確保すること。

④ 労働者の勤務状況及びその健康状態に応じて、代償休日又は特別な休暇を付与すること。
⑤ 労働者の勤務状況及びその健康状態に応じて、健康診断を実施すること。
⑥ 年次有給休暇についてまとまった日数連続して取得することを含めてその取得を促進すること。
⑦ 心とからだの健康問題についての相談窓口を設置すること。
⑧ 労働者の勤務状況及びその健康状態に配慮し、必要な場合には適切な部署に配置転換をすること。
⑨ 必要に応じて、産業医等による助言・指導を受け、又は労働者に産業医等による保健指導を受けさせること。
⑩ その他

2 チェックボックスは労働者の過半数で組織する労働組合と、労働者の過半数を代表する者との協定により、労働基準法第36条第6項第2号及び第3号の要件を遵守する趣旨のものであり、「2箇月から6箇月まで」とは、起算日をまたぐケースも含め、連続した2箇月から6箇月までの期間を指すことに留意すること。また、チェックボックスにチェックがない場合には有効な協定とはならないことに留意すること。

3 協定については、労働者の過半数で組織する労働組合がある場合はその労働組合と、労働者の過半数で組織する労働組合がない場合には労働基準法施行規則第6条の2第1項に規定する手続により選出された労働者の過半数を代表する者と協定すること。これらの要件を満たさない場合には、有効な協定とはならないことに留意すること。なお、労働者の過半数を代表する者は同一様式には同一の者が記入することに留意すること。

4 本様式に記入部分が足りない場合は同一様式を複数枚使用して差し支えない。

（備考）

1 労働者協定委員会が設置されている事業場において、本様式を労使委員会の決議として届け出る場合においては、委員の5分の4以上の多数による議決により行われた旨、委員会の委員数、委員会の委員の氏名を記入した用紙を別途添付することとし、本様式中「協定」とあるのは「労使委員会の決議」と、「協定の当事者である労働組合」とあるのは「委員の5分の4以上の多数で指名した労働者の過半数を代表する者」と、「協定の当事者（労働者の過半数を代表する者の場合）の選出方法」とあるのは「委員（労働者の過半数を代表する者である委員に限る。）の選出方法」と読み替えるものとする。なお、委員の5分の4以上の多数で指名した委員とその他の委員とを区別することとし、任期を定めて指名された委員について任期の定めがない場合においては、労働者の過半数で組織する労働組合がない場合においては当該委員の氏名を記入するに当たっては、推薦に基づき指名された者である場合には、同条第1号の規定により、労働者の過半数で組織する労働組合がない場合においては、労働者の過半数を代表する者の推薦に基づき指名された委員の氏名を記入することに留意すること。

2 労働時間等設定改善委員会が設置されている事業場において、本様式を労働時間等設定改善委員会の決議として届け出る場合においては、委員の5分の4以上の多数による決議により行われた旨、委員会の委員数、委員会の委員の氏名を記入した用紙を別途添付することとし、本様式中「協定」とあるのは「労働時間等設定改善委員会の決議」と、「協定の当事者である労働組合」とあるのは「委員の5分の4以上の多数で指名した労働者の過半数を代表する者」と、「協定の当事者（労働者の過半数を代表する者の場合）の選出方法」とあるのは「委員（労働者の過半数を代表する者である委員に限る。）の選出方法」と読み替えるものとする。なお、委員の5分の4以上の多数で指名した委員とその他の委員とを区別することとし、任期を定めて指名された委員について任期の定めがない場合においては、委員の氏名を記入するに当たっては、推薦に基づき指名された者である場合には、同条第1号の規定により、労働者の過半数で組織する労働組合がない場合においては、労働者の過半数を代表する者の推薦に基づき指名された委員の氏名を記入することに留意すること。

〈様式第９号の４〉時間外労働の上限規制の適用猶予期間中において乗務員に時間外・休日労働を行わせる場合
（※記載例は P.251 参照）

様式第９号の４（第70条関係）

時間外労働
休日労働　に関する協定届

事業の種類	事業の名称	事業の所在地（電話番号）

時間外労働をさせる必要のある具体的事由	業務の種類	労働者数（満18歳以上の者）	所定労働時間	延長することができる時間数		期間
				１日	１日を超える一定の期間（起算日）	
① 下記②に該当しない労働者						
② １年単位の変形労働時間制により労働する労働者						

休日労働をさせる必要のある具体的事由	業務の種類	労働者数（満18歳以上の者）	所定休日	労働させることができる休日並びに始業及び終業の時刻	期間

協定の成立年月日　　　年　　月　　日

協定の当事者である労働組合（事業場の労働者の過半数で組織する労働組合）の名称又は労働者の過半数を代表する者の　職名／氏名

協定の当事者（労働者の過半数を代表する者の場合）の選出方法（　　　　　　　　　　）

　　　年　　月　　日

　　　　　　使用者　職名／氏名　㊞

労働基準監督署長殿

様式第9号の4（第70条関係）（裏面）

記載心得

1　「業務の種類」の欄には、時間外労働又は休日労働をさせる必要のある業務を具体的に記入し、労働基準法第36条第6項第1号の健康上特に有害な業務について協定をした場合には、当該業務の種類を他の業務と区別して記入すること。なお、業務の種類を細分化することにより当該業務の範囲を明確にしなければならないことに留意すること。

2　「労働者数（満18歳以上の者）」の欄には、時間外労働又は休日労働をさせることができる労働者の数について記入すること。

3　「延長することができる時間数」の欄の記入については、次のとおりとすること。
（1）「1日」の欄には、労働基準法第32条から第32条の5まで又は第40条の規定により労働させることができる最長の労働時間（以下「法定労働時間」という。）を超えて延長することができる時間数であって、1日についての延長となる限度となる時間数を記入すること。
（2）「1日を超える一定の期間（起算日）」の欄には、法定労働時間を超えて延長することができる時間数であって、労働基準法第36条第1項の協定で定められた1日を超え3箇月以内の期間及び1年間についての延長することができる時間の限度に関して当該協定で定められた時間数を記入し、当該上欄に当該協定の起算日を括弧書きし、その下欄に、当該期間に応じ、それぞれ当該期間について延長することができる限度となる時間数を記入すること。

4　②の欄は、労働基準法第32条の4の規定により労働する労働時間制により労働する労働者（対象期間が3箇月を超える1年単位の変形労働時間制により労働する者に限る。）について記入すること。
なお、延長することができる時間の上限は①の欄の労働者よりも短い（1箇月42時間、1年320時間）ことに留意すること。

5　「労働させることができる休日並びに始業及び終業の時刻」の欄には、労働基準法第35条の規定による休日（1週1休又は4週4休であること。）であって労働させることとする休日の日数並びに当該休日の労働の始業及び終業の時刻を記入すること。

6　「期間」の欄には、時間外労働又は休日労働をさせることができる日の属する期間を記入すること。

7　協定については、労働者の過半数で組織する労働組合がある場合はその労働組合、労働者の過半数で組織する労働組合がない場合は労働者の過半数を代表する者と協定すること。なお、労働者の過半数を代表する者は、労働基準法施行規則第6条の2第1項の規定により、労働基準法第41条第2号に規定する監督又は管理の地位にある者でなく、かつ、同法に規定する協定等をする者を選出することを明らかにして実施される投票、挙手等の方法による手続により選出された者であって、使用者の意向に基づき選出されたものでないこと。これらの要件を満たさない協定は、有効な協定とはならないことに留意すること。

短時間・有期雇用労働者及び派遣労働者に対する不合理な待遇の禁止等に関する指針
〈同一労働同一賃金ガイドライン〉

平 30.12.28 厚生労働省告示第 430 号

目次

第1　目的
第2　基本的な考え方
第3　短時間・有期雇用労働者
　1　基本給
　2　賞与
　3　手当
　4　福利厚生
　5　その他
第4　派遣労働者
　1　基本給
　2　賞与
　3　手当
　4　福利厚生
　5　その他
第5　協定対象派遣労働者
　1　賃金
　2　福利厚生
　3　その他

第1　目的

　この指針は、短時間労働者及び有期雇用労働者の雇用管理の改善等に関する法律（平成 5 年法律第 76 号。以下「短時間・有期雇用労働法」という。）第 8 条及び第 9 条並びに労働者派遣事業の適正な運営の確保及び派遣労働者の保護等に関する法律（昭和 60 年法律第 88 号。以下「労働者派遣法」という。）第 30 条の 3 及び第 30 条の 4 に定める事項に関し、雇用形態又は就業形態に関わらない公正な待遇を確保し、我が国が目指す同一労働同一賃金の実現に向けて定めるものである。

　我が国が目指す同一労働同一賃金は、同一の事業主に雇用される通常の労働者と短時間・有期雇用労働者との間の不合理と認められる待遇の相違及び差別的取扱いの解消並びに派遣先に雇用される通常の労働者と派遣労働者との間の不合理と認められる待遇の相違及び差別的取扱いの解消（協定対象派遣労働者にあっては、当該協定対象派遣労働者の待遇が労働者派遣法第 30 条の 4 第 1 項の協定により決定された事項に沿った運用がなされていること）を目指すものである。

　もとより賃金等の待遇は労使の話合いによって決定されることが基本である。しかし、我が国においては、通常の労働者と短時間・有期雇用労働者及び派遣労働者との間には、欧州と比較して大きな待遇の相違がある。政府としては、この問題への対処に当たり、同一労働同一賃金の考え方が広く普及しているといわれる欧州の制度の実態も参考としながら政策の方向性等を検証した結果、それぞれの国の労働市場全体の構造に応じた政策とすることが重要であるとの示唆を得た。

　我が国においては、基本給をはじめ、賃金制度の決まり方には様々な要素が組み合わされている場合も多いため、まずは、各事業主において、職務の内容や職務に必要な能力等の内容を明確化するとともに、その職務の内容や職務に必要な能力等の内容と賃金等の待遇との関係を含めた待遇の体系全体を、短時間・有期雇用労働者及び派遣労働者を含む労使の話合いによって確認し、短時間・有期雇用労働者及び派遣労働者を含む労使で共有することが肝要である。

また、派遣労働者については、雇用関係にある派遣元事業主と指揮命令関係にある派遣先とが存在するという特殊性があり、これらの関係者が不合理と認められる待遇の相違の解消等に向けて認識を共有することが求められる。

今後、各事業主が職務の内容や職務に必要な能力等の内容の明確化及びその公正な評価を実施し、それに基づく待遇の体系を、労使の話合いにより、可能な限り速やかに、かつ、計画的に構築していくことが望ましい。

通常の労働者と短時間・有期雇用労働者及び派遣労働者との間の不合理と認められる待遇の相違の解消等に向けては、賃金のみならず、福利厚生、キャリア形成、職業能力の開発及び向上等を含めた取組が必要であり、特に、職業能力の開発及び向上の機会の拡大は、短時間・有期雇用労働者及び派遣労働者の職業に必要な技能及び知識の蓄積により、それに対応した職務の高度化や通常の労働者への転換を見据えたキャリアパスの構築等と併せて、生産性の向上と短時間・有期雇用労働者及び派遣労働者の待遇の改善につながるため、重要であることに留意すべきである。

このような通常の労働者と短時間・有期雇用労働者及び派遣労働者との間の不合理と認められる待遇の相違の解消等の取組を通じて、労働者がどのような雇用形態及び就業形態を選択しても納得できる待遇を受けられ、多様な働き方を自由に選択できるようにし、我が国から「非正規」という言葉を一掃することを目指す。

第2　基本的な考え方

この指針は、通常の労働者と短時間・有期雇用労働者及び派遣労働者との間に待遇の相違が存在する場合に、いかなる待遇の相違が不合理と認められるものであり、いかなる待遇の相違が不合理と認められるものでないのか等の原則となる考え方及び具体例を示したものである。事業主が、第3から第5までに記載された原則となる考え方等に反した場合、当該待遇の相違が不合理と認められる等の可能性がある。なお、この指針に原則となる考え方が示されていない退職手当、住宅手当、家族手当等の待遇や、具体例に該当しない場合についても、不合理と認められる待遇の相違の解消等が求められる。このため、各事業主において、労使により、個別具体の事情に応じて待遇の体系について議論していくことが望まれる。

なお、短時間・有期雇用労働法第8条及び第9条並びに労働者派遣法第30条の3及び第30条の4の規定は、雇用管理区分が複数ある場合であっても、通常の労働者のそれぞれと短時間・有期雇用労働者及び派遣労働者との間の不合理と認められる待遇の相違の解消等を求めるものである。このため、事業主が、雇用管理区分を新たに設け、当該雇用管理区分に属する通常の労働者の待遇の水準を他の通常の労働者よりも低く設定したとしても、当該他の通常の労働者と短時間・有期雇用労働者及び派遣労働者との間でも不合理と認められる待遇の相違の解消等を行う必要がある。また、事業主は、通常の労働者と短時間・有期雇用労働者及び派遣労働者との間で職務の内容等を分離した場合であっても、当該通常の労働者と短時間・有期雇用労働者及び派遣労働者との間の不合理と認められる待遇の相違の解消等を行う必要がある。

さらに、短時間・有期雇用労働法及び労働者派遣法に基づく通常の労働者と短時間・有期雇用労働者及び派遣労働者との間の不合理と認められる待遇の相違の解消等の目的は、短時間・有期雇用労働者及び派遣労働者の待遇の改善である。事業主が、通常の労働者と短時間・有期雇用労働者及び派遣労働者との間の不合理と認められる待遇の相違の解消等に対応するため、就業規則を変更することにより、その雇用する労働者の労働条件を不利益に変更する場合、労働契約法（平成19年法律第128号）第9条の規定に基づき、原則として、労働者と合意する

必要がある。また、労働者と合意することなく、就業規則の変更により労働条件を労働者の不利益に変更する場合、当該変更は、同法第10条の規定に基づき、当該変更に係る事情に照らして合理的なものである必要がある。ただし、短時間・有期雇用労働法及び労働者派遣法に基づく通常の労働者と短時間・有期雇用労働者及び派遣労働者との間の不合理と認められる待遇の相違の解消等の目的に鑑みれば、事業主が通常の労働者と短時間・有期雇用労働者及び派遣労働者との間の不合理と認められる待遇の相違の解消等を行うに当たっては、基本的に、労使で合意することなく通常の労働者の待遇を引き下げることは、望ましい対応とはいえないことに留意すべきである。

加えて、短時間・有期雇用労働法第8条及び第9条並びに労働者派遣法第30条の3及び第30条の4の規定は、通常の労働者と短時間・有期雇用労働者及び派遣労働者との間の不合理と認められる待遇の相違等を対象とするものであり、この指針は、当該通常の労働者と短時間・有期雇用労働者及び派遣労働者との間に実際に待遇の相違が存在する場合に参照されることを目的としている。このため、そもそも客観的にみて待遇の相違が存在しない場合については、この指針の対象ではない。

第3　短時間・有期雇用労働者

短時間・有期雇用労働法第8条において、事業主は、短時間・有期雇用労働者の待遇のそれぞれについて、当該待遇に対応する通常の労働者の待遇との間において、業務の内容及び当該業務に伴う責任の程度（以下「職務の内容」という。）、当該職務の内容及び配置の変更の範囲その他の事情のうち、当該待遇の性質及び当該待遇を行う目的に照らして適切と認められるものを考慮して、不合理と認められる相違を設けてはならないこととされている。

また、短時間・有期雇用労働法第9条において、事業主は、職務の内容が通常の労働者と同一の短時間・有期雇用労働者であって、当該事業所における慣行その他の事情からみて、当該事業主との雇用関係が終了するまでの全期間において、その職務の内容及び配置が当該通常の労働者の職務の内容及び配置の変更の範囲と同一の範囲で変更されることが見込まれるものについては、短時間・有期雇用労働者であることを理由として、待遇のそれぞれについて、差別的取扱いをしてはならないこととされている。

短時間・有期雇用労働者の待遇に関して、原則となる考え方及び具体例は次のとおりである。

1　基本給
（1）基本給であって、労働者の能力又は経験に応じて支給するもの

基本給であって、労働者の能力又は経験に応じて支給するものについて、通常の労働者と同一の能力又は経験を有する短時間・有期雇用労働者には、能力又は経験に応じた部分につき、通常の労働者と同一の基本給を支給しなければならない。また、能力又は経験に一定の相違がある場合においては、その相違に応じた基本給を支給しなければならない。

（問題とならない例）
イ　基本給について、労働者の能力又は経験に応じて支給しているA社において、ある能力の向上のための特殊なキャリアコースを設定している。通常の労働者であるXは、このキャリアコースを選択し、その結果としてその能力を習得した。短時間労働者であるYは、その能力を習得していない。A社は、その能力に応じた基本給をXには支給し、Yには支給していない。

ロ　A社においては、定期的に職務の内容及び勤務地の変更がある通常の労働者の総合職であるXは、管理職となるためのキャリアコースの一環として、新卒採用後の数年間、店舗等において、職務の内容及び配置に変更のない短時間労働者であるYの助言を受けながら、Yと同様の定型的な業務に従事している。A社はXに対し、キャリアコースの一環として従事させている定型的な業務における能力又は経験に応じることなく、Yに比べ基本給を高く支給している。

ハ　A社においては、同一の職場で同一の業務に従事している有期雇用労働者であるXとYのうち、能力又は経験が一定の水準を満たしたYを定期的に職務の内容及び勤務地に変更がある通常の労働者として登用し、その後、職務の内容や勤務地に変更があることを理由に、Xに比べ基本給を高く支給している。

ニ　A社においては、同一の能力又は経験を有する通常の労働者であるXと短時間労働者であるYがいるが、XとYに共通して適用される基準を設定し、就業の時間帯や就業日が日曜日、土曜日又は国民の祝日に関する法律（昭和23年法律第178号）に規定する休日（以下「土日祝日」という。）か否か等の違いにより、時間当たりの基本給に差を設けている。

（問題となる例）
　　基本給について、労働者の能力又は経験に応じて支給しているA社において、通常の労働者であるXが有期雇用労働者であるYに比べて多くの経験を有することを理由として、Xに対し、Yよりも基本給を高く支給しているが、Xのこれまでの経験はXの現在の業務に関連性を持たない。

（2）基本給であって、労働者の業績又は成果に応じて支給するもの
　　基本給であって、労働者の業績又は成果に応じて支給するものについて、通常の労働者と同一の業績又は成果を有する短時間・有期雇用労働者には、業績又は成果に応じた部分につき、通常の労働者と同一の基本給を支給しなければならない。また、業績又は成果に一定の相違がある場合においては、その相違に応じた基本給を支給しなければならない。
　　なお、基本給とは別に、労働者の業績又は成果に応じた手当を支給する場合も同様である。

（問題とならない例）
　イ　基本給の一部について、労働者の業績又は成果に応じて支給しているA社において、所定労働時間が通常の労働者の半分の短時間労働者であるXに対し、その販売実績が通常の労働者に設定されている販売目標の半分の数値に達した場合には、通常の労働者が販売目標を達成した場合の半分を支給している。

　ロ　A社においては、通常の労働者であるXは、短時間労働者であるYと同様の業務に従事しているが、Xは生産効率及び品質の目標値に対する責任を負っており、当該目標値を達成していない場合、待遇上の不利益を課されている。その一方で、Yは、生産効率及び品質の目標値に対する責任を負っておらず、当該目標値を達成していない場合にも、待遇上の不利益を課されていない。A社は、待遇上の不利益を課している

こととの見合いに応じて、XにYに比べ基本給を高く支給している。

（問題となる例）
　　基本給の一部について、労働者の業績又は成果に応じて支給しているＡ社において、通常の労働者が販売目標を達成した場合に行っている支給を、短時間労働者であるＸについて通常の労働者と同一の販売目標を設定し、それを達成しない場合には行っていない。

（３）基本給であって、労働者の勤続年数に応じて支給するもの
　　基本給であって、労働者の勤続年数に応じて支給するものについて、通常の労働者と同一の勤続年数である短時間・有期雇用労働者には、勤続年数に応じた部分につき、通常の労働者と同一の基本給を支給しなければならない。また、勤続年数に一定の相違がある場合においては、その相違に応じた基本給を支給しなければならない。

（問題とならない例）
　　基本給について、労働者の勤続年数に応じて支給しているＡ社において、期間の定めのある労働契約を更新している有期雇用労働者であるＸに対し、当初の労働契約の開始時から通算して勤続年数を評価した上で支給している。

（問題となる例）
　　基本給について、労働者の勤続年数に応じて支給しているＡ社において、期間の定めのある労働契約を更新している有期雇用労働者であるＸに対し、当初の労働契約の開始時から通算して勤続年数を評価せず、その時点の労働契約の期間のみにより勤続年数を評価した上で支給している。

（４）昇給であって、労働者の勤続による能力の向上に応じて行うもの
　　昇給であって、労働者の勤続による能力の向上に応じて行うものについて、通常の労働者と同様に勤続により能力が向上した短時間・有期雇用労働者には、勤続による能力の向上に応じた部分につき、通常の労働者と同一の昇給を行わなければならない。また、勤続による能力の向上に一定の相違がある場合においては、その相違に応じた昇給を行わなければならない。

（注）
　１　通常の労働者と短時間・有期雇用労働者との間に賃金の決定基準・ルールの相違がある場合の取扱い
　　　通常の労働者と短時間・有期雇用労働者との間に基本給、賞与、各種手当等の賃金に相違がある場合において、その要因として通常の労働者と短時間・有期雇用労働者の賃金の決定基準・ルールの相違があるときは、「通常の労働者と短時間・有期雇用労働者との間で将来の役割期待が異なるため、賃金の決定基準・ルールが異なる」等の主観的又は抽象的な説明では足りず、賃金の決定基準・ルールの相違は、通常の労働者と短時間・有期雇用労働者の職務の内容、当該職務の内容及び配置の変更の範囲その他の事情のうち、当該待遇の性質及び当該待遇を行う目的に照らして適切と認められるものの客観的及び具体的な実態に照らして、不合理と認められるものであってはならない。

2 定年に達した後に継続雇用された有期雇用労働者の取扱い

定年に達した後に継続雇用された有期雇用労働者についても、短時間・有期雇用労働法の適用を受けるものである。このため、通常の労働者と定年に達した後に継続雇用された有期雇用労働者との間の賃金の相違については、実際に両者の間に職務の内容、職務の内容及び配置の変更の範囲その他の事情の相違がある場合は、その相違に応じた賃金の相違は許容される。

さらに、有期雇用労働者が定年に達した後に継続雇用された者であることは、通常の労働者と当該有期雇用労働者との間の待遇の相違が不合理と認められるか否かを判断するに当たり、短時間・有期雇用労働法第8条のその他の事情として考慮される事情に当たりうる。定年に達した後に有期雇用労働者として継続雇用する場合の待遇について、様々な事情が総合的に考慮されて、通常の労働者と当該有期雇用労働者との間の待遇の相違が不合理と認められるか否かが判断されるものと考えられる。したがって、当該有期雇用労働者が定年に達した後に継続雇用された者であることのみをもって、直ちに通常の労働者と当該有期雇用労働者との間の待遇の相違が不合理ではないと認められるものではない。

2 賞与

賞与であって、会社の業績等への労働者の貢献に応じて支給するものについて、通常の労働者と同一の貢献である短時間・有期雇用労働者には、貢献に応じた部分につき、通常の労働者と同一の賞与を支給しなければならない。また、貢献に一定の相違がある場合においては、その相違に応じた賞与を支給しなければならない。

（問題とならない例）
イ 賞与について、会社の業績等への労働者の貢献に応じて支給しているA社において、通常の労働者であるXと同一の会社の業績等への貢献がある有期雇用労働者であるYに対し、Xと同一の賞与を支給している。

ロ A社においては、通常の労働者であるXは、生産効率及び品質の目標値に対する責任を負っており、当該目標値を達成していない場合、待遇上の不利益を課されている。その一方で、通常の労働者であるYや、有期雇用労働者であるZは、生産効率及び品質の目標値に対する責任を負っておらず、当該目標値を達成していない場合にも、待遇上の不利益を課されていない。A社は、Xに対しては、賞与を支給しているが、YやZに対しては、待遇上の不利益を課していないこととの見合いの範囲内で、賞与を支給していない。

（問題となる例）
イ 賞与について、会社の業績等への労働者の貢献に応じて支給しているA社において、通常の労働者であるXと同一の会社の業績等への貢献がある有期雇用労働者であるYに対し、Xと同一の賞与を支給していない。

ロ 賞与について、会社の業績等への労働者の貢献に応じて支給しているA社においては、通常の労働者には職務の内容や会社の業績等への貢献等にかかわらず全員に何らかの賞与を支給しているが、短時間・有期雇用労働者には支給していない。

3 手当

（1）役職手当であって、役職の内容に対して支給するもの

　　役職手当であって、役職の内容に対して支給するものについて、通常の労働者と同一の内容の役職に就く短時間・有期雇用労働者には、通常の労働者と同一の役職手当を支給しなければならない。また、役職の内容に一定の相違がある場合においては、その相違に応じた役職手当を支給しなければならない。

　　（問題とならない例）

　　イ　役職手当について、役職の内容に対して支給しているＡ社において、通常の労働者であるＸの役職と同一の役職名（例えば、店長）であって同一の内容（例えば、営業時間中の店舗の適切な運営）の役職に就く有期雇用労働者であるＹに対し、同一の役職手当を支給している。

　　ロ　役職手当について、役職の内容に対して支給しているＡ社において、通常の労働者であるＸの役職と同一の役職名であって同一の内容の役職に就く短時間労働者であるＹに、所定労働時間に比例した役職手当（例えば、所定労働時間が通常の労働者の半分の短時間労働者にあっては、通常の労働者の半分の役職手当）を支給している。

　　（問題となる例）

　　　役職手当について、役職の内容に対して支給しているＡ社において、通常の労働者であるＸの役職と同一の役職名であって同一の内容の役職に就く有期雇用労働者であるＹに、Ｘに比べ役職手当を低く支給している。

（2）業務の危険度又は作業環境に応じて支給される特殊作業手当

　　通常の労働者と同一の危険度又は作業環境の業務に従事する短時間・有期雇用労働者には、通常の労働者と同一の特殊作業手当を支給しなければならない。

（3）交替制勤務等の勤務形態に応じて支給される特殊勤務手当

　　通常の労働者と同一の勤務形態で業務に従事する短時間・有期雇用労働者には、通常の労働者と同一の特殊勤務手当を支給しなければならない。

　　（問題とならない例）

　　イ　Ａ社においては、通常の労働者か短時間・有期雇用労働者かの別を問わず、就業する時間帯又は曜日を特定して就業する労働者には労働者の採用が難しい早朝若しくは深夜又は土日祝日に就業する場合に時給に上乗せして特殊勤務手当を支給するが、それ以外の労働者には時給に上乗せして特殊勤務手当を支給していない。

　　ロ　Ａ社においては、通常の労働者であるＸについては、入社に当たり、交替制勤務に従事することは必ずしも確定しておらず、業務の繁閑等生産の都合に応じて通常勤務又は交替制勤務のいずれにも従事する可能性があり、交替制勤務に従事した場合に限り特殊勤務手当が支給されている。短時間労働者であるＹについては、採用に当たり、交替制勤務に従事することを明確にし、かつ、基本給に、通常の労働者に支給さ

れる特殊勤務手当と同一の交替制勤務の負荷分を盛り込み、通常勤務のみに従事する短時間労働者に比べ基本給を高く支給している。Ａ社はＸには特殊勤務手当を支給しているが、Ｙには支給していない。

（４）精皆勤手当
　　通常の労働者と業務の内容が同一の短時間・有期雇用労働者には、通常の労働者と同一の精皆勤手当を支給しなければならない。

　（問題とならない例）
　　　Ａ社においては、考課上、欠勤についてマイナス査定を行い、かつ、そのことを待遇に反映する通常の労働者であるＸには、一定の日数以上出勤した場合に精皆勤手当を支給しているが、考課上、欠勤についてマイナス査定を行っていない有期雇用労働者であるＹには、マイナス査定を行っていないこととの見合いの範囲内で、精皆勤手当を支給していない。

（５）時間外労働に対して支給される手当
　　通常の労働者の所定労働時間を超えて、通常の労働者と同一の時間外労働を行った短時間・有期雇用労働者には、通常の労働者の所定労働時間を超えた時間につき、通常の労働者と同一の割増率等で、時間外労働に対して支給される手当を支給しなければならない。

（６）深夜労働又は休日労働に対して支給される手当
　　通常の労働者と同一の深夜労働又は休日労働を行った短時間・有期雇用労働者には、通常の労働者と同一の割増率等で、深夜労働又は休日労働に対して支給される手当を支給しなければならない。

　（問題とならない例）
　　　Ａ社においては、通常の労働者であるＸと時間数及び職務の内容が同一の深夜労働又は休日労働を行った短時間労働者であるＹに、同一の深夜労働又は休日労働に対して支給される手当を支給している。

　（問題となる例）
　　　Ａ社においては、通常の労働者であるＸと時間数及び職務の内容が同一の深夜労働又は休日労働を行った短時間労働者であるＹに、深夜労働又は休日労働以外の労働時間が短いことから、深夜労働又は休日労働に対して支給される手当の単価を通常の労働者より低く設定している。

（７）通勤手当及び出張旅費
　　短時間・有期雇用労働者にも、通常の労働者と同一の通勤手当及び出張旅費を支給しなければならない。

　（問題とならない例）
　　イ　Ａ社においては、本社の採用である労働者に対しては、交通費実費の全額に相当す

る通勤手当を支給しているが、それぞれの店舗の採用である労働者に対しては、当該店舗の近隣から通うことができる交通費に相当する額に通勤手当の上限を設定して当該上限の額の範囲内で通勤手当を支給しているところ、店舗採用の短時間労働者であるＸが、その後、本人の都合で通勤手当の上限の額では通うことができないところへ転居してなお通い続けている場合には、当該上限の額の範囲内で通勤手当を支給している。

ロ　Ａ社においては、通勤手当について、所定労働日数が多い（例えば、週４日以上）通常の労働者及び短時間・有期雇用労働者には、月額の定期券の金額に相当する額を支給しているが、所定労働日数が少ない（例えば、週３日以下）又は出勤日数が変動する短時間・有期雇用労働者には、日額の交通費に相当する額を支給している。

（８）労働時間の途中に食事のための休憩時間がある労働者に対する食費の負担補助として支給される食事手当

　　短時間・有期雇用労働者にも、通常の労働者と同一の食事手当を支給しなければならない。

（問題とならない例）

　　Ａ社においては、その労働時間の途中に昼食のための休憩時間がある通常の労働者であるＸに支給している食事手当を、その労働時間の途中に昼食のための休憩時間がない（例えば、午後２時から午後５時までの勤務）短時間労働者であるＹには支給していない。

（問題となる例）

　　Ａ社においては、通常の労働者であるＸには、有期雇用労働者であるＹに比べ、食事手当を高く支給している。

（９）単身赴任手当

　　通常の労働者と同一の支給要件を満たす短時間・有期雇用労働者には、通常の労働者と同一の単身赴任手当を支給しなければならない。

（10）特定の地域で働く労働者に対する補償として支給される地域手当

　　通常の労働者と同一の地域で働く短時間・有期雇用労働者には、通常の労働者と同一の地域手当を支給しなければならない。

（問題とならない例）

　　Ａ社においては、通常の労働者であるＸについては、全国一律の基本給の体系を適用し、転勤があることから、地域の物価等を勘案した地域手当を支給しているが、一方で、有期雇用労働者であるＹと短時間労働者であるＺについては、それぞれの地域で採用し、それぞれの地域で基本給を設定しており、その中で地域の物価が基本給に盛り込まれているため、地域手当を支給していない。

（問題となる例）

　　Ａ社においては、通常の労働者であるＸと有期雇用労働者であるＹにはいずれも全国

一律の基本給の体系を適用しており、かつ、いずれも転勤があるにもかかわらず、Yには地域手当を支給していない。

4　福利厚生
（1）福利厚生施設（給食施設、休憩室及び更衣室をいう。以下この（1）において同じ。）
　　通常の労働者と同一の事業所で働く短時間・有期雇用労働者には、通常の労働者と同一の福利厚生施設の利用を認めなければならない。

（2）転勤者用社宅
　　通常の労働者と同一の支給要件（例えば、転勤の有無、扶養家族の有無、住宅の賃貸又は収入の額）を満たす短時間・有期雇用労働者には、通常の労働者と同一の転勤者用社宅の利用を認めなければならない。

（3）慶弔休暇並びに健康診断に伴う勤務免除及び当該健康診断を勤務時間中に受診する場合の当該受診時間に係る給与の保障（以下この（3）、第4の4（3）及び第5の2（3）において「有給の保障」という。）
　　短時間・有期雇用労働者にも、通常の労働者と同一の慶弔休暇の付与並びに健康診断に伴う勤務免除及び有給の保障を行わなければならない。

　（問題とならない例）
　　A社においては、通常の労働者であるXと同様の出勤日が設定されている短時間労働者であるYに対しては、通常の労働者と同様に慶弔休暇を付与しているが、週2日の勤務の短時間労働者であるZに対しては、勤務日の振替での対応を基本としつつ、振替が困難な場合のみ慶弔休暇を付与している。

（4）病気休職
　　短時間労働者（有期雇用労働者である場合を除く。）には、通常の労働者と同一の病気休職の取得を認めなければならない。また、有期雇用労働者にも、労働契約が終了するまでの期間を踏まえて、病気休職の取得を認めなければならない。

　（問題とならない例）
　　A社においては、労働契約の期間が1年である有期雇用労働者であるXについて、病気休職の期間は労働契約の期間が終了する日までとしている。

（5）法定外の有給の休暇その他の法定外の休暇（慶弔休暇を除く。）であって、勤続期間に応じて取得を認めているもの
　　法定外の有給の休暇その他の法定外の休暇（慶弔休暇を除く。）であって、勤続期間に応じて取得を認めているものについて、通常の労働者と同一の勤続期間である短時間・有期雇用労働者には、通常の労働者と同一の法定外の有給の休暇その他の法定外の休暇（慶弔休暇を除く。）を付与しなければならない。なお、期間の定めのある労働契約を更新している場合には、当初の労働契約の開始時から通算して勤続期間を評価することを要する。

（問題とならない例）

A社においては、長期勤続者を対象とするリフレッシュ休暇について、業務に従事した時間全体を通じた貢献に対する報償という趣旨で付与していることから、通常の労働者であるXに対しては、勤続10年で3日、20年で5日、30年で7日の休暇を付与しており、短時間労働者であるYに対しては、所定労働時間に比例した日数を付与している。

5　その他
（1）教育訓練であって、現在の職務の遂行に必要な技能又は知識を習得するために実施するもの

教育訓練であって、現在の職務の遂行に必要な技能又は知識を習得するために実施するものについて、通常の労働者と職務の内容が同一である短時間・有期雇用労働者には、通常の労働者と同一の教育訓練を実施しなければならない。また、職務の内容に一定の相違がある場合においては、その相違に応じた教育訓練を実施しなければならない。

（2）安全管理に関する措置及び給付

通常の労働者と同一の業務環境に置かれている短時間・有期雇用労働者には、通常の労働者と同一の安全管理に関する措置及び給付をしなければならない。

第4　派遣労働者

労働者派遣法第30条の3第1項において、派遣元事業主は、派遣労働者の待遇のそれぞれについて、当該待遇に対応する派遣先に雇用される通常の労働者の待遇との間において、職務の内容、当該職務の内容及び配置の変更の範囲その他の事情のうち、当該待遇の性質及び当該待遇を行う目的に照らして適切と認められるものを考慮して、不合理と認められる相違を設けてはならないこととされている。

また、同条第2項において、派遣元事業主は、職務の内容が派遣先に雇用される通常の労働者と同一の派遣労働者であって、当該労働者派遣契約及び当該派遣先における慣行その他の事情からみて、当該派遣先における派遣就業が終了するまでの全期間において、その職務の内容及び配置が当該派遣先との雇用関係が終了するまでの全期間における当該通常の労働者の職務の内容及び配置の変更の範囲と同一の範囲で変更されることが見込まれるものについては、正当な理由がなく、待遇のそれぞれについて、当該待遇に対応する当該通常の労働者の待遇に比して不利なものとしてはならないこととされている。

他方、労働者派遣法第30条の4第1項において、労働者の過半数で組織する労働組合等との協定により、同項各号に規定する事項を定めたときは、当該協定で定めた範囲に属する派遣労働者の待遇について、労働者派遣法第30条の3の規定は、一部の待遇を除き、適用しないこととされている。ただし、同項第2号、第4号若しくは第5号に掲げる事項であって当該協定で定めたものを遵守していない場合又は同項第3号に関する当該協定の定めによる公正な評価に取り組んでいない場合は、この限りでないこととされている。

派遣労働者（協定対象派遣労働者を除く。以下この第4において同じ。）の待遇に関して、原則となる考え方及び具体例は次のとおりである。

1　基本給
（1）基本給であって、労働者の能力又は経験に応じて支給するもの

基本給であって、派遣先及び派遣元事業主が、労働者の能力又は経験に応じて支給するものについて、派遣元事業主は、派遣先に雇用される通常の労働者と同一の能力又は経験を有する派遣労働者には、能力又は経験に応じた部分につき、派遣先に雇用される通常の労働者と同一の基本給を支給しなければならない。また、能力又は経験に一定の相違がある場合においては、その相違に応じた基本給を支給しなければならない。

（問題とならない例）
　イ　基本給について、労働者の能力又は経験に応じて支給している派遣先であるＡ社において、ある能力の向上のための特殊なキャリアコースを設定している。Ａ社の通常の労働者であるＸは、このキャリアコースを選択し、その結果としてその能力を習得したため、その能力に応じた基本給をＸに支給している。これに対し、派遣元事業主であるＢ社からＡ社に派遣されている派遣労働者であるＹは、その能力を習得していないため、Ｂ社はその能力に応じた基本給をＹには支給していない。

　ロ　派遣先であるＡ社においては、定期的に職務の内容及び勤務地の変更がある通常の労働者の総合職であるＸは、管理職となるためのキャリアコースの一環として、新卒採用後の数年間、店舗等において、派遣元事業主であるＢ社からＡ社に派遣されている派遣労働者であってＡ社で就業する間は職務の内容及び配置に変更のないＹの助言を受けながら、Ｙと同様の定型的な業務に従事している。Ａ社がＸにキャリアコースの一環として当該定型的な業務に従事させていることを踏まえ、Ｂ社はＹに対し、当該定型的な業務における能力又は経験はＸを上回っているものの、Ｘほど基本給を高く支給していない。

　ハ　派遣先であるＡ社においては、かつては有期雇用労働者であったが、能力又は経験が一定の水準を満たしたため定期的に職務の内容及び勤務地に変更がある通常の労働者として登用されたＸと、派遣元事業主であるＢ社からＡ社に派遣されている派遣労働者であるＹとが同一の職場で同一の業務に従事している。Ｂ社は、Ａ社で就業する間は職務の内容及び勤務地に変更がないことを理由に、Ｙに対して、Ｘほど基本給を高く支給していない。

　ニ　派遣先であるＡ社に雇用される通常の労働者であるＸと、派遣元事業主であるＢ社からＡ社に派遣されている派遣労働者であるＹとが同一の能力又は経験を有しているところ、Ｂ社は、Ａ社がＸに適用するのと同じ基準をＹに適用し、就業の時間帯や就業日が土日祝日か否か等の違いにより、Ａ社がＸに支給する時間当たりの基本給との間に差を設けている。

（問題となる例）
　派遣先であるＡ社及び派遣元事業主であるＢ社においては、基本給について、労働者の能力又は経験に応じて支給しているところ、Ｂ社は、Ａ社に派遣されている派遣労働者であるＹに対し、Ａ社に雇用される通常の労働者であるＸに比べて経験が少ないことを理由として、Ａ社がＸに支給するほど基本給を高く支給していないが、Ｘのこれまでの経験はＸの現在の業務に関連性を持たない。

273

（2）基本給であって、労働者の業績又は成果に応じて支給するもの

　　基本給であって、派遣先及び派遣元事業主が、労働者の業績又は成果に応じて支給する
ものについて、派遣元事業主は、派遣先に雇用される通常の労働者と同一の業績又は成果
を有する派遣労働者には、業績又は成果に応じた部分につき、派遣先に雇用される通常の
労働者と同一の基本給を支給しなければならない。また、業績又は成果に一定の相違があ
る場合においては、その相違に応じた基本給を支給しなければならない。

　　なお、基本給とは別に、労働者の業績又は成果に応じた手当を支給する場合も同様である。

　　（問題とならない例）
　　　イ　派遣先であるＡ社及び派遣元事業主であるＢ社においては、基本給の一部について、
　　　　労働者の業績又は成果に応じて支給しているところ、Ｂ社は、Ａ社に派遣されている
　　　　派遣労働者であって、所定労働時間がＡ社に雇用される通常の労働者の半分であるＹ
　　　　に対し、その販売実績がＡ社に雇用される通常の労働者に設定されている販売目標の
　　　　半分の数値に達した場合には、Ａ社に雇用される通常の労働者が販売目標を達成した
　　　　場合の半分を支給している。

　　　ロ　派遣先であるＡ社においては、通常の労働者であるＸは、派遣元事業主であるＢ社
　　　　からＡ社に派遣されている派遣労働者であるＹと同様の業務に従事しているが、Ｘは
　　　　Ａ社における生産効率及び品質の目標値に対する責任を負っており、当該目標値を達
　　　　成していない場合、待遇上の不利益を課されている。その一方で、Ｙは、Ａ社におけ
　　　　る生産効率及び品質の目標値に対する責任を負っておらず、当該目標値を達成してい
　　　　ない場合にも、待遇上の不利益を課されていない。Ｂ社はＹに対し、待遇上の不利益
　　　　を課していないこととの見合いに応じて、Ａ社がＸに支給するほど基本給を高く支給
　　　　していない。

　　（問題となる例）
　　　　派遣先であるＡ社及び派遣元事業主であるＢ社においては、基本給の一部について、労
　　　働者の業績又は成果に応じて支給しているところ、Ｂ社は、Ａ社に派遣されている派遣
　　　労働者であって、所定労働時間がＡ社に雇用される通常の労働者の半分であるＹに対し、
　　　当該通常の労働者が販売目標を達成した場合にＡ社が行っている支給を、Ｙについて当
　　　該通常の労働者と同一の販売目標を設定し、それを達成しない場合には行っていない。

（3）基本給であって、労働者の勤続年数（派遣労働者にあっては、当該派遣先における就業
　　期間。以下この（3）において同じ。）に応じて支給するもの

　　基本給であって、派遣先及び派遣元事業主が、労働者の勤続年数に応じて支給するもの
について、派遣元事業主は、派遣先に雇用される通常の労働者と同一の勤続年数である派
遣労働者には、勤続年数に応じた部分につき、派遣先に雇用される通常の労働者と同一の
基本給を支給しなければならない。また、勤続年数に一定の相違がある場合においては、
その相違に応じた基本給を支給しなければならない。

　　（問題とならない例）
　　　　派遣先であるＡ社及び派遣元事業主であるＢ社は、基本給について、労働者の勤続年

数に応じて支給しているところ、B社は、A社に派遣している期間の定めのある労働者派遣契約を更新している派遣労働者であるYに対し、A社への労働者派遣の開始時から通算して就業期間を評価した上で基本給を支給している。

（問題となる例）

　　派遣先であるA社及び派遣元事業主であるB社は、基本給について、労働者の勤続年数に応じて支給しているところ、B社は、A社に派遣している期間の定めのある労働者派遣契約を更新している派遣労働者であるYに対し、YのA社への労働者派遣の開始時から通算して就業期間を評価せず、その時点の労働者派遣契約に基づく派遣就業の期間のみにより就業期間を評価した上で基本給を支給している。

（4）昇給であって、労働者の勤続（派遣労働者にあっては、当該派遣先における派遣就業の継続。以下この（4）において同じ。）による能力の向上に応じて行うもの

　　昇給であって、派遣先及び派遣元事業主が、労働者の勤続による能力の向上に応じて行うものについて、派遣元事業主は、派遣先に雇用される通常の労働者と同様に勤続により能力が向上した派遣労働者には、勤続による能力の向上に応じた部分につき、派遣先に雇用される通常の労働者と同一の昇給を行わなければならない。また、勤続による能力の向上に一定の相違がある場合においては、その相違に応じた昇給を行わなければならない。

（注）派遣先に雇用される通常の労働者と派遣労働者との間に賃金の決定基準・ルールの相違がある場合の取扱い

　　派遣先に雇用される通常の労働者と派遣労働者との間に基本給、賞与、各種手当等の賃金に相違がある場合において、その要因として当該通常の労働者と派遣労働者の賃金の決定基準・ルールの相違があるときは、「派遣労働者に対する派遣元事業主の将来の役割期待は派遣先に雇用される通常の労働者に対する派遣先の将来の役割期待と異なるため、賃金の決定基準・ルールが異なる」等の主観的又は抽象的な説明では足りず、賃金の決定基準・ルールの相違は、当該通常の労働者と派遣労働者の職務の内容、当該職務の内容及び配置の変更の範囲その他の事情のうち、当該待遇の性質及び当該待遇を行う目的に照らして適切と認められるものの客観的及び具体的な実態に照らして、不合理と認められるものであってはならない。

2　賞与

　　賞与であって、派遣先及び派遣元事業主が、会社（派遣労働者にあっては、派遣先。以下この2において同じ。）の業績等への労働者の貢献に応じて支給するものについて、派遣元事業主は、派遣先に雇用される通常の労働者と同一の貢献である派遣労働者には、貢献に応じた部分につき、派遣先に雇用される通常の労働者と同一の賞与を支給しなければならない。また、貢献に一定の相違がある場合においては、その相違に応じた賞与を支給しなければならない。

（問題とならない例）

　イ　派遣先であるA社及び派遣元事業主であるB社においては、賞与について、会社の業績等への労働者の貢献に応じて支給しているところ、B社は、A社に派遣されている派

遣労働者であって、Ａ社に雇用される通常の労働者であるＸと同一のＡ社の業績等への貢献があるＹに対して、Ａ社がＸに支給するのと同一の賞与を支給している。

ロ　派遣先であるＡ社においては、通常の労働者であるＸは、Ａ社における生産効率及び品質の目標値に対する責任を負っており、当該目標値を達成していない場合、待遇上の不利益を課されている。その一方で、Ａ社に雇用される通常の労働者であるＺや、派遣元事業主であるＢ社からＡ社に派遣されている派遣労働者であるＹは、Ａ社における生産効率及び品質の目標値に対する責任を負っておらず、当該目標値を達成していない場合にも、待遇上の不利益を課されていない。Ａ社はＸに対して賞与を支給しているが、Ｚに対しては、待遇上の不利益を課していないこととの見合いの範囲内で賞与を支給していないところ、Ｂ社はＹに対して、待遇上の不利益を課していないこととの見合いの範囲内で賞与を支給していない。

（問題となる例）
イ　派遣先であるＡ社及び派遣元事業主であるＢ社においては、賞与について、会社の業績等への労働者の貢献に応じて支給しているところ、Ｂ社は、Ａ社に派遣されている派遣労働者であって、Ａ社に雇用される通常の労働者であるＸと同一のＡ社の業績等への貢献があるＹに対して、Ａ社がＸに支給するのと同一の賞与を支給していない。

ロ　賞与について、会社の業績等への労働者の貢献に応じて支給している派遣先であるＡ社においては、通常の労働者の全員に職務の内容や会社の業績等への貢献等にかかわらず何らかの賞与を支給しているが、派遣元事業主であるＢ社においては、Ａ社に派遣されている派遣労働者であるＹに賞与を支給していない。

3　手当
（1）役職手当であって、役職の内容に対して支給するもの
　　役職手当であって、派遣先及び派遣元事業主が、役職の内容に対して支給するものについて、派遣元事業主は、派遣先に雇用される通常の労働者と同一の内容の役職に就く派遣労働者には、派遣先に雇用される通常の労働者と同一の役職手当を支給しなければならない。また、役職の内容に一定の相違がある場合においては、その相違に応じた役職手当を支給しなければならない。

（問題とならない例）
イ　派遣先であるＡ社及び派遣元事業主であるＢ社においては、役職手当について、役職の内容に対して支給しているところ、Ｂ社は、Ａ社に派遣されている派遣労働者であって、Ａ社に雇用される通常の労働者であるＸの役職と同一の役職名（例えば、店長）であって同一の内容（例えば、営業時間中の店舗の適切な運営）の役職に就くＹに対し、Ａ社がＸに支給するのと同一の役職手当を支給している。

ロ　派遣先であるＡ社及び派遣元事業主であるＢ社においては、役職手当について、役職の内容に対して支給しているところ、Ｂ社は、Ａ社に派遣されている派遣労働者であって、Ａ社に雇用される通常の労働者であるＸの役職と同一の役職名であって同一

の内容の役職に就くYに、所定労働時間に比例した役職手当（例えば、所定労働時間がA社に雇用される通常の労働者の半分の派遣労働者にあっては、当該通常の労働者の半分の役職手当）を支給している。

（問題となる例）
　　派遣先であるA社及び派遣元事業主であるB社においては、役職手当について、役職の内容に対して支給しているところ、B社は、A社に派遣されている派遣労働者であって、A社に雇用される通常の労働者であるXの役職と同一の役職名であって同一の内容の役職に就くYに対し、A社がXに支給するのに比べ役職手当を低く支給している。

（２）業務の危険度又は作業環境に応じて支給される特殊作業手当
　　派遣元事業主は、派遣先に雇用される通常の労働者と同一の危険度又は作業環境の業務に従事する派遣労働者には、派遣先に雇用される通常の労働者と同一の特殊作業手当を支給しなければならない。

（３）交替制勤務等の勤務形態に応じて支給される特殊勤務手当
　　派遣元事業主は、派遣先に雇用される通常の労働者と同一の勤務形態で業務に従事する派遣労働者には、派遣先に雇用される通常の労働者と同一の特殊勤務手当を支給しなければならない。

（問題とならない例）
イ　派遣先であるA社においては、就業する時間帯又は曜日を特定して就業する通常の労働者には労働者の採用が難しい早朝若しくは深夜又は土日祝日に就業する場合に時給に上乗せして特殊勤務手当を支給するが、就業する時間帯及び曜日を特定していない通常の労働者には労働者の採用が難しい時間帯又は曜日に勤務する場合であっても時給に上乗せして特殊勤務手当を支給していない。派遣元事業主であるB社は、A社に派遣されている派遣労働者であって、就業する時間帯及び曜日を特定して就業していないYに対し、採用が難しい時間帯や曜日に勤務する場合であっても時給に上乗せして特殊勤務手当を支給していない。

ロ　派遣先であるA社においては、通常の労働者であるXについては、入社に当たり、交替制勤務に従事することは必ずしも確定しておらず、業務の繁閑等生産の都合に応じて通常勤務又は交替制勤務のいずれにも従事する可能性があり、交替制勤務に従事した場合に限り特殊勤務手当が支給されている。派遣元事業主であるB社からA社に派遣されている派遣労働者であるYについては、A社への労働者派遣に当たり、派遣先で交替制勤務に従事することを明確にし、かつ、基本給にA社において通常の労働者に支給される特殊勤務手当と同一の交替制勤務の負荷分が盛り込まれている。A社には、職務の内容がYと同一であり通常勤務のみに従事することが予定され、実際に通常勤務のみに従事する労働者であるZがいるところ、B社はYに対し、A社がZに対して支給するのに比べ基本給を高く支給している。A社はXに対して特殊勤務手当を支給しているが、B社はYに対して特殊勤務手当を支給していない。

（4）精皆勤手当

　　派遣元事業主は、派遣先に雇用される通常の労働者と業務の内容が同一の派遣労働者には、派遣先に雇用される通常の労働者と同一の精皆勤手当を支給しなければならない。

　（問題とならない例）

　　　派遣先であるＡ社においては、考課上、欠勤についてマイナス査定を行い、かつ、それが待遇に反映される通常の労働者であるＸには、一定の日数以上出勤した場合に精皆勤手当を支給しているが、派遣元事業主であるＢ社は、Ｂ社からＡ社に派遣されている派遣労働者であって、考課上、欠勤についてマイナス査定を行っていないＹには、マイナス査定を行っていないこととの見合いの範囲内で、精皆勤手当を支給していない。

（5）時間外労働に対して支給される手当

　　派遣元事業主は、派遣先に雇用される通常の労働者の所定労働時間を超えて、当該通常の労働者と同一の時間外労働を行った派遣労働者には、当該通常の労働者の所定労働時間を超えた時間につき、派遣先に雇用される通常の労働者と同一の割増率等で、時間外労働に対して支給される手当を支給しなければならない。

（6）深夜労働又は休日労働に対して支給される手当

　　派遣元事業主は、派遣先に雇用される通常の労働者と同一の深夜労働又は休日労働を行った派遣労働者には、派遣先に雇用される通常の労働者と同一の割増率等で、深夜労働又は休日労働に対して支給される手当を支給しなければならない。

　（問題とならない例）

　　　派遣元事業主であるＢ社においては、派遣先であるＡ社に派遣されている派遣労働者であって、Ａ社に雇用される通常の労働者であるＸと時間数及び職務の内容が同一の深夜労働又は休日労働を行ったＹに対し、Ａ社がＸに支給するのと同一の深夜労働又は休日労働に対して支給される手当を支給している。

　（問題となる例）

　　　派遣元事業主であるＢ社においては、派遣先であるＡ社に派遣されている派遣労働者であって、Ａ社に雇用される通常の労働者であるＸと時間数及び職務の内容が同一の深夜労働又は休日労働を行ったＹに対し、Ｙが派遣労働者であることから、深夜労働又は休日労働に対して支給される手当の単価を当該通常の労働者より低く設定している。

（7）通勤手当及び出張旅費

　　派遣元事業主は、派遣労働者にも、派遣先に雇用される通常の労働者と同一の通勤手当及び出張旅費を支給しなければならない。

　（問題とならない例）

　　　イ　派遣先であるＡ社においては、本社の採用である労働者に対し、交通費実費の全額に相当する通勤手当を支給しているが、派遣元事業主であるＢ社は、それぞれの店舗の採用である労働者については、当該店舗の近隣から通うことができる交通費に相当

する額に通勤手当の上限を設定して当該上限の額の範囲内で通勤手当を支給している
ところ、Ｂ社の店舗採用であってＡ社に派遣される派遣労働者であるＹが、Ａ社への
労働者派遣の開始後、本人の都合で通勤手当の上限の額では通うことができないとこ
ろへ転居してなお通い続けている場合には、当該上限の額の範囲内で通勤手当を支給
している。

ロ　派遣先であるＡ社においては、通勤手当について、所定労働日数が多い（例えば、
週４日以上）通常の労働者に、月額の定期券の金額に相当する額を支給しているが、
派遣元事業主であるＢ社においては、Ａ社に派遣されている派遣労働者であって、所
定労働日数が少ない（例えば、週３日以下）又は出勤日数が変動する派遣労働者に、
日額の交通費に相当する額を支給している。

（８）労働時間の途中に食事のための休憩時間がある労働者に対する食費の負担補助として支
給される食事手当
　派遣元事業主は、派遣労働者にも、派遣先に雇用される通常の労働者と同一の食事手当
を支給しなければならない。

（問題とならない例）
　派遣先であるＡ社においては、その労働時間の途中に昼食のための休憩時間がある通
常の労働者であるＸに食事手当を支給している。その一方で、派遣元事業主であるＢ社
においては、Ａ社に派遣されている派遣労働者であって、その労働時間の途中に昼食の
ための休憩時間がない（例えば、午後２時から午後５時までの勤務）派遣労働者である
Ｙに支給していない。

（問題となる例）
　派遣先であるＡ社においては、通常の労働者であるＸに食事手当を支給している。派
遣元事業主であるＢ社においては、Ａ社に派遣されている派遣労働者であるＹにＡ社が
Ｘに支給するのに比べ食事手当を低く支給している。

（９）単身赴任手当
　派遣元事業主は、派遣先に雇用される通常の労働者と同一の支給要件を満たす派遣労働
者には、派遣先に雇用される通常の労働者と同一の単身赴任手当を支給しなければならない。

（10）特定の地域で働く労働者に対する補償として支給される地域手当
　派遣元事業主は、派遣先に雇用される通常の労働者と同一の地域で働く派遣労働者に
は、派遣先に雇用される通常の労働者と同一の地域手当を支給しなければならない。

（問題とならない例）
　派遣先であるＡ社においては、通常の労働者であるＸについて、全国一律の基本給の
体系を適用し、転勤があることから、地域の物価等を勘案した地域手当を支給している。
一方で、派遣元事業主であるＢ社においては、Ａ社に派遣されている派遣労働者である
Ｙについては、Ａ社に派遣されている間は勤務地の変更がなく、その派遣先の所在する

地域で基本給を設定しており、その中で地域の物価が基本給に盛り込まれているため、地域手当を支給していない。

（問題となる例）

　　派遣先であるＡ社に雇用される通常の労働者であるＸは、その地域で採用され転勤はないにもかかわらず、Ａ社はＸに対し地域手当を支給している。一方、派遣元事業主であるＢ社からＡ社に派遣されている派遣労働者であるＹは、Ａ社に派遣されている間転勤はなく、Ｂ社はＹに対し地域手当を支給していない。

4　福利厚生
（1）福利厚生施設（給食施設、休憩室及び更衣室をいう。以下この（1）において同じ。）
　　派遣先は、派遣先に雇用される通常の労働者と同一の事業所で働く派遣労働者には、派遣先に雇用される通常の労働者と同一の福利厚生施設の利用を認めなければならない。
　　なお、派遣元事業主についても、労働者派遣法第30条の3の規定に基づく義務を免れるものではない。

（2）転勤者用社宅
　　派遣元事業主は、派遣先に雇用される通常の労働者と同一の支給要件（例えば、転勤の有無、扶養家族の有無、住宅の賃貸又は収入の額）を満たす派遣労働者には、派遣先に雇用される通常の労働者と同一の転勤者用社宅の利用を認めなければならない。

（3）慶弔休暇並びに健康診断に伴う勤務免除及び有給の保障
　　派遣元事業主は、派遣労働者にも、派遣先に雇用される通常の労働者と同一の慶弔休暇の付与並びに健康診断に伴う勤務免除及び有給の保障を行わなければならない。

（問題とならない例）

　　派遣元事業主であるＢ社においては、派遣先であるＡ社に派遣されている派遣労働者であって、Ａ社に雇用される通常の労働者であるＸと同様の出勤日が設定されているＹに対しては、Ａ社がＸに付与するのと同様に慶弔休暇を付与しているが、Ａ社に派遣されている派遣労働者であって、週2日の勤務であるＷに対しては、勤務日の振替での対応を基本としつつ、振替が困難な場合のみ慶弔休暇を付与している。

（4）病気休職
　　派遣元事業主は、派遣労働者（期間の定めのある労働者派遣に係る派遣労働者である場合を除く。）には、派遣先に雇用される通常の労働者と同一の病気休職の取得を認めなければならない。また、期間の定めのある労働者派遣に係る派遣労働者にも、当該派遣先における派遣就業が終了するまでの期間を踏まえて、病気休職の取得を認めなければならない。

（問題とならない例）

　　派遣元事業主であるＢ社においては、当該派遣先における派遣就業期間が1年である派遣労働者であるＹについて、病気休職の期間は当該派遣就業の期間が終了する日までとしている。

（5）法定外の有給の休暇その他の法定外の休暇（慶弔休暇を除く。）であって、勤続期間（派遣労働者にあっては、当該派遣先における就業期間。以下この（5）において同じ。）に応じて取得を認めているもの

　　法定外の有給の休暇その他の法定外の休暇（慶弔休暇を除く。）であって、派遣先及び派遣元事業主が、勤続期間に応じて取得を認めているものについて、派遣元事業主は、当該派遣先に雇用される通常の労働者と同一の勤続期間である派遣労働者には、派遣先に雇用される通常の労働者と同一の法定外の有給の休暇その他の法定外の休暇（慶弔休暇を除く。）を付与しなければならない。なお、当該派遣先において期間の定めのある労働者派遣契約を更新している場合には、当初の派遣就業の開始時から通算して就業期間を評価することを要する。

　（問題とならない例）
　　派遣先であるＡ社においては、長期勤続者を対象とするリフレッシュ休暇について、業務に従事した時間全体を通じた貢献に対する報償という趣旨で付与していることから、通常の労働者であるＸに対し、勤続 10 年で３日、20 年で５日、30 年で７日の休暇を付与している。派遣元事業主であるＢ社は、Ａ社に派遣されている派遣労働者であるＹに対し、所定労働時間に比例した日数を付与している。

5　その他
（1）教育訓練であって、現在の職務の遂行に必要な技能又は知識を習得するために実施するもの

　　教育訓練であって、派遣先が、現在の業務の遂行に必要な能力を付与するために実施するものについて、派遣先は、派遣元事業主からの求めに応じ、その雇用する通常の労働者と業務の内容が同一である派遣労働者には、派遣先に雇用される通常の労働者と同一の教育訓練を実施する等必要な措置を講じなければならない。なお、派遣元事業主についても、労働者派遣法第 30 条の３の規定に基づく義務を免れるものではない。

　　また、派遣労働者と派遣先に雇用される通常の労働者との間で業務の内容に一定の相違がある場合においては、派遣元事業主は、派遣労働者と派遣先に雇用される通常の労働者との間の職務の内容、職務の内容及び配置の変更の範囲その他の事情の相違に応じた教育訓練を実施しなければならない。

　　なお、労働者派遣法第 30 条の２第１項の規定に基づき、派遣元事業主は、派遣労働者に対し、段階的かつ体系的な教育訓練を実施しなければならない。

（2）安全管理に関する措置又は給付

　　派遣元事業主は、派遣先に雇用される通常の労働者と同一の業務環境に置かれている派遣労働者には、派遣先に雇用される通常の労働者と同一の安全管理に関する措置及び給付をしなければならない。

　　なお、派遣先及び派遣元事業主は、労働者派遣法第 45 条等の規定に基づき、派遣労働者の安全と健康を確保するための義務を履行しなければならない。

第5　協定対象派遣労働者
　協定対象派遣労働者の待遇に関して、原則となる考え方及び具体例は次のとおりである。

1 賃金

　労働者派遣法第30条の４第１項第２号イにおいて、協定対象派遣労働者の賃金の決定の方法については、同種の業務に従事する一般の労働者の平均的な賃金の額として厚生労働省令で定めるものと同等以上の賃金の額となるものでなければならないこととされている。

　また、同号ロにおいて、その賃金の決定の方法は、協定対象派遣労働者の職務の内容、職務の成果、意欲、能力又は経験その他の就業の実態に関する事項の向上があった場合に賃金が改善されるものでなければならないこととされている。

　さらに、同項第３号において、派遣元事業主は、この方法により賃金を決定するに当たっては、協定対象派遣労働者の職務の内容、職務の成果、意欲、能力又は経験その他の就業の実態に関する事項を公正に評価し、その賃金を決定しなければならないこととされている。

2 福利厚生

（１）福利厚生施設（給食施設、休憩室及び更衣室をいう。以下この（１）において同じ。）

　派遣先は、派遣先に雇用される通常の労働者と同一の事業所で働く協定対象派遣労働者には、派遣先に雇用される通常の労働者と同一の福利厚生施設の利用を認めなければならない。

　なお、派遣元事業主についても、労働者派遣法第30条の３の規定に基づく義務を免れるものではない。

（２）転勤者用社宅

　派遣元事業主は、派遣元事業主の雇用する通常の労働者と同一の支給要件（例えば、転勤の有無、扶養家族の有無、住宅の賃貸又は収入の額）を満たす協定対象派遣労働者には、派遣元事業主の雇用する通常の労働者と同一の転勤者用社宅の利用を認めなければならない。

（３）慶弔休暇並びに健康診断に伴う勤務免除及び有給の保障

　派遣元事業主は、協定対象派遣労働者にも、派遣元事業主の雇用する通常の労働者と同一の慶弔休暇の付与並びに健康診断に伴う勤務免除及び有給の保障を行わなければならない。

　　（問題とならない例）

　　派遣元事業主であるＢ社においては、慶弔休暇について、Ｂ社の雇用する通常の労働者であるＸと同様の出勤日が設定されている協定対象派遣労働者であるＹに対しては、通常の労働者と同様に慶弔休暇を付与しているが、週２日の勤務の協定対象派遣労働者であるＷに対しては、勤務日の振替での対応を基本としつつ、振替が困難な場合のみ慶弔休暇を付与している。

（４）病気休職

　派遣元事業主は、協定対象派遣労働者（有期雇用労働者である場合を除く。）には、派遣元事業主の雇用する通常の労働者と同一の病気休職の取得を認めなければならない。また、有期雇用労働者である協定対象派遣労働者にも、労働契約が終了するまでの期間を踏まえて、病気休職の取得を認めなければならない。

（問題とならない例）

　　派遣元事業主であるＢ社においては、労働契約の期間が１年である有期雇用労働者であり、かつ、協定対象派遣労働者であるＹについて、病気休職の期間は労働契約の期間が終了する日までとしている。

（５）法定外の有給の休暇その他の法定外の休暇（慶弔休暇を除く。）であって、勤続期間に応じて取得を認めているもの

　　法定外の有給の休暇その他の法定外の休暇（慶弔休暇を除く。）であって、勤続期間に応じて取得を認めているものについて、派遣元事業主は、派遣元事業主の雇用する通常の労働者と同一の勤続期間である協定対象派遣労働者には、派遣元事業主の雇用する通常の労働者と同一の法定外の有給の休暇その他の法定外の休暇（慶弔休暇を除く。）を付与しなければならない。なお、期間の定めのある労働契約を更新している場合には、当初の労働契約の開始時から通算して勤続期間を評価することを要する。

（問題とならない例）

　　派遣元事業主であるＢ社においては、長期勤続者を対象とするリフレッシュ休暇について、業務に従事した時間全体を通じた貢献に対する報償という趣旨で付与していることから、Ｂ社に雇用される通常の労働者であるＸに対し、勤続10年で３日、20年で５日、30年で７日の休暇を付与しており、協定対象派遣労働者であるＹに対し、所定労働時間に比例した日数を付与している。

３　その他

（１）教育訓練であって、現在の職務の遂行に必要な技能又は知識を習得するために実施するもの

　　教育訓練であって、派遣先が、現在の業務の遂行に必要な能力を付与するために実施するものについて、派遣先は、派遣元事業主からの求めに応じ、派遣先に雇用される通常の労働者と業務の内容が同一である協定対象派遣労働者には、派遣先に雇用される通常の労働者と同一の教育訓練を実施する等必要な措置を講じなければならない。なお、派遣元事業主についても、労働者派遣法第30条の３の規定に基づく義務を免れるものではない。

　　また、協定対象派遣労働者と派遣元事業主が雇用する通常の労働者との間で業務の内容に一定の相違がある場合においては、派遣元事業主は、協定対象派遣労働者と派遣元事業主の雇用する通常の労働者との間の職務の内容、職務の内容及び配置の変更の範囲その他の事情の相違に応じた教育訓練を実施しなければならない。

　　なお、労働者派遣法第30条の２第１項の規定に基づき、派遣元事業主は、協定対象派遣労働者に対し、段階的かつ体系的な教育訓練を実施しなければならない。

（２）安全管理に関する措置及び給付

　　派遣元事業主は、派遣元事業主の雇用する通常の労働者と同一の業務環境に置かれている協定対象派遣労働者には、派遣元事業主の雇用する通常の労働者と同一の安全管理に関する措置及び給付をしなければならない。

　　なお、派遣先及び派遣元事業主は、労働者派遣法第45条等の規定に基づき、協定対象派遣労働者の安全と健康を確保するための義務を履行しなければならない。

タクシー事業における働き方改革の実現に向けた
アクションプラン　―生き残るために、やるなら、今！―

（一社）全国ハイヤー・タクシー連合会

タクシー事業における
働き方改革の実現に向けたアクションプランの目標

― 生き残るために、やるなら、今！ ―

① 労働時間に関する労働基準法等関係法令及び改善基準の遵守
② タクシー利用者の利便性向上、利用者の増加、事業経営の効率化
　⇨ 減収につながらない労働時間の短縮 ＝ 生産性の向上
③ 若年者や女性を始めとする運転者の確保・育成等
④ 時間外労働の上限規制について
　・年 960 時間を超える事業者割合
　（月平均 80 時間超えに相当）

- ・猶予期間の 3 年目 … 20％以内
- ・猶予期間の 4 年目 … 10％以内
- ・猶予期間の最終年 … ゼロ

　・月 60 時間超え時間外労働の割増賃金率が 50％以上となることを踏まえできる限り早期に年 720 時間（月 60 時間）以内となるよう努める
⑤ 年 5 日以上の年次有給休暇の取得（全員が取得できる態勢づくり）
⑥ 乗務員負担制度の見直し等賃金制度等の改善に努める

アクションプランの目標達成のために取り組むべき事項

― 生き残るために、やるなら、今！ ―

① 労働基準法等関係法令及び改善基準の遵守（遵守状況の確認）
② 生産性の向上に向けた 11 項目にわたる活性化策「今後新たに取り組む事項」の取組等
③ 若者の採用、女性ドライバー応援企業認定制度の普及、働きやすさ・魅力の紹介
④ 生産性の向上や運転者の確保・育成等への各種支援措置等の要望
⑤ 労働時間の正確な把握（始業・終業時刻の確認・記録）
⑥ 業務の繁閑に応じた勤務シフトや変形労働時間制等の検討
⑦ 減収につながらない労働時間の短縮＝生産性の向上
　　［休憩時間］［手待時間］［点呼前後の作業時間］の明確化・短縮
⑧ 個々の運転者の家庭事情や身体状況等に配慮した勤務時間制度の設定
　　意思疎通の強化、労使一体となった取組
⑨ 安全な車両、施設・設備の誰もが働きやすい職場環境等の整備
⑩ 年 5 日以上の年次有給休暇の取得（全員が取得できる態勢づくり）
⑪ 乗務員負担制度の見直し等賃金制度等の改善に向けた労使間の協議
⑫ 説明会・研修会の開催、改善事例の収集、モデル事例の周知

タクシー事業のためのモデル就業規則
働き方改革実現に向けた就業規則の見直し

令和元年6月10日　初版発行

編　者　一般社団法人東京ハイヤー・タクシー協会 労務委員会
発行人　藤澤 直明
発行所　労働調査会
　　　　〒170-0004　東京都豊島区北大塚2-4-5
　　　　TEL：03-3915-6401
　　　　FAX：03-3918-8618
　　　　http://www.chosakai.co.jp/

©Tokyo Hire-Taxi Association 2019 Printed in Japan
ISBN978-4-86319-743-5　C2032

落丁・乱丁はお取り替えいたします。
本書の一部あるいは全部を無断で複写複製することは、法律で認められた場合を除き、
著作権の侵害となります。